国家级实验教学示范中心
基础医学实验教学系列教材

医学免疫学与病原生物学实验

第3版

主　编　周亚滨
副主编　郭淑玲　齐　眉　王晓燕
编　委　（按姓氏笔画排序）
王　红　王晓燕　朱法良　齐　眉
刘　娟　肖　颖　何深一　周亚滨
周怀瑜　郭淑玲　胡晓燕　袁方曙
高立芬　唐　伟　曹　倩　程轶喆

科学出版社
北　京

内 容 简 介

实验教学是医学教育的重要内容，是培养实践能力和创新精神的创新型人才的重要环节。在积累多年实验教学经验的基础上，结合当今先进的医学免疫学、医学微生物学及人体寄生虫学实验技术，融合数字化实验教学资源，我们编写了涵盖这三个学科的实验教材。本教材包括三篇：第一篇为基本实验，按学科分属 3 章，培养学生的基本操作技能；第二篇为融合实验，培养学生的综合分析能力；第三篇是创新实验，培养学生的独立思考和创新能力。

本实验教材概念准确、文字简明，层次清晰、使用方便。本教材可供医学类各专业不同层次学生使用。

图书在版编目（CIP）数据

医学免疫学与病原生物学实验 / 周亚滨主编. —3 版. —北京：科学出版社，2018.6

基础医学实验教学系列教材

ISBN 978-7-03-058025-2

Ⅰ. ①医… Ⅱ. ①周… Ⅲ. ①医药学–免疫学–实验–医学院校–教材 ②病原微生物–实验–医学院校–教材 Ⅳ. ①R392-33②R37-33

中国版本图书馆 CIP 数据核字(2018)第 131739 号

责任编辑：张天佐　胡治国 / 责任校对：郭瑞芝

责任印制：李　彤 / 封面设计：王　融

科学出版社 出版

北京东黄城根北街 16 号

邮政编码：100717

http://www.sciencep.com

北京凌奇印刷有限责任公司 印刷

科学出版社发行　各地新华书店经销

*

2007 年 8 月第　一　版　　开本：787×1092　1/16

2013 年 7 月第　二　版　　印张：10 1/2

2018 年 6 月第　三　版　　字数：255 000

2023 年 1 月第十二次印刷

定价：45.00 元

（如有印装质量问题，我社负责调换）

前　　言

医学教育的终极目标是培养有社会主义觉悟、基础理论扎实、实践能力强的医学人才。实验教学是整个医学教育过程的重要组成部分，是培养合格医学人才的一个重要环节，它与课堂理论教学具有同等重要的意义。

传统的实验教学方法多侧重于演示性和验证性实验，这些实验内容很难适应人才培养的要求，而综合性、设计性实验能激发学生的创新意识，培养学生的创新能力、综合应用能力，使学生初步掌握科学研究的思维方式、分析问题和解决问题的方法。

虚拟仿真实验是将现代信息技术融入实验教学之中，拓展了实验教学内容的广度和深度、延伸了实验教学的时间和空间、提升了实验教学的质量和水平。

第 3 版《医学免疫学与病原生物学实验》是我们在积累多年实验教学经验及进行实验教学改革的基础上，结合当今先进的医学免疫学、医学微生物学及人体寄生虫学实验技术，并使用现代化的信息技术手段，融入了虚拟仿真实验内容而编写的。本实验教材将病原生物学与医学免疫学有机地结合起来，同时通过扫描植入的二维码，使学生可以方便地使用数字化实验教学资源，虚实结合，拓展了学生的学习空间，丰富了教材的内容。本教材中涉及的数字化素材均来自山东数字人科技股份有限公司的“数字人虚拟仿真教学系统”。

本教材共分三篇：第一篇为基本实验,包括微生物学、免疫学、寄生虫学研究所涉及的基本实验技术，分三章加以论述。第二篇为融合实验，该部分设计的每一个实验内容，均涉及两到三个相关的学科，变单独实验为系列实验，把有关实验内容有机地串联起来，培养学生综合使用实验技术及解决问题的能力。第三篇为创新实验，在前两部分学习的基础上，给出课题范围，由学生自主设计实验方案、实验方法，教师加以点评。旨在激发学生的创造潜能，吸引学生自觉地参与到新的实验内容中去，提高学生分析问题和解决问题的能力，培养学生的创新意识和创新能力。本教材可供医学类各专业不同层次学生使用。

我们对实验教学的改革及其教材内容的编写一直在进行新的尝试，不足之处在所难免，恳请同行批评指正。

编　者

2018 年 3 月

目　　录

第一篇　基本实验

第二篇　融 合 实 验

第三篇　创新实验

第一篇 基本实验

第一章 医学免疫学基本实验

实验一 巨噬细胞吞噬功能实验

【原理】 巨噬细胞（macrophage，MΦ）作为单核-吞噬细胞系统的主要细胞，具有活跃的吞噬功能。能清除体内抗原物质及变性的细胞，在特异性及非特异性免疫中均起重要作用。MΦ 受抗原刺激后活化，可使其吞噬功能明显增强。在此，介绍两种检测小鼠腹腔 MΦ 吞噬功能的方法：

1. 体内法 在小鼠体内诱导腹腔巨噬细胞产生后，再给小鼠腹腔注射白色念珠菌，30 分钟后处死小鼠，取出腹腔液，以冷亚甲蓝染色，高倍镜下计数吞噬白色念珠菌的百分数，及观察 MΦ 内因被杀死而染为蓝色的白色念珠菌的形态、数目，以判断 MΦ 的杀伤能力，由此间接地测定机体的非特异免疫水平。

2. 体外法 在体外将小鼠腹腔 MΦ 与白色念珠菌按比例混合、温育，以冷亚甲蓝染色，高倍镜下进行观察，观察指标同上。

【材料】

（1）动物：昆明种小鼠，6～8 周龄（雌或雄，20～22g）。

（2）白色念珠菌悬液：接种于沙氏培养基的白色念珠菌，28℃培养 18～24 小时，生理盐水洗涤，配成 1×10^7 个/ml 真菌悬液。

（3）6%无菌淀粉溶液、无菌性注射器、针头、Hank's 液（含 5%小牛血清）。

（4）0.03%亚甲蓝溶液（4℃存放）、华氏管、滴管。

【方法】

1. 体内法

（1）试验前 3 天，小鼠腹腔注射 6%无菌淀粉溶液 1ml，诱导巨噬细胞渗出至腹腔中。

（2）实验时，每只小鼠腹腔注射白色念珠菌菌液 1ml，轻揉腹部，使菌液在腹腔中分布均匀，利于 MΦ 吞噬。

（3）30 分钟后，将小鼠拉颈处死，固定，打开腹腔暴露肠管，用滴管取出腹腔液，均匀涂布于载玻片上，然后再滴一小滴 0.03%冷亚甲蓝溶液，盖上盖玻片。

（4）高倍镜下进行观察，计数。

2. 体外法

（1）将 6%无菌淀粉溶液 1ml 注入小鼠腹腔。

（2）72 小时后，拉颈处死小鼠，剖腹，吸取腹腔液，1000r/min 离心 5 分钟，收集 MΦ。

（3）以 Hank's 液洗涤 MΦ，1000r/min 离心 5 分钟，重复两次。

（4）计数 MΦ，以 Hank's 液配制 1×10^6 个/ml 细胞悬液。

（5）取华氏管，加入等量的 1×10^6 个/ml 的 MΦ 悬液及 1×10^7/ml 白色念珠菌菌液。

（6）37℃，温育 30 分钟（中间摇动试管两次）。

（7）500r/min 离心 5 分钟，弃上清液。

（8）轻轻振荡试管，取悬液 1 滴加至载玻片，取冷亚甲蓝 1 滴，混匀后，加盖玻片。

（9）高倍镜观察并计数。

【结果】

1. 计算方法

（1）吞噬百分率 $=\dfrac{100\text{个M}\Phi\text{内发生吞噬的M}\Phi\text{数}}{100}\times100\%$

（2）吞噬指数 $=\dfrac{\text{发生吞噬的100个M}\Phi\text{内含有的白色念珠菌数}}{100(\text{发生吞噬的M}\Phi\text{数})}\times100\%$

（3）杀菌率 $=\dfrac{\text{被吞入的白色念珠菌中死亡数}}{\text{被吞入的白色念珠菌数}}\times100\%$

（杀死的细菌呈蓝色，活菌不着色）

2. 正常值

（1）吞噬百分率：62.77±1.38。

（2）吞噬指数：1.058±0.049。

（3）杀菌率：因激活条件、观察计数时间的不同而表现不同（计算杀菌率应减去白色念珠菌的自然死亡率）。

【注意事项】

（1）吞噬用的白色念珠菌菌龄应在 18～24 小时内，不能有假菌丝及出芽现象。

（2）MΦ 数与白色念珠菌数要计数准确，温育时其比例为 MΦ：白色念珠菌=1：10。

（3）温育时要摇动 2～3 次，以免 MΦ 与白色念珠菌沉于管底。

实验二　凝集反应

抗原与相应抗体相遇，可发生特异性结合，并在外界条件的影响下呈现某种反应现象，如凝集或沉淀。此原理可用已知抗原（或抗体）检测未知抗体（或抗原）。实验所采用的抗体常存在于血清中，因此又称为血清学反应。

一、直接凝集反应

直接凝集反应是指颗粒性抗原（如完整的细菌或细胞）与相应抗体在体外直接结合而出现的凝集反应。

直接凝集反应又可分为玻片凝集和试管凝集。

（一）玻片凝集实验（人 ABO 血型鉴定）

玻片凝集是用已知抗体与未知颗粒性抗原在玻片上直接结合而出现的凝集反应。

这类反应较简单、迅速，常用于抗原或抗体的定性检测，如细菌的鉴定、分型及 ABO 血型鉴定。这里介绍人类的 ABO 血型鉴定方法。

【原理】 ABO 血型系统是按照血液中红细胞表面的抗原分子来命名的。人类 ABO 血型抗原有两种：A 抗原和 B 抗原。A 型血红细胞表面有 A 抗原，B 型血红细胞表面有 B 抗原，AB 型血红细胞表面有 A、B 两种抗原，若红细胞表面无这两种抗原，则为 O 型血。

若用已知的抗 A 血清和抗 B 血清与受试者红细胞上的相应抗原结合，即可能引起红细胞凝集，据凝集状况便可判定出受试者的血型。

【材料】

（1）标准抗 A 血清、抗 B 血清。

（2）玻片、乙醇溶液、碘酒、无菌三棱采血针、无菌木棒、无菌棉球。

【方法】

（1）取洁净载玻片 1 张，用蜡笔分为 2 格，注明 A、B 字样。

（2）倒置标准抗血清试剂瓶，悬空轻挤出抗 A 血清 1 滴，滴加在 A 格内；同法在 B 格内加抗 B 血清 1 滴。

（3）消毒左手无名指指尖，待乙醇自然干燥后，用无菌采血针快速刺破皮肤。

（4）用木棒的两端取血，分别在抗 A 血清和抗 B 血清中搅拌混匀。

（5）无菌干棉球压迫手指止血。

（6）静置玻片数分钟，在白色背景下观察凝集结果。

【结果】 混合液由红色均匀混浊逐渐变为透明，并出现大小不等的红色凝集块者，为红细胞凝集。混合液仍呈均匀混浊，则未发生凝集。根据结果可判断血型（表 1-1-1）。

表 1-1-1 血型的判断

血型 抗血清	A	B	AB	O
抗 A 血清	+	—	+	—
抗 B 血清	—	+	+	—

【注意事项】

（1）载玻片标明 A、B，不要让两种抗血清混合。

（2）采血前要消毒手指，在乙醇干燥前不要采血，以免乙醇破坏红细胞。

（3）木棒的两端不可混用。

（4）及时观察结果。

（5）对被血液污染的用品在废弃前，要定点放置，集中进行严格的消毒，以防传播疾病。例如，沾血的载玻片浸泡在 84 消毒液中，木棒、采血针、棉球要高压处理。

（二）试管凝集实验

【原理】 此次实验是以定量的伤寒菌为抗原，以梯度稀释的待检动物血清为抗体，根据是否发生凝集反应，来检测血清中是否含有对应的抗体；并根据各管凝集程度的不同，来判断抗体的效价。应用此原理可帮助临床诊断和判断病人的病程、预后等。

【材料】

（1）灭活的伤寒菌液（7×10^8/ml）。

（2）待检的动物血清（经伤寒“H”免疫）。

【方法】

（1）取试管 6 支，用红笔标记好顺序，依次放在试管架中。

（2）于第 1 管内加生理盐水 0.9ml，其余各管加生理盐水 0.5ml。然后在第 1 管中加入伤寒免疫血清 0.1ml，用吸管将它与生理盐水吹打混匀后，取出 0.5ml 加入第 2 管中；再将第 2 管中的液体吹打混匀，取出 0.5ml 加入到第 3 管中，其余各管都照此方法将血清对倍稀释。至第 5 管时，将试剂混匀后，取出的 0.5ml 弃去不用。使第 6 管不含伤寒免疫血清，作为实验的阴性对照管。最后在各管中都加入 0.5ml 伤寒菌液。加样量如表 1-1-2 所示：

表 1-1-2 试管凝集实验的加样表（单位：ml）

试管号	1	2	3	4	5	6
生理盐水	0.9	0.5	0.5	0.5	0.5	0.5
伤寒免疫血清	0.1	0.5	0.5	0.5	0.5	弃 0.5
伤寒菌液	0.5	0.5	0.5	0.5	0.5	0.5
血清最终稀释度	1∶20	1∶40	1∶80	1∶160	1∶320	对照

（3）轻摇试管架，混匀试管内液体，56℃水浴 1～2 小时，观察结果。

【结果】

1. 对照管（第 6 管） 上清液混浊，管底可有沉淀的细菌，轻摇后分散呈均匀混浊。

2. 实验管 按 1～5 管依次观察。阳性者管底有不规则凝集物，较松散。阴性者与对照管相同。

3. 凝集程度的判断

++++：液体澄清透明，细菌全部凝集于管底，轻摇可见大的凝集块。

+++：液体稍混浊，细菌大多数凝集于管底，摇动后凝块较前者小。

++：液体中等混浊，液体中有明显的凝集物，凝集块较小。

+：液体混浊，仔细观察可以看到液体中有很小的凝集颗粒。

–：与对照管相同。

4. 判断凝集效价 出现明显可见凝集物（++）时的血清最高稀释度为血清效价。

【注意事项】

（1）试管要做标记，不同试剂的吸管勿交叉混用。

（2）在对倍稀释伤寒免疫血清时，要混匀后再加入下一试管。

（3）加样要准确，避免有气泡干扰。

（4）加样后要轻摇混匀，再进行水浴。

（5）水浴时避免水滴落入试管内，影响结果。

（6）实验结束时，小心轻取出试管，以免凝集物分散，影响观察。

（7）先观察对照管的结果，判断实验可信性；然后观察实验管。

二、间接凝集反应

颗粒性抗原与相应抗体的反应可用直接凝集来定性、定量。而可溶性抗原与相应抗体的反应不能发生肉眼可见的直接凝集现象。借鉴直接凝集反应的原理，把可溶性抗原附加在颗粒性物质——载体上，使之成为人工的颗粒性抗原，然后与相应的抗体混合，观察间接凝集现象。

间接凝集反应是将可溶性抗原（或抗体）先吸附或偶联在与免疫无关、有一定大小的颗粒性物质（载体）上，然后再与相应抗体（或抗原）反应而出现的凝集反应。常用作载体的物质有红细胞、聚苯乙烯胶乳颗粒、金黄色葡萄球菌 A 蛋白（SPA）等。根据载体的不同，间接凝集反应可分为血凝抑制试验、胶乳凝集试验、协同凝集试验等。

本文只介绍用于诊断妊娠的胶乳凝集试验。

【原理】 以聚苯乙烯胶乳颗粒作为载体，抗原致敏的胶乳颗粒与相应抗体结合能发生凝集。如果先将抗体与可溶性抗原作用，然后加入抗原致敏的胶乳颗粒，则不出现凝集，称为胶乳凝集抑制试验。

妊娠妇女尿液中含有人绒毛膜促性腺激素（the human chorionic gonadotropin，HCG），将待测尿液与抗 HCG 的血清混合，该尿液中的 HCG 与抗血清结合，消耗了抗 HCG 血清。然后加入 HCG 致敏的胶乳颗粒，无抗 HCG 血清与之反应，不能发生凝集，为妊娠试验阳性。如果待测尿液中没有 HCG，则致敏胶乳颗粒与抗 HCG 血清结合，发生凝集，称为妊娠试验阴性。

【材料】

（1）HCG 致敏的胶乳抗原。

（2）抗 HCG 的血清。

（3）妊娠妇女尿与未妊娠妇女尿。

（4）妊娠试验板，滴管。

【方法】

（1）在试验板的相邻两孔中分别加入 1 滴妊娠妇女尿和未妊娠妇女尿。

（2）在上述两孔中分别悬空加入 1 滴抗 HCG 的血清，轻摇混匀 1～3 分钟。

（3）在上述两孔中分别悬空加入 1 滴致敏胶乳抗原，轻摇混匀 1～3 分钟，观察结果。

【结果】 出现白色细小凝集颗粒者为妊娠试验阴性，不出现凝集者呈白色混浊液，为妊娠试验阳性。

【注意事项】

（1）标本和试剂应按顺序加入。

（2）滴加抗 HCG 血清和胶乳抗原时应悬空加入，以免污染试剂。

（3）加入试剂时液滴大小应均匀。

实验三 沉 淀 反 应

可溶性抗原与相应抗体结合，在一定条件下出现沉淀线/环的现象，称为沉淀反应。常用的沉淀反应有环状沉淀反应、絮状沉淀反应、琼脂扩散及免疫电泳等。

琼脂扩散实验是指可溶性抗原与抗体在琼脂内扩散，若两者对应且比例适当，则出现白色沉淀线/环。琼脂是大分子多糖，100℃时熔化，45℃以下凝固而形成网状结构，允许抗原抗体分子在其中自由扩散。琼脂扩散实验又可分为单向和双向扩散，只有抗原或抗体扩散的实验称为单向扩散，可用于定量检测；抗原与抗体都发生扩散的试验称为双向扩散，常用于定性检测。

一、单向琼脂扩散实验

【原理】 单向琼脂扩散试验是定量实验，通常是用已知抗体测定未知抗原。实验中将定量的抗体混合于琼脂内，倾注于玻片上，制成含抗体的琼脂板，凝固后打孔。再将待检抗原加入孔内。因抗体与琼脂混合凝固，抗体的浓度均匀，只有孔中抗原向四周扩散，离孔越远浓度越低，这样在抗原、抗体比例合适处形成白色沉淀环。由于只有抗原扩散，故称为单向扩散。

观察结果可发现，在同样的反应条件下，沉淀环的直径大小与抗原浓度成正比。以不同浓度的标准抗原与固定浓度的抗血清反应形成的沉淀环的直径为纵坐标，以抗原浓度为横坐标，绘制标准曲线。量取待测抗原出现的沉淀环直径，从标准曲线中即可求得其含量。本实验可用于检测标本中各种免疫球蛋白或血清补体含量。

【材料】

（1）人免疫球蛋白 IgG 的诊断血清（冻干羊抗人 IgG）。

（2）人免疫球蛋白标准血清，待检人血清。

（3）琼脂、玻片、打孔器、加样器、湿盒、37℃恒温箱等。

（4）生理盐水配制的 2%琼脂。

【方法与结果】

（1）制板：按抗血清效价的一半，用 56℃预热的生理盐水稀释抗血清，再加入等量的冷却至 56℃的琼脂轻轻混匀。用 5ml 吸管吸取 3ml 含抗血清的琼脂均匀加到玻片上，凝固后放入 4℃冰箱 5 分钟。

（2）打孔：以打孔器打孔，孔径 3mm，孔距 1cm，每板 2 排，每排 5 个孔。

（3）按说明书要求稀释标准血清与待检血清。待检血清 1：50 稀释，标准血清系列稀释至 1：12.5、1：25、1：50、1：100、1：200。

（4）加样：用微量加样器在第一排孔中依次加入不同稀释度的人标准血清 10μl，第二排相邻孔中加待检血清各 10μl。

（5）将琼脂板放入湿盒，37℃ 24 小时后测各沉淀环直径。

（6）以沉淀环直径为纵坐标，相应孔的 IgG 含量为横坐标，在半对数纸上制作标准曲线。根据待检血清沉淀环直径查标准曲线，将查得的 IgG 含量乘以标本的稀释倍数，即为待检血清中的 IgG 含量。

【注意事项】

（1）灌板时，要将抗血清 56℃预温，与冷却至 56℃的琼脂混匀后，迅速灌板，避免产生气泡。

（2）加样时避免碰坏孔壁。

（3）孔间距不能小于 1cm。

二、双向琼脂扩散实验

【原理】　双向琼脂扩散试验是定性实验。将可溶性抗原与相应抗体分别加入琼脂板上的孔内，两者均可扩散，在抗原抗体比例适宜处形成可见的沉淀线。如果不是相应的抗原与抗体，就不出现沉淀线。本试验常用于分析抗原抗体的纯度及相互关系。

【材料】

（1）羊抗人 IgG 标记为 Ab，待测抗体标为抗原 1、抗原 2。

（2）生理盐水配制的 1%琼脂。

（3）玻片、打孔器、湿盒、37℃恒温箱等。

【方法】

（1）制板：将熔化的 1%琼脂加在玻片上，3ml/板。

（2）打孔：待琼脂凝固后，在板上打孔。

（3）加样：如图 1-1-1 所示，中央孔加抗体，上下孔加抗原 1，左右孔加抗原 2，每孔 10μl。

（4）将琼脂板置于湿盒内，37℃ 24 小时后观察结果。

【结果】　在中央孔与周围孔之间，如出现沉淀线，则为阳性反应，提示有相应抗体与抗原反应。如无沉淀线出现，则为阴性反应，说明抗体与抗原不相对应。

【注意事项】

（1）琼脂铺板应一次铺成，均匀平滑。

（2）加样时，对准孔倒置滴管，轻挤出液体，避免量多溢出，影响沉淀线的形成。

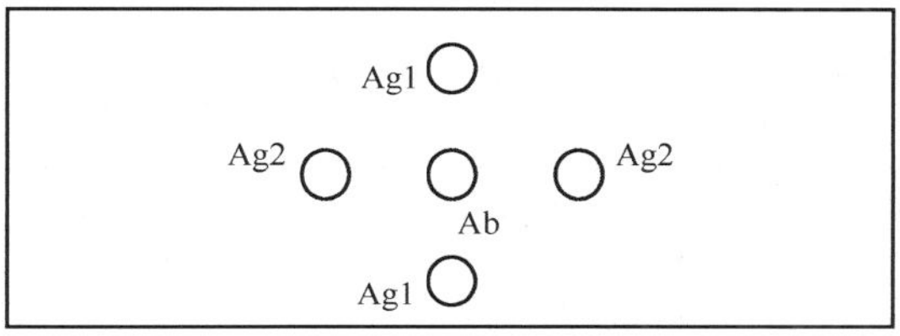

图 1-1-1　加样示意图

中央孔加 Ab，上下孔加抗原 1，左右孔加抗原 2

实验四　补体结合实验

【原理】 补体无特异性，可与任何抗原抗体复合物结合而被激活，但不能与单独的抗原或抗体结合。

补体结合试验（complement fixation test，CF）是一种有补体参与，以绵羊红细胞（sheep red blood cell，SRBC）和溶血素（抗 SRBC 的抗体）作为指示系统的抗原抗体反应体系。绵羊红细胞与溶血素结合后可激活补体，导致红细胞破坏，出现溶血现象。参与补体结合反应的五种成分可分为两个系统：①待检系统：已知抗原（或抗体）、待检抗体（或抗原）；②指示系统：SRBC、溶血素。待检系统与补体作用后，加入指示系统，若不出现溶血，表示待检系统中的抗原抗体相对应；两者特异性结合形成抗原抗体复合物结合并消耗了补体，无游离的补体与指示系统结合，故不溶血，为补体结合试验阳性。反之，若出现溶血，则为补体结合试验阴性。

一、预备实验

（一）溶血素单位滴定

【材料】

1. 2%绵羊红细胞　取新鲜脱纤维的羊血，用生理盐水洗两次后，配成 2%浓度备用。

2. 溶血素　用绵羊红细胞免疫动物后制备的动物血清。

3. 补体　取新鲜豚鼠血清作 1∶30 稀释，冰箱保存备用。

4. 其他　生理盐水、试管、吸管、37℃水浴箱。

【方法】

（1）按照表 1-1-3，于各管中分别加入不同稀释度的溶血素 0.2ml，然后加入其他成分。

（2）充分混匀后，置 37℃水浴箱 30 分钟，观察结果。

（3）凡最高稀释度的溶血素可呈现完全溶血者为 1 个单位。

表 1-1-3 中的试验表明，第 11 管（即 1∶9600 倍稀释）0.2ml 溶血素为 1 个单位。试验时常用 0.2ml 中含 2 个单位溶血素单位的稀释液（即 1∶4800 倍稀释），配制时可取 1∶100 倍的溶血素 1ml 加生理盐水 47ml。

表 1-1-3　溶血素滴定　（单位：ml）

试管号	溶血素(稀释度)	补体（1∶30）	生理盐水	2%SRBC	结果	
1	0.2（1∶1000）	0.2	0.4	0.2	完全溶血	摇匀后置37℃水浴30分钟
2	0.2（1∶1200）	0.2	0.4	0.2	完全溶血	
3	0.2（1∶1600）	0.2	0.4	0.2	完全溶血	
4	0.2（1∶2000）	0.2	0.4	0.2	完全溶血	

续表

试管号	溶血素(稀释度)	补体（1：30）	生理盐水	2%SRBC	结果	
5	0.2（1：2400）	0.2	0.4	0.2	完全溶血	摇匀后置37℃水浴30分钟
6	0.2（1：3200）	0.2	0.4	0.2	完全溶血	
7	0.2（1：4000）	0.2	0.4	0.2	完全溶血	
8	0.2（1：4800）	0.2	0.4	0.2	完全溶血	
9	0.2（1：6400）	0.2	0.4	0.2	完全溶血	
10	0.2（1：8000）	0.2	0.4	0.2	完全溶血	
11	0.2（1：9600）	0.2	0.4	0.2	完全溶血	
12	0.2（1：12800）	0.2	0.4	0.2	大部分溶血	
13	0.2（1：16000）	0.2	0.4	0.2	不溶血	
对照	—	0.2	0.4	0.2	不溶血	

（二）补体单位滴定

【材料】

（1）补体：1：30 稀释（同溶血素滴定）。

（2）2 单位溶血素。

（3）2%绵羊红细胞（同溶血素滴定）。

（4）其他（同溶血素滴定）。

【方法与结果】

（1）按表 1-1-4 中各管加入 1：30 稀释的补体。

表 1-1-4 补体单位滴定 （单位：ml）

试管	补体（1：30）	生理盐水		溶血素（2 单位）	2%SRBC		结果
1	0.06	0.54	37℃水浴15～30分钟	0.2	0.2	37℃水浴15～30分钟	不溶血
2	0.08	0.52		0.2	0.2		稍溶血
3	0.10	0.50		0.2	0.2		全溶血
4	0.12	0.48		0.2	0.2		全溶血
5	0.14	0.46		0.2	0.2		全溶血
6	0.16	0.44		0.2	0.2		全溶血
7	0.18	0.42		0.2	0.2		全溶血
8	0.60	0.2			0.2		不溶血

（2）依次加入其他成分于每管中，混匀后置 37℃水浴箱 15～30 分钟后观察结果，判定补体单位。

（3）补体单位：凡能使一定量红细胞发生完全溶解的最小补体量，称为 1 个确定单位。如表 1-1-4 中自第 3 管开始出现完全溶血现象，因此第 3 管（0.1ml）所含补体量为 1 个确定单位。

由于在实际应用时补体有一部分损失及活性降低，故通常取其次高一管补体量称为一个实用单位。例如，表 1-1-4 中第 4 管（0.12ml）为 1 个实用单位，可以表示为：

1 个确定单位=0.1ml 1：30 稀释的补体

1 个实用单位=0.12ml 1：30 稀释的补体

（4）补体的稀释：若使每 0.2ml 补体含 2 个实用单位，可按下式计算：

$$30 : (2\times0.12) = x : 0.2$$

$$x = 30\times0.2/2\times0.12 = 25$$

即将补体原液稀释 25 倍，用 0.2ml 即可。

二、正式实验

【材料】

（1）补体：豚鼠血清按上述补体单位滴定结果稀释。

（2）抗原：伤寒菌液 10 亿个/ml，煮沸 2 小时，离心 3000r/min，30 分钟，吸取上清作为抗原，实验前做抗原滴定，用 4 个单位的抗原。

（3）待检血清：56℃ 30 分钟灭活后，1∶5 稀释。

（4）溶血素 2 个单位。

（5）2%绵羊红细胞（SRBC）。

【方法】

（1）取 5 支试管，依次做好标记，放在试管架中。

（2）按照表 1-1-5 加样。

表 1-1-5 补体结合试验 （单位：ml）

试管号	待检血清	抗原	补体	生理盐水		溶血素	SRBC		结果
1（试验管）	0.2	0.2	0.2	—	摇匀 37℃ 水浴 15 分钟	0.2	0.2	摇匀 37℃ 水浴 15 分钟	—
2（血清对照管）	0.2	—	0.2	0.2		0.2	0.2		溶血
3（抗原对照管）	—	0.2	0.2	0.2		0.2	0.2		溶血
4（补体对照管）	—	—	0.2	0.4		0.2	0.2		溶血
5（SRBC 对照）	—	—	—	0.8		—	0.2		不溶血

【结果判定】 第 2～5 管均为对照管，具有不同的对照意义，应分别出现溶、溶、溶、不溶，说明反应条件和材料的可信程度。第 1 管为试验管，不溶血为补体结合试验阳性（+），溶血为补体结合试验阴性（–）。

【注意事项】

（1）羊血用前轻轻摇匀，避免剧烈震荡引起溶血。

（2）各种试剂的吸管不要混用。

（3）补体性质较不稳定，低温保存，加样时再从冰箱取出。

（4）水浴时避免水滴进试管。

（5）本试验影响因素很多，对照管的反应情况是否正常是判断试验可信的参照。

实验五 酶联免疫吸附实验

【原理】 酶联免疫吸附实验（enzyme-linked immunosorbent assay，ELISA），由 van Weeman 和 Schuur，以及 Enyvall 和 Perlmann 同在 1971 年报道并确立。酶与抗体或抗原结合后，既不改变抗体与抗原的免疫学反应的特异性，也不影响酶本身的酶学活性。先将已知的抗体或抗原结合在某种固相载体上，并保持其免疫活性。测定时，将待检标本和酶标抗原或抗体按不同步骤与固相载体表面吸附的抗体或抗原发生反应。用洗涤的方法分离抗原抗体复合物和游离成分。然后加入酶的作用底物催化显色，根据酶底物颜色的有无或深浅进行定性或定量测定。

酶联免疫吸附实验将抗原抗体的特异性免疫反应和酶的高效催化作用有机结合起来，具有灵敏度高、特异性强、快速方便等优点，是免疫学技术中应用最广的方法之一。

根据检测目的和操作步骤不同，有双抗体夹心法、间接法、竞争法三种类型的常用方法。

1. 间接法——用于检测抗体（图 1-1-2）

（1）将已知抗原吸附固相载体，温育后洗涤。

（2）加入待测标本（第一抗体），温育后洗涤。

（3）加入酶标记的二抗，温育后洗涤。

（4）加入底物，测定底物的颜色反应（颜色深浅程度和速率与待检标本中的抗体含量有关）。

2. 双抗体夹心法——用于检测大分子抗原（图 1-1-3）

（1）将已知的特异性抗体吸附于固相载体，温育后洗涤。

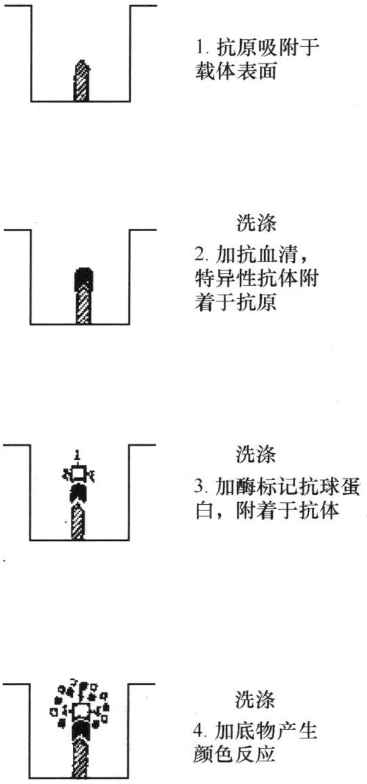

图 1-1-2 ELISA 间接法

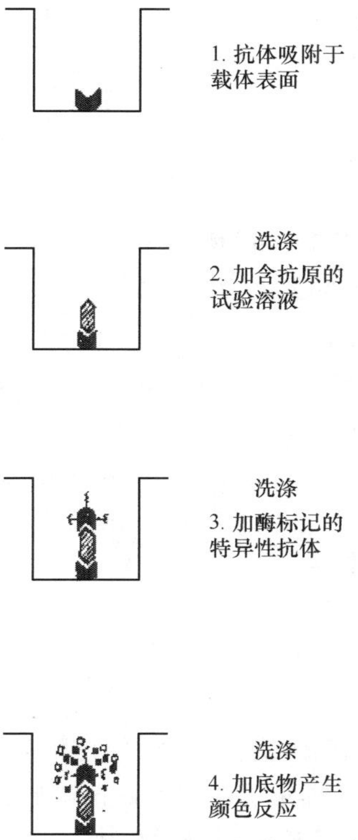

图 1-1-3 ELISA 双抗体夹心法

（2）将含有抗原的待检液与致敏的固相载体温育后洗涤。

（3）加入酶标记的特异性抗体，温育后洗涤。

（4）加底物，颜色改变与第二步中所加待检液中的抗原量成正比。

3. 竞争法——标记抗原测抗原（图 1-1-4）

（1）将特异性抗体吸附于固相载体，温育后洗涤。

（2）加入含有抗原的待测液与酶标记的抗原，温育后洗涤；同时，对照组仅加等量酶标记抗原，温育后洗涤。

（3）加入酶底物，仅加酶标记抗原所显示的颜色反应和加有待检抗原及酶标记抗原所出现的颜色反应的差数，与待检液中抗原含量成正比。

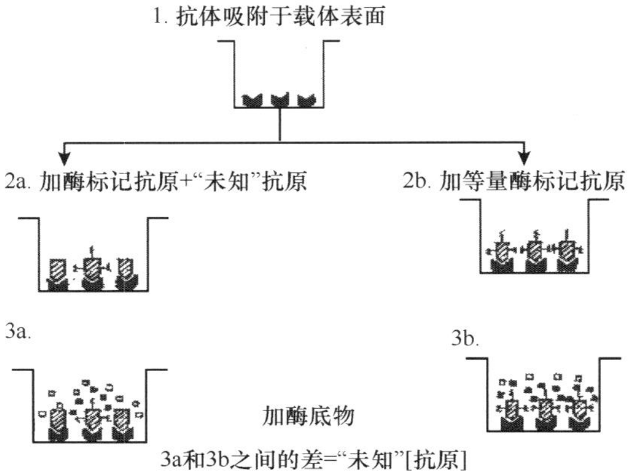

图 1-1-4　ELISA 竞争法

间接法测溶血素

【材料】

（1）脱纤维绵羊红细胞。

（2）兔抗绵羊红细胞抗体（溶血素）。

（3）酶标羊抗兔 IgG。

（4）包被缓冲液：0.05mol/L pH9.6 碳酸盐缓冲液。

（5）洗涤液：含 0.05%吐温–20 的 0.01mol/L pH7.4 PBS。

（6）底物缓冲液：pH5.0 磷酸盐枸橼酸缓冲液。

（7）底物溶液：OPD 10mg，底物缓冲液 25ml，30%H_2O_2 40μl。

（8）2mol/L H_2SO_4。

（9）酶标板、酶标仪。

【方法】

1. 定性法

（1）包被：无菌取脱纤维绵羊血适量加入离心管内，用生理盐水离心洗涤 2 次，取压积红细胞 2ml 加入等量蒸馏水，震荡破碎红细胞，用 0.05mol/L pH9.6 碳酸盐缓冲液稀释，每孔 100μl 加至聚乙烯塑料酶标板中，置湿盒中 4℃过夜。第二天取出，用洗涤液洗涤 3～

4 次，每次 3 分钟，玻璃纸封存，置 4℃冰箱中备用。

（2）取包被好的酶标板，分别加入阳性对照（1：500 稀释的兔抗绵羊红细胞抗体即溶血素）、阴性对照（洗涤液）及待测标本各 100μl/孔，置 37℃45 分钟。

（3）倾去液体，用洗涤液洗涤 3～4 次后，每次 3 分钟，在上述各孔中加入酶标羊抗兔 IgG 应用液（用洗涤液稀释至 1：200）各 100μl/孔，置 37℃30 分钟。

（4）倾去液体，用洗涤液洗涤 3～4 次后，每次 3 分钟，在上述各孔加入临时配制的酶底物溶液各 100μl/孔，在暗处避光显色 20 分钟，加入 2mol/L H_2SO_4 终止反应。

2. 定量法

（1）包被：同定性法。

（2）包被好的酶标板，用洗涤液洗涤 3～4 次后，每次 3 分钟。加入不同浓度的溶血素（兔抗绵羊红细胞抗体）、待测标本及阴性对照（洗涤液）各 100μl/孔，置 37℃30 分钟。

（3）倾去液体，用洗涤液洗涤 3～4 次后，每次 3 分钟，在上述各孔中加入酶标羊抗兔 IgG 应用液（用洗涤液稀释至 1：200）各 100μl/孔，置 37℃30 分钟。

（4）倾去液体，用洗涤液洗涤 3～4 次后，每次 3 分钟，在上述各孔加入临时配制的酶底物溶液各 100μl/孔，在暗处避光显色 20 分钟，加入 2mol/L H_2SO_4 终止反应。

（5）用酶标仪测 OD492，以标准系列的 OD 值为纵坐标，标准系列稀释度为横坐标做标准曲线，求出待测标本的浓度。

【结果】 阴性对照孔为无色，阳性对照孔为黄色或橙色。

【注意事项】

（1）包被时间不少于 18 小时，包被板一经洗涤，则不宜存放过长时间。

（2）包被和温育均应将酶标板放置湿盒内进行。

（3）洗板一定力求洗得干净，以保证实验的成功。

实验六　人外周血单个核细胞的分离和小鼠骨髓细胞的获取

一、人外周血单个核细胞的分离

在进行特异性细胞免疫功能测定时，需要从人外周血中分离纯化外周血单个核细胞（peripheral blood mononuclear cells，PBMC）。分离 PBMC 的常用方法有物理方法（如密度梯度离心法、细胞比重法等）；化学法（如低渗盐水法、氯化铵溶红细胞法）等。下面仅介绍目前最常用的 Ficoll-Hypaque 密度梯度离心法。此分离法简便、分离纯度高、产量多，而且不影响细胞的活性。

【原理】 常用来分离人外周血单个核细胞的分离液是由聚蔗糖（Ficoll）和泛影葡胺（Hypaque）按一定比例混合制成。它分子量大又无化学活性，20℃时相对密度为（1.077±0.001）kg/L，淋巴细胞和单核细胞相对密度略小于分层液，为 1.070 kg/L 左右，而粒细胞和红细胞相对密度大，为 1.092kg/L 左右。通过离心，使一定相对密度的细胞按相应密度梯度分布，淋巴细胞和单核细胞位于分离液的上层，而粒细胞和红细胞沉于离心管的管底，从而将淋巴细胞和单核细胞等单个核细胞分离出来。

【材料】

（1）相对密度为（1.077±0.001）kg/L 的聚蔗糖-泛影葡胺（商品名为淋巴细胞分离液）。

（2）肝素（25U/ml）。

（3）无 Ca^{2+}及 Mg^{2+} 的 Hank's 液、RPMI1640 培养液。

（4）其他：注射器、吸管、滴管（均无菌）、血球计数板、水平式离心机等。

【方法】

（1）抽取静脉血 3ml，去掉针头注入含有肝素的无菌试管中摇匀，然后加入等量的 Hank's 液使血液稀释。

（2）用吸管吸取上述稀释血 3ml 沿试管壁缓慢加入到含有 2ml 淋巴细胞分离液的华氏管中，血液与淋巴细胞分离液的体积比为 3∶2，沿管壁流下的血液与分离液形成明显的界面。

（3）2000r/min 水平离心 20 分钟后，小心取出试管。

（4）用平口吸管小心吸取中层白色雾状的单个核细胞层，转入新的华氏管中，加入 2ml Hank's 液，1500r/min 离心 10 分钟。弃上清，沉淀用 2ml Hank's 液悬浮，1500r/min 再离心 10 分钟。

（5）弃上清，加入 RPMI 1640 培养液 1ml 悬浮沉淀，混匀，取少许进行细胞计数（方法见后），最后用 RPMI 1640 培养液调整成所需细胞浓度备用。

（6）在一含有 0.1ml 的细胞悬液中加入 1 滴 0.5%锥虫蓝染液，混匀。5～10 分钟后，取一滴加在载玻片上，盖上盖玻片，显微镜下进行观察。活细胞是透明的，而死细胞则着蓝色。

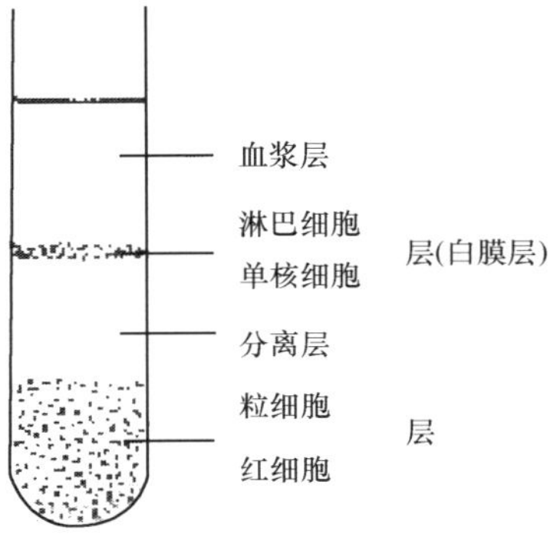

图 1-1-5　经淋巴细胞分离液梯度离心后血细胞分层示意图

【结果】　结果如图 1-1-5 所示。

【注意事项】

（1）抽取人外周静脉血时要注意无菌操作。还应注意生物安全保护，避免血源性传染病。

（2）操作全程应尽可能在较短的时间内完成，以减少死细胞的数目。

（3）用淋巴细胞分离液分离 PBMC 时，一定要用水平转头的离心机，且离心机转速的增加和减少要均匀、平稳，以保持细胞界面的清晰。

附：细胞计数的方法

取 1 滴细胞悬液置于血球记数板，静置片刻，显微镜下计数四角四个大方格的细胞数，按下列公式计算细胞的总数。

$$细胞总数=\frac{四个大方格的细胞数}{4}\times10^4\times稀释倍数\times细胞悬液毫升数$$

二、小鼠骨髓细胞的获取

【实验原理】　骨髓是成年人体的主要造血器官，含有各种不同发育阶段的白细胞和红细胞。近年来，科研人员体外培养的骨髓细胞并加以不同诱导剂，可诱导骨髓细胞向不同方向分化，如分化成单核/巨噬细胞、树突状细胞或内皮细胞等。这为进一步研究相应细胞特性和功能创造了有利条件。

本次实验我们介绍小鼠骨髓细胞获取的常用方法，实验中我们常用包括密度梯度离心法或裂解红细胞的方法获取骨髓细胞。密度梯度离心法的原理与外周血单个核细胞分离实验相同。本实验仅介绍 Tris-NH_4Cl 裂解红细胞法提取小鼠骨髓细胞的方法。

【材料】

（1）Tris-NH_4Cl 红细胞裂解液。

（2）含有 1%小牛血清的 PBS 缓冲液和 RPMI1640 细胞培养基。

（3）1ml 注射器和 200 目铜网。

（4）手术器械：眼科镊子、眼科剪等。

【方法】

（1）颈椎脱臼法处死小鼠（如需无菌可先用 75%乙醇溶液浸泡小鼠 10 分钟，并且后续操作在超净台内操作）。

（2）用眼科剪剪开皮肤，并分离股骨和胫骨，往下分别在脚踝处剪断，往上在髋关节处剪断。

（3）小心剥离肌肉，并用 PBS 缓冲液冲洗。分别剪下股骨和胫骨，并剪去两端骨骺部位，露出红色的骨髓腔。

（4）用 1ml 的无菌注射器吸取 1ml 含小牛血清的 PBS 缓冲液，反复冲洗骨髓腔至苍白色，以获得骨髓细胞。

（5）过滤：吹打细胞，使骨髓分散成单细胞悬液（也可以用 200 目的滤网过滤去除固体残留物）。将单细胞悬液转移至离心管。

（6）离心：室温，1200r/min 离心 6 分钟。

（7）弃去上清，加入 5ml Tris-NH_4Cl 红细胞裂解液，吹打混匀，室温孵育 10 分钟，1200r/min 离心 6 分钟。

（8）弃上清，加入含有血清的 PBS 缓冲液，吹打混匀，室温，1200r/min 离心 6 分钟。

（9）重复第（8）步操作。

（10）利用锥虫蓝染液计数活细胞，用 RPMI1640 细胞培养基调整细胞至所需浓度，以备进行后续实验。

【注意事项】

（1）冲洗骨髓腔一定要冲洗至发白，以获得更多的骨髓细胞。

（2）裂解红细胞要充分，保证细胞活性并计数准确。

实验七 E-玫瑰花环形成实验

【原理】 人外周血 T 淋巴细胞表面具有绵羊红细胞受体（E 受体），即 CD2 分子，而 B 淋巴细胞表面则没有。因而在体外，当将淋巴细胞与绵羊红细胞混合时，可形成以 T 淋巴细胞为中心，周围环绕绵羊红细胞的玫瑰花样的花环。该实验可用于检测外周血中 T 淋巴细胞的数目与比例。

【材料】

（1）淋巴细胞分离液。

（2）肝素。

（3）无 Ca^{2+}、Mg^{2+}的 Hank's 液，pH7.2～7.6。

（4）Alsever 溶液。

（5）绵羊红细胞：用 Alsever 溶液保存的新鲜绵羊血经洗涤后，配制 1%绵羊红细胞悬液。

（6）吸收灭活胎牛血清：胎牛血清经 56℃ 30 分钟灭活后，按每毫升胎牛血清加入洗涤过的压积绵羊红细胞 0.1ml，混匀，37℃孵育 30 分钟，然后 2000r/min 离心 20 分钟，取上清置 4℃保存。

（7）0.8%戊二醛溶液。

（8）0.2%冷亚甲蓝溶液。

（9）其他：试管、吸管、滴管等。

【方法】

（1）按实验一的方法取肝素 3ml 防凝血，加 3ml Hank's 液对倍稀释，并沿管壁缓缓将血加到淋巴细胞分离液之上，2000r/min 离心 20 分钟。

（2）小心吸取分离液界面白色的单个核细胞层（含有淋巴细胞），用 Hank's 液洗涤 2 次，调整细胞浓度为 2×10^6 个/ml 备用。

（3）在一支新华氏管内加入淋巴细胞悬液 0.1ml，经吸收灭活的胎牛血清 0.1ml，1%绵羊红细胞悬液 0.1ml，混匀，37℃孵育 5 分钟，然后 500r/min 离心 5 分钟。将试管置于 4℃冰箱，至少 2 小时。

（4）取出试管，弃去部分上清，轻轻旋转华氏管使细胞混匀，然后沿管壁加 1 滴 0.8%戊二醛溶液固定，置于 4℃冰箱 20 分钟。

（5）轻轻吸取 1 滴滴片，再加 1 滴 0.2%冷亚甲蓝溶液，染色 5 分钟，盖上盖玻片，高倍镜下观察玫瑰花环形成情况。

【结果】 凡淋巴细胞周围吸附 3 个或 3 个以上绵羊红细胞者即为 E-花环形成阳性，计数 200 个淋巴细胞，计算 E 花环形成的百分率。

$$\text{E 花环形成率}=\frac{\text{形成花环的淋巴细胞数}}{(\text{形成花环}+\text{未形成花环})\text{淋巴细胞数}}\times100\%$$

正常人外周血 E 花环形成率为 60%～80%，少于 50%为降低。

【注意事项】

（1）用于 E-花环形成实验的绵羊血一定要新鲜，储存时间不能超过 2 周。

（2）胎牛血清使用前一定要灭活补体。

（3）E-花环形成后的实验操作一定要轻柔，以免已形成的花环再解离。

实验八 豚鼠过敏实验——Ⅰ型超敏反应

【原理】 超敏反应（hypersensitivity）是指已致敏的机体再次接触相同变应原时，所引起的自身组织损伤和（或）生理功能紊乱。超敏反应是异常的或病理性的免疫应答。依照超敏反应的发生机制，可将其分为Ⅰ、Ⅱ、Ⅲ、Ⅳ型，其中的Ⅰ型超敏反应又称为速发型超敏反应或变态反应（anaphylaxis）。引起超敏反应的抗原称为变应原（allergen）。

在Ⅰ型超敏反应中，变应原首次进入机体，刺激浆细胞产生IgE，IgE的Fc段与肥大细胞或嗜碱粒细胞表面的FcεR结合，使得IgE吸附在这些细胞的表面，这是致敏阶段。当相同的变应原再次进入致敏机体时，即可与吸附在这些细胞表面的IgE结合，引起一系列反应，使这些细胞释放组胺等生物活性介质，引起Ⅰ型过敏反应的发作，即发敏阶段。组胺是一个主要的生物活性介质，它的迅速释放，能扩张小血管和增加毛细血管通透性、刺激平滑肌收缩、促进黏膜腺体分泌增加；导致血压下降、呼吸困难、腹痛，甚至引起过敏性休克，导致死亡。

【材料】

（1）成年的健康豚鼠。

（2）新鲜蛋清：取新鲜鸡蛋的蛋清，作1：10稀释。

（3）无菌注射器。

【方法】

1. 致敏注射 在试验开始前2周，给豚鼠皮下注射1ml稀释的蛋清。

2. 发敏注射 固定好豚鼠，找到心尖冲动处，用碘酒、乙醇溶液依次消毒后，给豚鼠心内注射1ml稀释的蛋清。放开豚鼠，观察反应情况。

【结果】 在发敏注射后数分钟，豚鼠会出现一系列症状，表现为兴奋不安、躁动、鼻翼扇动、抓鼻，呼吸急促、毛发耸立、四肢痉挛、跳跃，甚至死亡。

第二章　医学微生物学基本实验

实验一　细菌的形态和特殊结构观察

细菌按其形态主要分为球菌、杆菌、螺形菌三大类。本实验准备三种细菌的示教片：金黄色葡萄球菌、变形杆菌、霍乱弧菌。注意它们的染色性、形态和排列特点。

细菌的特殊结构包括：芽胞、荚膜、鞭毛和菌毛。其中芽胞可增强细菌对不良环境的抗性；荚膜具有抗吞噬、抗干燥等作用；鞭毛是细菌的运动器官，着生位置有单生、双生、丛生、周生；菌毛与细菌的黏附及细菌间遗传物质的转移有关。菌毛在普通光学显微镜下看不到，必须用电子显微镜观察。本实验准备三种特殊结构的示教片：芽胞（破伤风梭菌）、荚膜（肺炎链球菌）、鞭毛（变形杆菌）。

一、显微镜油镜的使用

【原理】　细菌个体微小，必须借助光学显微镜的油镜将其放大 1000 倍左右进行观察。使用油镜时，在玻璃载玻片与油镜镜头之间加上香柏油，香柏油折光率（n=1.515）与玻璃折光率（n=1.52）接近，可大大减少由于介质（空气）密度不同而发生的折射现象，避免光线的分散，使视野明亮，物象清晰。参见图 1-2-1。

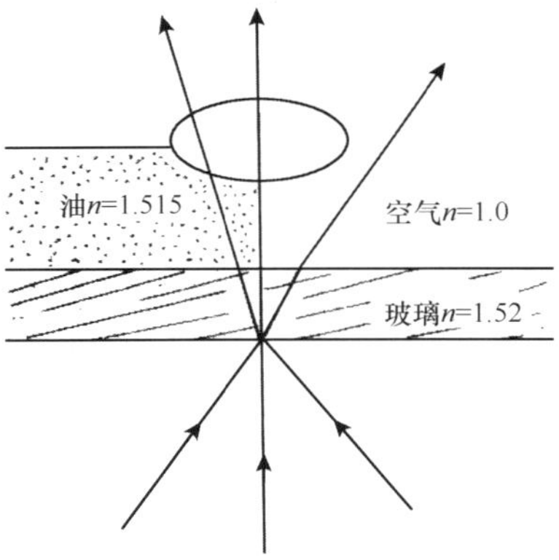

图 1-2-1　油镜的原理

【材料】

（1）标本片。

（2）显微镜、香柏油、香柏油擦拭液、擦镜纸。

【方法】

（1）将显微镜载物台放平，若倾斜会使香柏油流散。

（2）打开电光源或用反光镜调整外来光线。

（3）将聚光镜调至最高位置，光圈完全打开。

（4）将标本片固定在载物台上，先用低倍镜找到标本适当位置，调好焦距。

（5）在玻片上加一滴香柏油，转动镜头转换器，将油镜镜头置于工作位置，镜头浸入油中。若从目镜中观察到模糊图像，则调整细调节钮使物象清晰。若无物像，则重新调整，从侧面看着油镜，缓缓转动粗调节钮使镜头浸于油内，至几乎与玻片接触为止，切勿使两者相碰，以免损伤油镜镜头和载玻片。从目镜观察，调节粗调节钮，上调油镜镜头，至看到模糊物像，再调节细调节钮使物像清晰。未能看到物像时，可重复上述步骤操作。

（6）观察完毕后，应立即用擦镜纸擦去镜头上的香柏油。若油已干，可用擦镜纸沾少许香柏油擦拭液擦拭镜头，随即用干擦镜纸擦掉擦拭液。

【注意事项】

（1）显微镜是贵重仪器，操作时动作要轻柔，防止损坏镜头和部件。

（2）不得随意拆卸显微镜。

二、细菌不染色标本观察法

【原理】 未经过染色的细菌呈无色半透明，折光性与周围环境差别不大，难以看清其形态特征。许多杆菌和弧菌有鞭毛，细菌可借助鞭毛运动，因此可利用不染色标本检查法在显微镜下观察其动力和运动情况。常用的方法有压滴法和悬滴法。

【材料】

（1）变形杆菌、葡萄球菌（8～12 小时肉汤培养物）。

（2）载玻片、凹玻片、盖玻片、凡士林、接种环、酒精灯等。

【方法】

1. 压滴法 用接种环分别取变形杆菌、葡萄球菌菌液置于洁净载玻片中央，在菌液上轻轻覆以盖玻片，勿产生气泡，勿使菌液外溢。静置片刻，先在低倍镜下观察，再换高倍镜观察。镜检时适当降低聚光器或缩小光圈以利于观察。

2. 悬滴法 在凹玻片的凹窝周围涂少许凡士林，用接种环取变形杆菌和葡萄球菌菌液，分别置于一盖玻片中央，将凹窝对准盖玻片反扣在盖玻片上，将两者压紧后迅速反转，使菌液悬于盖玻片下。参见图 1-2-2。静置片刻后，先用低倍镜，再换高倍镜观察。

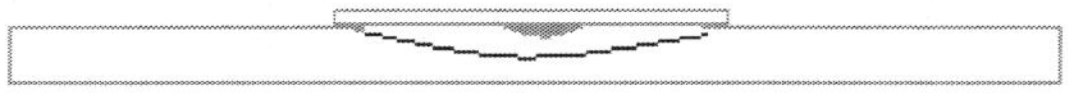

图 1-2-2 悬滴标本的制作

【结果】 有鞭毛的变形杆菌运动活泼，可向不同方向迅速运动，有明显的位置移动；无鞭毛的葡萄球菌不能做真正的运动，受环境中水分子的撞击而呈布朗运动，即在一定范围内来回颤动，位置移动不大。

【注意事项】 观察时光线不宜过强，适当降低聚光器，缩小光圈利于观察。

三、细菌的染色法

（一）观察细菌形态常用的染色方法

单染色法

【原理】 由于细菌微小，无色半透明，所以需进行染色，以增加反差，才能在光学显微镜下看清楚。只用一种染料染色的方法称单染色法。单染色法只能显示细菌的形态、排列特点，不能显示细菌的结构与组成成分，不能鉴别细菌。由于细菌在中性、弱碱性环境中大多带负电荷，故易与碱性染料中带正电荷的染料离子结合，如亚甲蓝、结晶紫、碱性复红等。

【材料】

（1）金黄色葡萄球菌、大肠埃希菌（18～24 小时普通斜面培养物）。

（2）0.5%吕氏亚甲蓝染液或 1∶10 稀释的苯酚复红染液。

（3）载玻片、酒精灯、接种环、生理盐水等。

【方法】

1. 制备标本片

（1）涂片：在载玻片上滴一小滴生理盐水，用接种环刮取少许细菌培养物与生理盐水混合均匀，涂成直径约 1cm 的菌膜。取菌时应严格无菌操作。

（2）干燥：在空气中自然干燥或将标本面向上在酒精灯火焰上方干燥（勿靠火焰太近，用玻片反面触及皮肤，以不觉过烫为宜）。

（3）固定：手持已干燥标本片一端，标本面向上，快速通过火焰 3 次。

2. 染色 在涂菌部位滴加吕氏亚甲蓝染液或苯酚复红染液，染 1～2 分钟，用水轻轻冲洗染料，吸水纸印干，油镜镜检。

【结果】 金黄色葡萄球菌和大肠埃希菌可被吕氏亚甲蓝染液染成蓝色，或被苯酚复红染液染成红色。

革兰染色法（Gram's 染色法）

【原理】 革兰染色法是一种复染法，它需用两种以上染料染色，是细菌学中最重要的染色方法之一。根据染色结果将细菌分为革兰阳性菌和革兰阴性菌两大类。原因：①革兰阳性菌细胞壁结构致密，肽聚糖层厚且交联紧密，脂质含量少，乙醇不易渗透；同时乙醇使细胞壁脱水而收缩形成屏障，阻止结晶紫-碘复合物从胞内渗出。革兰阴性菌细胞壁较为疏松，肽聚糖层很薄且交联松散，而构成外膜的脂蛋白、脂双层、脂多糖又均含大量脂质，易被乙醇溶解，致使细胞壁通透性增大，使结晶紫-碘复合物被乙醇溶解析出而脱色。②革兰阳性菌等电点（pH 2～3）比革兰阴性菌（pH 4～5）低。在相同 pH 下，革兰阳性菌所带的负电荷比革兰阴性菌多。故与结晶紫染液中带正电荷的染料离子结合较多，不易脱色。上述两者中以①更重要。

【材料】

（1）金黄色葡萄球菌、大肠埃希菌（18～24 小时普通斜面培养物）。

（2）结晶紫染液、卢戈碘液、95%乙醇溶液、稀释复红染液。

（3）载玻片、酒精灯、接种环、生理盐水等。

【方法】

1. 制备标本片

（1）涂片：在载玻片上滴一小滴生理盐水，用接种环刮取少许细菌培养物与生理盐水混合均匀，涂成直径约 1cm 的菌膜，菌膜应薄而均匀。取菌时应严格无菌操作。

（2）干燥：最好在室温下自然干燥，或将标本面向上在酒精灯火焰上方干燥（勿靠火焰太近，用玻片反面触及皮肤，以不觉过烫为宜）。

（3）固定：手执已干燥标本片的一端，标本面向上，在火焰外层快速地来回通过 3 次，2～3 秒。待放置冷却后，进行染色。

固定目的：①杀菌；②使菌体牢固地黏附在玻片上，防止细菌被洗脱；③改变细菌对染料的通透性，因为死细胞比活细胞易于染色。

2. 染色

（1）初染：滴加结晶紫染液覆盖菌膜，染色 1 分钟，水洗。

（2）媒染：滴加卢戈碘液，染色 1 分钟，水洗。

（3）脱色：滴加 95%乙醇溶液，轻摇玻片，时间 30 秒，水洗。

（4）复染：滴加稀释复红染液，染色 30 秒，水洗，吸水纸印干，油镜镜检。

【结果】 镜检结果呈紫色者为革兰阳性菌，呈红色者为革兰阴性菌。金黄色葡萄球菌呈紫色，为革兰阳性菌；大肠埃希菌呈红色，为革兰阴性菌。

【注意事项】

（1）待检菌的菌龄应为 18～24 小时。一般情况下，革兰阴性菌的染色较为稳定，不易受菌龄长短的影响；而有的革兰阳性菌在幼龄时呈阳性，超过 24 小时可变为阴性。故培养物越陈旧，其衰老和死亡导致染色常呈假阴性。

（2）涂片以匀薄为佳，切不可浓厚。菌量过多聚集成团，不利于观察细菌个体形态；同时，过于密集的菌体会因脱色不足呈假阳性。

（3）加热干燥时，切勿紧靠火焰或加热时间过长，以防标本烤枯而变形。

（4）革兰染色操作的关键步骤是对脱色时间的控制，脱色时间过短，革兰阴性菌染色结果可呈假阳性；脱色时间过长，革兰阳性菌染色结果可呈假阴性。

齐-尼抗酸染色法（Ziehl-Neelsen 法）

【原理】 结核分枝杆菌对苯胺染料一般不易着色，要通过加温和延长染色时间来促使其着色。一旦结核分枝杆菌中的分枝菌酸与染料结合，能抵抗 3%盐酸乙醇的脱色作用，故称为抗酸染色。经此法染色后，结核分枝杆菌及其他分枝杆菌呈红色，而非抗酸菌及背景物质均呈蓝色。

【材料】

（1）经酸、碱处理的痰液标本。

（2）苯酚复红染液、3%盐酸乙醇溶液、碱性亚甲蓝染液。

（3）载玻片、酒精灯、接种环等。

【方法】

（1）振荡经酸、碱处理的痰液标本，用接种环蘸取痰液，置载玻片中央，均匀涂布成

1.5cm×2.0cm 卵圆形痰膜，干燥，固定。

（2）滴加苯酚复红染液覆盖痰膜，置于酒精灯火焰上方缓缓加热，至有蒸汽冒出，维持约 5 分钟（切勿沸腾或使染液干涸于玻片上）。如染液有干涸趋势，应补加染液。待自然冷却后水洗。

（3）滴加 3%盐酸乙醇溶液进行脱色，至涂片较厚处无颜色脱出为止，时间约 30 秒，水洗。

（4）滴加碱性亚甲蓝染液，染色 1 分钟，水洗。

（5）吸水纸印干，油镜镜检。

【结果】 结核分枝杆菌呈红色，菌体细长略弯；非抗酸菌及标本中其他物质等均呈蓝色。

（二）观察细菌特殊结构的染色法

细菌荚膜染色法

【原理】 某些细菌细胞壁外面有一层较厚的黏液样物质，称为荚膜。荚膜对染料的亲和力弱，不易着色。常采用负染色法，让菌体和背景着色，而荚膜不着色，使菌体外周呈现一个透明圈。制片时为防止荚膜收缩变形，一般不加热固定。

【材料】

（1）经小鼠传代培养的肺炎链球菌。

（2）结晶紫乙醇饱和液 5ml，加蒸馏水 95ml，混匀。

（3）20%硫酸铜溶液。

【方法】

（1）按常规方法涂片，自然干燥，不需加热固定。

（2）滴加结晶紫乙醇染液，在火焰上方略加热，至冒蒸汽为止。

（3）用 20%硫酸铜溶液冲洗，印干，油镜镜检。

【结果】 荚膜无色或呈淡紫色，菌体及背景呈紫色。

细菌鞭毛染色法

【原理】 由于鞭毛细长，所以将鞭毛加粗染色后进行观察。

【材料】

（1）变形杆菌（6～8 小时血琼脂平板培养物）。

（2）染液

A 液：20%钾明矾（加热溶解）20ml，5%苯酚溶液 50ml，20%鞣酸（加热溶解）20ml。

B 液：复红乙醇饱和溶液。

取 A 液 9 份和 B 液 1 份混合后立即过滤，放置 6 小时后，使用最佳。

【方法】

1. 制备标本片

（1）取变形杆菌血琼脂培养物，从菌膜伸展最远处小心挑取菌少许，轻轻放入盛有 3～4ml 蒸馏水的小平皿液面上，令细菌自由分散，浮在液体表面，置 37℃，25～30 分钟。

（2）用接种环在上述液面轻轻挑取一环菌液，放在高度洁净无油脂玻片上，接种环随水滴移动，切勿研磨，以免鞭毛脱落。玻片自然干燥，勿用火焰固定。

2. 染色 加染液染色1～2分钟，印干，油镜镜检。

【结果】 鞭毛呈淡红色，菌体呈红色。

细菌芽胞染色法

【原理】 芽胞壁厚且致密，透性低，不易着色，而一旦染上色又难以脱色。因此，芽胞染色时，采用着色力强的染料，通过加热促进芽胞着色，然后水洗使菌体脱色，而芽胞上的染料仍保留，再用不同的染料进行复染，使菌体与芽胞呈不同的颜色。

【材料】

（1）破伤风梭菌（48～72小时培养物）。

（2）苯酚复红染液、碱性亚甲蓝染液。

【方法】

（1）按常规方法涂片，干燥，固定。

（2）滴加苯酚复红染液，微火加热至染料冒蒸汽（勿煮沸）开始计时，维持约5分钟。加热过程中要随时添加染液，防止标本片干涸。

（3）待玻片冷却后，用水冲洗进行脱色，至冲洗液无色为止。

（4）滴加碱性亚甲蓝染液复染30秒，水洗，印干，油镜镜检。

【结果】 芽胞呈红色，菌体呈蓝色。

阿尔伯特染色法（Albert's染色法）

阿尔伯特染色法主要用于观察白喉棒状杆菌的异染颗粒。

【材料】

（1）白喉棒状杆菌（12～18小时吕氏血清斜面培养物）。

（2）阿尔伯特染液

甲液：甲苯胺蓝0.15g，孔雀绿0.2g，冰醋酸1ml，95%乙醇溶液2ml，蒸馏水100ml。将两种染料先溶于95%乙醇溶液，再加入蒸馏水与冰醋酸，充分混匀，静置24小时，过滤后备用。

乙液：碘2g，碘化钾3g，蒸馏水300ml。先将碘化钾完全溶解于10～20ml蒸馏水中，再加入碘，待完全溶解后，加蒸馏水至300ml。

【方法】

（1）按常规方法涂片，干燥，固定。

（2）染色：加甲液，染色5分钟，水洗；再加乙液，染色1分钟，水洗；印干，油镜镜检。

【结果】 白喉棒状杆菌细长，排列不规则，呈“V”、“L”形或栅栏状排列。菌体呈蓝绿色，异染颗粒呈蓝黑色。

实验二 细菌的培养

一、常用培养基的制备

【原理】 培养基是根据微生物生长繁殖时对营养物质的需要配制而成的，其基本成分含有碳源、氮源、无机盐、生长因子、水等。常用培养基根据其用途可分为五种：基础培养基、营养培养基、选择培养基、鉴别培养基、厌氧培养基。基础培养基含有一般细菌生长繁殖所需要的基本营养物质；营养培养基中加入糖、血清、酵母浸膏、生长因子等，适合营养要求高的细菌生长；鉴别培养基含有特定的作用底物；选择培养基中加入抑制某些细菌生长的物质，而对其有抵抗力的细菌可以生长，如肠道致病菌选择培养基（SS 培养基）；厌氧培养基，如庖肉培养基，用于专性厌氧菌的培养。

常用培养基按物理状态可分为三种：液体、固体、半固体培养基。液体培养基主要用于增菌培养。固体平板可用于菌落计数和分离纯化；固体斜面可用于纯培养增菌、保存菌种。半固体培养基可用于观察穿刺线、保存菌种。

【材料】 牛肉膏、蛋白胨、氯化钠、琼脂。

【方法】

1. 液体基础培养基 牛肉膏 0.3g，蛋白胨 1g，氯化钠 0.5g，蒸馏水 100ml，加热溶解以上成分，冷却至 40～50℃，调 pH 至 7.4～7.6，煮沸 3～5 分钟，补足水分，过滤、分装、高压蒸汽灭菌。

2. 半固体基础培养基 在液体基础培养基 100ml 中加琼脂 0.2～0.5g，加热至 100℃使琼脂熔化，分装试管，高压蒸汽灭菌。取出后直立放置至琼脂凝固。

3. 固体基础培养基 在液体基础培养基 100ml 中加琼脂 2～3g，加热至 100℃使琼脂熔化，分装于试管或三角烧瓶中，高压灭菌。取出后趁热将试管倾斜一定角度放置，待琼脂凝固后即成普通琼脂斜面；将三角烧瓶中培养基倾注于灭菌平皿内，培养基厚度为 0.5～1cm。凝固后即成琼脂平板基础培养基。

二、细菌的接种技术

根据不同培养目的，选择不同培养基，采用不同的接种方法。细菌的接种技术是微生物学的基本技术。接种时需严格无菌操作，既要避免杂菌从外界进入培养基，同时也要防止菌种污染环境。

（一）分离培养接种法

【原理】 多种细菌混杂时，欲分离某一种菌，可采用平板划线分离方法，将混杂的细菌分离。经过培养，单个细菌能形成菌落，挑取单个菌落可获得纯菌种。

【材料】

（1）金黄色葡萄球菌、大肠埃希菌（普通斜面培养物）。

（2）琼脂平板基础培养基。

【方法】

1. 平板划线接种法

（1）左手持菌种管下端，右手持接种环烧灼灭菌。

（2）以右手的手掌、小指、无名指夹住试管帽（或棉塞），在火焰旁取下，并将管口通过火焰 3 次以灭菌。

（3）用已烧灼过的接种环挑取菌种管中的细菌，取完后，管口通过火焰，盖上试管帽，放回试管架。左手持琼脂平板，在火焰旁打开，平皿盖半开约 45°角，将接种环上的细菌在平板的一侧边缘涂开。

（4）烧灼接种环，冷却后分离划线。接种环与平板成 30°～40°角，轻触平板，通过涂菌处以腕力轻快的滑移接种环，做连续划线或分区划线，划线要密但不能重复，到达平板边缘。分区划线时，每划一区后烧灼接种环，灭掉残菌，再划下一区。参见图 1-2-3。

（5）划线完毕，盖好平皿，烧灼接种环灭菌。

（6）做好标记，置 37℃培养箱，倒置培养。

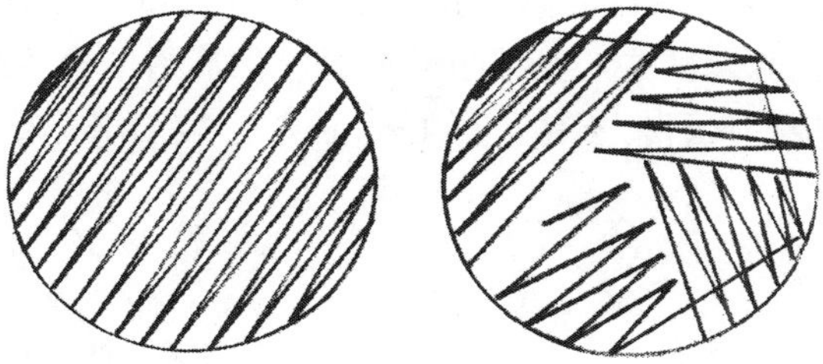

连续划线接种法　　分区划线接种法

图 1-2-3　平板划线接种法

【注意事项】

（1）严格无菌操作。

（2）灼烧后接种环要冷却。

（3）划线时用力要适中，不要使接种环嵌入琼脂中。

（4）各个分区要分明。

（5）培养时倒置培养皿。

2. 平板涂布接种法和倾注培养法　平板涂布接种法和倾注培养法主要应用于液体标本（如水样、乳汁、尿液等，或者由固体标本制成的悬液）中细菌的分离培养及菌落计数。平板涂布接种法用无菌吸管取 0.1ml 标本或稀释液，接种到平板培养基表面，再用无菌玻璃刮棒均匀涂布，倒置于 37℃培养；而倾注培养法则是取标本或稀释液 0.1ml，置于无菌平皿内，倾入已融化并冷却至 50℃左右的培养基，立即混匀待凝固后倒置于 37℃培养。当液体标本或稀释液细菌浓度适当时，平板培养基表面（内）的菌体间保持一定距离，经过培养单个细菌能形成单菌落。

平板涂布接种法的具体实验步骤见“实验三 细菌菌落计数”。

（二）纯培养接种法

【原理】　将琼脂平板培养基或斜面培养基中的单菌落转移到液体培养基、半固体培养基和固体斜面培养基中，获得此细菌的纯培养。

【材料】

（1）金黄色葡萄球菌、大肠埃希菌（普通斜面培养物）。

（2）液体培养基、半固体培养基和固体斜面培养基。

【方法】

1. 液体培养基接种法

（1）左手持菌种管及培养管下端，管口平齐，右手持接种环烧灼灭菌。

（2）以右手的手掌、小指、无名指夹住试管帽（或棉塞），在火焰旁取下，并将管口通过火焰 3 次以灭菌。

（3）用已烧灼过的接种环挑取菌种管中的细菌，移入液体培养基中。接种时，将带菌的接种环在接近液面的管壁上轻轻研磨，使细菌混合于培养基中。参见图 1-2-4。

（4）管口通过火焰，加塞，烧灼接种环灭菌。

（5）做好标记，置 37℃培养箱培养。

2. 半固体培养基接种法 参见液体培养基接种法持握试管，烧灼接种针，冷却后挑取菌种，垂直刺入半固体培养基的中心至接近管底处，然后沿原穿刺线退出。参见图 1-2-5。管口通过火焰，加塞，烧灼接种针灭菌。做好标记，置 37℃培养箱培养。

图 1-2-4 液体培养基接种法

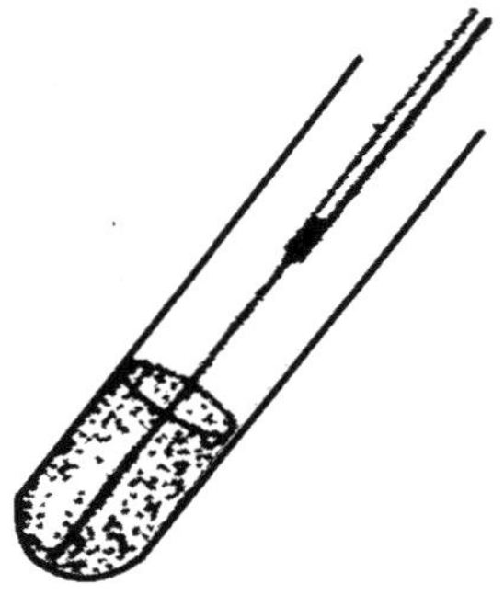

图 1-2-5 半固体培养基接种法

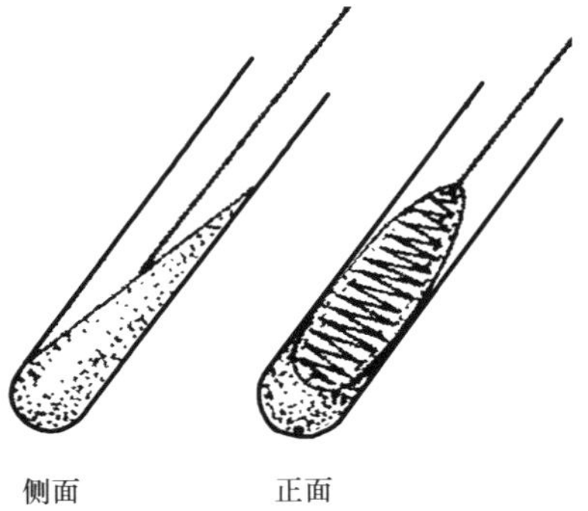

图 1-2-6 固体斜面培养基接种法

3. 固体斜面培养基接种法 参见液体培养基接种法持握试管，烧灼接种环，冷却后挑取菌种，移入固体斜面培养管。接种环自斜面底部向上连续蜿蜒划线至斜面顶端。参见图 1-2-6。管口通过火焰，加塞，烧灼接种环灭菌。做好标记，置 37℃培养箱培养。

【注意事项】 开塞的管口应始终在火焰附近。

三、细菌的培养方法

根据培养细菌的目的和培养物的特性，培养方法分为一般培养法、二氧化碳培养法和厌氧培养法三种。培养温度需要根据细菌生长温度设定，病原菌一般为 37℃。

（一）一般培养法

将接种过的培养基置 37℃培养箱内培养 18～24 小时，多数需氧菌和兼性厌氧菌即可于培养基上长出菌落（如葡萄球菌和大肠埃希菌）。少数生长缓慢的细菌，需培养 3～7 天甚至 1 个月才能长出明显菌落（如结核分枝杆菌）。

（二）二氧化碳培养法

某些细菌，如牛布氏菌和淋病奈瑟菌等需要在含有 5%～10%CO_2 的空气中才能生长，尤其是初代分离培养要求更为严格。将已接种的培养基置于 CO_2 环境中进行培养的方法即二氧化碳培养法，常用方法有以下几种：

1. 二氧化碳培养箱　将已接种的培养基直接放入二氧化碳培养箱内培养，即可获得二氧化碳环境。

2. 烛缸法　将已接种的培养基，置于容量为 2000ml 的磨口标本缸或干燥器内。缸盖或缸口处均需涂抹凡士林，然后点燃蜡烛直立置于缸中，密封缸盖。待蜡烛自行熄灭时，容器内含 5%～10%的 CO_2，容器置 37℃培养。

（三）厌氧培养法

厌氧菌对氧敏感，在有氧时不能生长。要培养专性厌氧菌，必须创造一个无氧的环境。人工培养时，可利用物理学、化学或生物学方法去除培养基或培养环境中的氧气，或加入还原剂，降低其氧化还原电势。厌氧培养方法很多，可根据实验要求选用，下面介绍几种常用的方法。

庖肉培养法

【原理】　培养基中的肉渣含有不饱和脂肪酸及谷胱甘肽，能吸收培养基中的氧，降低其氧化还原电势。若在其液面覆盖一层灭菌的凡士林，除可隔绝空气中游离氧继续进入培养基外，尚可借凡士林的上移与否，判断该菌是否产气。

【方法】

（1）将庖肉培养基煮沸 10 分钟，冷却。

（2）接种厌氧菌于庖肉培养基内。

（3）于培养基液面上覆盖灭菌并熔化的石蜡或凡士林 1～2ml，隔绝空气。37℃培养 24～48 小时后，观察厌氧菌生长情况。

焦性没食子酸法

【原理】　焦性没食子酸加碱性溶液能迅速并大量地吸收氧，生成深棕色的焦性没食子橙，是有效的化学除氧方法。它能在任何密闭容器内迅速造成厌氧环境。

【方法】

（1）接种厌氧菌于血琼脂平板上。

（2）取一块方形玻璃板，中央粘放一片纱布或棉花，其上加焦性没食子酸 0.2g 及 10%NaOH 溶液 0.5ml。

（3）迅速去皿盖，将培养皿倒扣于玻璃板上，周围用熔化的石蜡或胶泥密封。置 37℃培养 24～48 小时后，观察厌氧菌生长情况。

气袋法

【原理】　将接种好的平板装入塑料气袋中，密封气袋，袋内有化学药品，能去除袋内的氧气。

【方法】

（1）无毒透明但不透气的塑料袋内装入产生 H_2 和 CO_2 的发生管各 1 支，还原剂亚甲蓝指示管 1 支及若干钯粒。

（2）将已接种标本的平板装入袋中，密封气袋。

（3）折断袋内的气体（H_2 和 CO_2）发生管，30 秒后再折断无色亚甲蓝指示管。如亚甲蓝管不变蓝色，即表示袋内已处无氧状态。

（4）将塑料袋置 37℃培养 24～48 小时后，观察厌氧菌生长情况。

厌氧缸法

【原理】 将接种了标本的培养基置于厌氧缸内，用抽气换气法抽出缸内的空气，充入氮气，再用催化剂去除残余的氧气。

【方法】

（1）将已接种厌氧菌的平板或试管置于带有活塞的密封缸内。缸内同时放有冷触媒钯 10～20 粒及已煮沸去氧的亚甲蓝指示剂一管。

（2）用真空泵通过活塞抽出缸内的气体，充入 N_2，反复 2 次，最后灌入 80%N_2、10%CO_2 和 10%H_2 的混合气体。

（3）将密封缸置于 37℃培养 24～48 小时后，观察厌氧菌生长情况。

厌氧手套箱

【原理】 用透明硬塑料制成密闭的厌氧手套箱，箱内用抽气换气法保持厌氧状态。整个培养过程，包括培养基制备、标本接种、孵育培养、检查观察，均通过箱上安装的橡皮手套在箱内操作，使培养物始终处于无氧环境中，不与空气接触。此法分离厌氧菌效果最佳，但需有特制设备。

【方法】

（1）关闭内门后开启外侧门，将培养基及标本等物品放入传递箱内，随即关上外门。

（2）按下循环起始钮，真空泵即开始运转，排气减压充入 N_2，反复 2 次。

（3）通过手套箱打开内门，混合气体即流入传递箱，直至箱内压力和大气压相等。

（4）当厌氧状态指示灯亮时，将培养物移入操作箱内，关闭内门。

（5）在厌氧环境操作箱内，将标本接种于培养基，送入恒温箱中培养。手套箱中的混合气体是由气瓶直接供给，通过该箱中的钯催化剂可以除去剩余的氧，以达到高度的厌氧状态。

【注意事项】

（1）为使培养箱内保持一定湿度，可在其内放置一杯水。

（2）如果培养时间较长，接种后应将试管口塞棉塞后用石蜡或凡士林封固，以防培养基干裂。

四、细菌各种生长现象的观察

【原理】

1. 固体培养基 把细菌划线接种于固体培养基表面，则细菌可因划线而分散，经一定时间培养后，可在培养基表面出现肉眼可见、独立的细菌集落，称为菌落（colony）。每一菌落通常是由一个细菌不断分裂增殖而成的细菌纯种。各种细菌菌落在形态、大小、色泽、表面光滑或粗糙、湿润或干燥、边缘是否整齐，以及透明度、黏稠度等方面都各具特点；如果接种到血平板上，有的致病菌还会在菌落周围产生完全或不完全的溶血现象，这些都有助于细菌的鉴定。

2. 半固体培养基 动力阴性（无鞭毛）的细菌在半固体培养基中生长，只能沿着穿刺线生长，因此生长线清晰；动力阳性（有鞭毛）的细菌在半固体培养基中生长，可扩散生长，因此生长线模糊，呈羽毛状。

3. 液体培养基 多数细菌在液体培养基内，可大量繁殖，使澄清的培养基呈现均匀混浊状态，如大肠埃希菌。少数细菌生长繁殖后形成絮状沉淀，如乙型溶血性链球菌。专性需氧菌在液体培养基的液面处形成菌膜，如枯草芽胞杆菌。

【材料】

（1）固体基础培养基、血琼脂培养基、半固体培养基、液体培养基。

（2）金黄色葡萄球菌、大肠埃希菌、甲型溶血性链球菌、乙型溶血性链球菌、枯草芽胞杆菌。

【方法】

（1）将金黄色葡萄球菌、大肠埃希菌接种固体基础培养基，将甲型溶血性链球菌、乙型溶血性链球菌接种血琼脂平板，37℃培养 24 小时。观察生长现象。

（2）将金黄色葡萄球菌、大肠埃希菌接种半固体基础培养基，37℃培养 24 小时。观察生长现象。

（3）将大肠埃希菌、乙型溶血性链球菌、枯草芽胞杆菌分别接种液体培养基，37℃培养 24 小时。观察生长现象。

【结果】

（1）金黄色葡萄球菌、大肠埃希菌、甲型溶血性链球菌、乙型溶血性链球菌在固体平板上可形成单个菌落，记录其菌落特征。

（2）金黄色葡萄球菌在半固体基础培养基中生长，穿刺线明显，无扩散生长现象；大肠埃希菌在半固体基础培养基中生长，穿刺线不明显，有扩散生长现象。

（3）大肠埃希菌在液体培养基中生长呈现均匀混浊状态；乙型溶血性链球菌在液体培养基中生长形成絮状沉淀；枯草芽胞杆菌在液体培养基中生长，在液面形成菌膜。

实验三 细菌菌落计数

【原理】 菌落是指细菌在固体培养基上生长繁殖而形成的能被肉眼识别的细菌集落。将样品稀释到一定程度，其中的细菌充分分散成单个细胞，接种平板，在一定培养条件下，每个能够生长繁殖的细菌都可以在平板上形成一个肉眼可见的菌落。样品中的活菌含量常用“菌落形成单位（colony forming units，CFU）”表示。CFU/ml 指的是在一定条件下（如需氧情况、营养条件、pH、培养温度和时间等），每毫升待检样品中所生长出来的细菌菌落总数。

【材料】

（1）生理盐水：氯化钠 8.5g，蒸馏水 1000ml，溶解后，分装到试管内，每管 10ml，121℃，20 分钟高压蒸汽灭菌。

（2）营养琼脂：蛋白胨 10g，牛肉膏 3g，氯化钠 5g，琼脂 10～20g，加蒸馏水至 1000ml。将上述成分混合后，加热溶解，调整 pH 为 7.4～7.6，分装于玻璃容器中，121℃，20 分钟高压蒸汽灭菌，4℃储存备用。

（3）高压蒸汽灭菌器、培养箱。

（4）放大镜、菌落计数器。

（5）灭菌试管、平皿（直径 9cm）、玻璃刮棒、刻度吸管等。

（6）待检样品。

【方法】

（1）以无菌操作方法用灭菌吸管吸取 0.9ml 生理盐水，分别加入 6 支灭菌试管中，标记为 $1^{\#}$、$2^{\#}$、$3^{\#}$、$4^{\#}$、$5^{\#}$、$6^{\#}$。

（2）以无菌操作方法吸取 0.1ml 充分混匀的待检样品，注入盛有 0.9ml 灭菌生理盐水的 $1^{\#}$试管中，混匀成 1：10 稀释菌液。

（3）吸取 1：10 的稀释菌液 0.1ml 注入盛有 0.9ml 灭菌生理盐水的 $2^{\#}$试管中，混匀成 1：100 稀释菌液。按此法依次稀释成 1：10^3、1：10^4、1：10^5、1：10^6 稀释菌液备用。如此递增稀释一次，必须更换一支 1ml 灭菌吸管。

（4）用灭菌吸管取 2～3 个适宜稀释度的稀释菌液 0.1ml，分别注入灭菌琼脂平板内（一般同一稀释度做 2～3 块平行对照平板），用灭过菌的玻璃刮棒涂布均匀后，置 37℃，倒置培养 24～48 小时。

【结果】

（1）记录各平板的菌落数，求出同一稀释度的平均菌落数。

（2）按下列公式，计算细菌总数（CFUs/ml）值。

细菌总数（CFUs/ml）=某一稀释度的平均菌落数×10×稀释度

【注意事项】

（1）做平板菌落计数时，可用肉眼直接观察，必要时用放大镜检查以防遗漏。

（2）一般选取菌落数在 30～300 的平板进行计数。

1）若只有一个稀释度的平均菌落数符合此范围时，则将该菌落数乘以稀释倍数报告之。

2）若有两个稀释度，其生长的菌落数均为 30～300，则以计算出的细菌总数之比值来决定（稀释度高/稀释度低）。若比值小于 2，应报告两者的平均数；若大于 2，则报告稀释度低的细菌总数；若等于 2，亦报告稀释度低的细菌总数。

3）若所有稀释度的平均菌落数均大于 300，则应按稀释度最高的平均菌落数乘以稀释倍数报告之。

4）若所有稀释度的平均菌落数均小于 30，则应按稀释度最低的平均菌落数乘以稀释倍数报告之。

5）若所有稀释度的平均菌落数均不在 30～300，则以最接近 30 或 300 的平均菌落数乘以稀释倍数报告之。

6）若所有稀释度均无菌落生长，则以小于 1（<1）乘以最低稀释倍数报告之。

（3）当计数平板内的菌落数过多，但分布很均匀，可取平板的一半或 1/4 计数。再乘以相应倍数作为该平板的菌落数。

（4）如果平板上有片状菌苔生长，该平板一般不宜采用；如果片状菌苔不到平板一半，而另一半又分布均匀，则可以半个平板的菌落数乘以 2 代表全平板的菌落数。

（5）如果检测固体样品，可将样品溶于一定量的无菌生理盐水或者液体石蜡中，再进行稀释。

（6）本方法限用于检测样品中可形成菌落的活菌数。

实验四 细菌的生理

一、细菌的代谢产物检测——生化实验

不同的细菌所具有的酶系统不同，对不同营养物质的利用能力也就不同。应用生化方法检测细菌的代谢产物，可鉴定、鉴别细菌。

（一）糖发酵实验

【原理】 不同细菌含有不同的糖分解酶系，对糖的分解能力不同，其分解产物也不同。有的细菌分解某些糖产酸、产气，有的只产酸不产气，有的细菌对某些糖不分解，藉此可鉴别细菌。

【材料】

（1）大肠埃希菌、伤寒沙门菌 18～24 小时斜面培养物。

（2）葡萄糖发酵管，乳糖发酵管：含糖 1%，内装杜氏倒置小管，溴甲酚紫为指示剂。

【方法】

（1）大肠埃希菌，伤寒沙门菌各接种 1 支葡萄糖发酵管和 1 支乳糖发酵管。

（2）置 37℃培养 24 小时。

【结果】 单糖发酵管原紫色未变时，说明细菌不分解该糖，以符号“－”表示；当培养基中指示剂由紫色变成黄色时，说明细菌分解该糖产酸，以“＋”表示；当培养基不仅变黄而且倒置小管中有气泡产生时，表明该细菌分解这种糖产酸又产气，以“⊕”表示，结果如下：

	葡萄糖	乳糖
大肠埃希菌	⊕	⊕
伤寒沙门菌	＋	－

（二）V-P 试验

【原理】 某些细菌可分解葡萄糖产生丙酮酸，丙酮酸脱酸生成乙酰甲基甲醇，在碱性环境中被氧化为二乙酰，二乙酰再与培养基中精氨酸的胍基结合，生成红色化合物，即为

V-P 试验（Voges-Proskauer test）阳性。

【材料】

（1）大肠埃希菌、产气杆菌 18～24 小时斜面培养物。

（2）葡萄糖蛋白胨水培养基。

（3）V-P 试剂。

【方法】

（1）分别将大肠埃希菌，产气杆菌接种到葡萄糖蛋白胨水培养基中。

（2）置 37℃培养 48 小时，取出后分别加入 KOH 1ml 和 α 萘酚溶液 1ml，摇匀，静置 5～15 分钟，观察结果。

【结果】 产气杆菌管出现红色为阳性，大肠埃希菌管呈无色为阴性。

（三）甲基红试验

【原理】 某些细菌可分解葡萄糖产生丙酮酸，进而分解为甲酸、乙酸、乳酸等，使培养基 pH 降至 4.5 以下，加入甲基红指示剂呈红色，为阳性反应。若产酸量小或产酸进一步转化为醇、醛、酮、气体和水，培养基 pH 在 6.2 以上，加入甲基红指示剂呈黄色，为阴性反应。

【材料】

（1）大肠埃希菌，产气杆菌 18～24 小时斜面培养物。

（2）葡萄糖蛋白胨水培养基。

（3）甲基红试剂。

【方法】

（1）分别将大肠埃希菌，产气杆菌接种于葡萄糖蛋白胨水培养基。

（2）置 37℃培养 1～2 天，滴加甲基红试剂 2 滴，混匀观察。

【结果】 大肠埃希菌管呈红色为阳性反应，产气杆菌管呈黄色为阴性反应。

（四）枸橼酸盐利用试验

【原理】 枸橼酸盐培养基中，枸橼酸盐为唯一的碳源，磷酸二氢铵为唯一的氮源。某些细菌可利用枸橼酸钠作为碳源，能在此培养基上生长，并且分解枸橼酸盐，最后产生碳酸盐，使指示剂溴麝香草酚蓝由绿色变为深蓝色，即枸橼酸盐利用试验阳性，无颜色变化为阴性。

【材料】

（1）大肠埃希菌，产气杆菌 18～24 小时斜面培养物。

（2）枸橼酸盐培养基：含枸橼酸钠、磷酸二氢铵、磷酸氢二钾、氯化钠、溴麝香草酚蓝等。

【方法】

（1）分别将大肠埃希菌，产气杆菌接种到枸橼酸盐培养基中。

（2）置 37℃培养 24 小时，观察结果。

【结果】 产气杆菌管呈蓝色为阳性反应，大肠埃希菌管呈绿色为阴性反应。

（五）靛基质（吲哚）试验

【原理】 某些细菌有色氨酸酶，能分解蛋白胨中的色氨酸，产生无色靛基质（吲哚），当加入靛基质试剂（对二甲基氨基苯甲醛）后，形成红色化合物——玫瑰吲哚，为阳性反应。

【材料】

（1）大肠埃希菌，产气杆菌 18～24 小时斜面培养物。

（2）蛋白胨水培养基。

（3）吲哚试剂（对二甲基氨基苯甲醛）。

【方法】

（1）分别将大肠埃希菌，产气杆菌接种到蛋白胨水培养基中。

（2）置 37℃培养 48 小时，每管沿管壁加吲哚试剂 2～3 滴，使试剂浮于培养物表面，即可观察结果。

【结果】 大肠埃希菌管中两液面交界处出现玫瑰红色吲哚为阳性反应，产气杆菌管中无变化为阴性反应。

（六）硫化氢产生试验

【原理】 某些细菌能分解含硫氨基酸（胱氨酸、半胱氨酸）产生硫化氢。硫化氢与培养基中的铁盐或铅盐结合生成硫化亚铁或硫化铅，呈黑色沉淀物。

【材料】

（1）大肠埃希菌，变形杆菌 18～24 小时斜面培养物。

（2）醋酸铅培养基。

【方法】

（1）分别将大肠埃希菌、变形杆菌穿刺接种于醋酸铅培养基。

（2）置 37℃培养 24 小时，观察结果。

【结果】 变形杆菌沿穿刺线部位呈黑色为阳性结果，大肠埃希菌培养管中无黑色出现为阴性。

（七）尿素分解试验

【原理】 某些细菌具有尿素分解酶，能分解尿素产氨，使培养基碱性增强，酚红指示剂呈紫红色。

【材料】

（1）变形杆菌、痢疾杆菌 18～24 小时斜面培养物。

（2）尿素培养基：含尿素、蛋白胨、氯化钠、酚红等。

【方法】

（1）分别将变形杆菌、痢疾杆菌接种于尿素培养基。

（2）置 37℃培养 18～24 小时，观察结果。

【结果】 变形杆菌培养基呈红色为阳性反应，痢疾杆菌培养基不变色为阴性反应。

实验五　物理、化学及生物因素对细菌的影响

一、物理因素对细菌的影响

（一）常用灭菌仪器

1. 高压蒸汽灭菌器　高压蒸汽灭菌器是一个密闭、耐高压的蒸锅。灭菌的温度取决于蒸汽的压力，在 101.325kPa（一个大气压）下，蒸汽的温度是 100℃。如果蒸汽被限制在密闭的容器中，随着压力升高，蒸汽的温度也相应升高。在 103.4kPa（1.05kg/cm^2）蒸汽压下，温度达到 121.3℃，维持 15～20 分钟，可杀灭包括细菌芽胞在内的所有微生物。

高压蒸汽灭菌法常用于一般培养基、生理盐水、手术敷料等耐高温、耐湿物品的灭菌。但是有一些培养基在 121℃处理时会损坏其中的成分，所以这类培养基必须在较低的压力和温度下灭菌。

高压灭菌器的压力和相应温度见表 1-2-1，根据表 1-2-1 可以选择适宜的温度和压力来进行灭菌操作。

表 1-2-1　蒸汽压力与温度的关系

蒸汽压力		温度/℃
lbs/in^2	kg/cm^2	
5	0.3	108.4
8	0.6	112.6
10	0.7	115.2
15	1.1	121.3
20	1.5	126.0
25	1.8	130.4
30	2.2	134.5

2. 流通蒸汽灭菌器　流通蒸汽灭菌器利用反复多次的流动蒸汽间歇加热以达到灭菌的目的。将需灭菌物质置于流通蒸汽灭菌器内，100℃加热 15～30 分钟，杀死其中的繁殖体，但尚有残存的芽胞。取出后放 37℃孵箱过夜，使芽胞发育成繁殖体，次日再蒸一次。如此连续 3 次以上，可达到灭菌的效果。

此法适用于一些不耐高热的含糖、牛奶等的培养基。

3. 干热灭菌器　干热灭菌器是一种内有电炉丝、表面有温度调节器的方形金属箱。干热灭菌一般加热至 160～180℃，时间 2 小时。适用于高温下不变质、不损坏、不蒸发的物品，如玻璃器皿、瓷器、玻璃注射器、液体石蜡等的灭菌。也可用于破坏内毒素或热原质。

（二）滤菌器

滤菌器是利用物理阻留的方法除去液体或空气中的细菌，达到无菌目的的器具。常用的滤菌器有硝酸纤维素膜滤菌器、玻璃滤菌器、石棉滤菌器、素陶瓷滤菌器等。滤菌器中含有微细小孔，只允许液体或气体通过，而大于孔径的细菌等颗粒不能通过。滤过法主要用于一些不耐高温灭菌的血清、酶制剂、抗生素及空气等的除菌（但不能除去更小的病毒、

支原体、衣原体和某些细菌L型)。

(三)紫外线杀菌试验

【原理】 波长240～300nm的紫外线具有杀菌作用，其中以260～266nm最强。紫外线主要作用于DNA，使一条DNA链上两个相邻的胸腺嘧啶以共价键结合，形成二聚体，破坏 DNA 的构型，干扰其正常碱基的配对，而导致细菌的死亡。紫外线杀菌力虽强，但穿透力较弱，如普通玻璃、纸张等，均可阻挡紫外线。故该消毒法仅用于室内空气及物体表面的消毒。另外，杀菌波长的紫外线对人体皮肤、眼睛等部位有损伤作用，故使用时注意防护。

【材料】

(1)18～24小时的金黄色葡萄球菌的纯培养斜面。

(2)营养琼脂平板。

(3)紫外灯。

(4)无菌纸片。

【步骤】

(1)在斜面上取较多量的金黄色葡萄球菌，在营养琼脂平板上密集划线，使菌种均匀密集的分布在平板上。

(2)将镊子经火焰灭菌后，夹取无菌纸片贴放在接种细菌后的琼脂平板上。

(3)将平板开盖后，置于紫外灯下40～60cm处，照射30分钟至1小时。

(4)将纸片揭去，盖好平皿盖，放37℃孵箱，倒置培养24小时。

(5)观察结果。

【结果】 未经纸片遮挡的表面无细菌生长或仅有少量细菌生长，而被纸片覆盖过的部位则长出大量的细菌。

二、化学因素对细菌的影响

(一)纸碟法检测化学消毒剂的杀菌作用

【原理】 化学消毒剂的种类较多，其杀菌机制也因种类不同而异。它主要通过使菌体蛋白变性沉淀或凝固，改变细胞壁或细胞膜的通透性，干扰细菌的代谢等方式，使其失去生物学功能而导致细菌死亡。

【材料】

(1)金黄色葡萄球菌、大肠埃希菌18～24小时纯培养斜面。

(2)普通琼脂平板。

(3)2%甲紫、2.5%碘酒、0.05%氯己定、0.1%苯扎溴铵。

(4)无菌滤纸片(直径为6mm)。

【方法】

（1）用接种环分别取金黄色葡萄球菌及大肠埃希菌密集而均匀地涂布在两个琼脂平板上，并用蜡笔在平板的底部划分 4 个区域，分别标记所用消毒剂的名称。

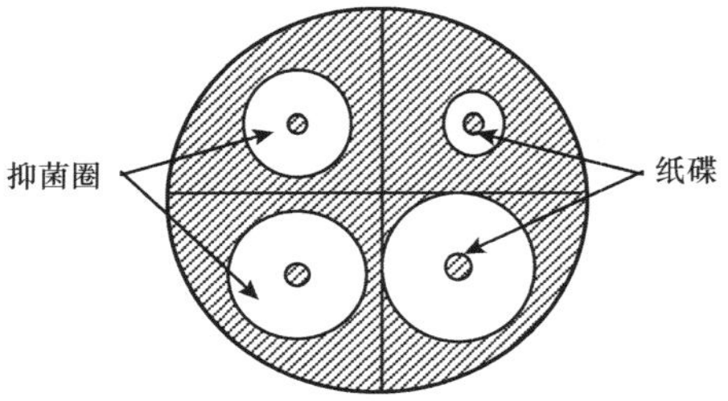

图 1-2-7　纸碟法检测化学消毒剂杀菌作用的实验结果示意图

（2）用灭菌的镊子夹取纸片分别浸于上述四种消毒剂中，每种消毒剂浸两片（若蘸取得过多，可用滤纸将多余的吸去），将其分别贴在两平板内相应的区域。

（3）37℃孵育 24 小时，测量其纸片周围抑菌圈直径的大小。

【结果】　在带有消毒剂纸片的周围出现抑菌圈，其直径的大小表示该消毒剂杀菌作用的强弱。纸碟法检测化学消毒剂杀菌作用的实验结果示意图见图 1-2-7。

（二）抗菌药物对细菌的抑制试验

【原理】　细菌对抗菌药物的敏感试验（简称：药敏）是体外测定细菌对临床抗菌药物敏感性的试验，细菌对抗菌药物的敏感试验不属于病因诊断范畴，但在分离出病原菌并鉴定后，对指导临床选择用药、及时治疗和控制耐药菌感染有重要意义。抗生素的抗菌机制主要是影响细胞壁的合成、损伤细胞膜的结构、抑制核酸和蛋白质合成等。不同的菌种或菌株，对同一药物的敏感性不同；同一菌种或菌株，对不同的药物的敏感性亦不同。

现将药敏试验中所用的专用名词解释如下：

1. 敏感（sensitive）　指被测菌株所引起的感染可以用常用剂量的某种抗菌药物治愈。

2. 中度敏感（moderate sensitive）　指通过提高某种抗菌药物的剂量或在该药物浓集的部位，细菌生长可被抑制，感染被治愈。

3. 中介度（intermediate）　这一范围是“缓冲域”，是由操作上的误差造成的，不作为报告形式。如确需明确该药的敏感度，需重复试验或做试管稀释法敏感试验。

4. 耐药（resistance）　指被测菌株所引起的感染不能用该抗菌药物治愈。

5. 最低抑菌浓度（minimal inhibitory concentration，MIC）　抗菌药物能够抑制细菌生长所需要的最低浓度。单位：μg/ml 或 U/ml。

6. 最低杀菌浓度（minimal bactericidal concentration，MBC）　抗菌药物杀灭细菌所需要的最低浓度。单位：μg/ml 或 U/ml。

在细菌实验室中，最常用的药敏试验方法是琼脂扩散法，此法仅适用于需氧及兼性厌氧菌。对厌氧菌或其他个别菌株的药敏试验，可以采用试管稀释法。

（三）琼脂扩散法

【材料】

（1）黄金色葡萄球菌、大肠埃希菌 18～24 小时斜面培养物。

（2）普通琼脂平板，厚度 4mm。

（3）含抗生素的滤纸片，每片直径约为 6.35mm，吸水量约 20μl，采用 Kirby-Bauer 法纸片的药物含量必须与该法规定的一致，不得任意更改，见表 1-2-2。

【方法】

（1）将金黄色葡萄球菌、大肠埃希菌分别接种于琼脂平板上（用密集划线法或用无菌棉签均匀涂布）。

（2）用记号笔在平皿底面将其分为 4 个区域，分别标记抗生素的名称。

（3）用灭菌后的镊子夹取各种抗生素滤纸片，平放至培养基表面的相应位置。

（4）置 37℃培养 24 小时，测量滤纸片周围的抑菌圈的直径。

【结果】 在抗生素滤纸片周围可见抑菌圈，其直径大小与该菌对抗生素的敏感度有关，敏感度标准见表 1-2-2。

表 1-2-2 常用药敏试验纸片判断标准与相应的 MIC 近似值

抗菌药物	纸片含药量	抑菌圈直径（mm）				相应的 MIC（μg/ml）	
		耐药	中介度	中度敏感	敏感	耐药	敏感
青霉素	10U	≤28	—	—	≥29	≥0.2	≤0.1
链霉素	10μg	≤11	12～14	—	≥15	≥15	≤6
氯霉素	30μg	≤12	13～17	—	≥18	≥25	≤12.5
庆大霉素	10μg	≤12	13～14	—	≥15	≥8	≤4
红霉素	15μg	≤13	14～17	—	≥18	≥8	≤2
四环素	30μg	≤14	15～18	—	≥19	≥16	≤4
磺胺	1.25/23.75μg	≤10	11～15	—	≥16	≥8/152	≤2/38

（四）试管稀释法

【材料】

（1）金黄色葡萄球菌菌液（肉汤培养基培养 6 小时，菌浓度约为 9×10^{8} 个/ml，1∶1000 稀释后备用）。

（2）青霉素原液 100U/ml。

（3）无菌小试管 10 支。

（4）肉汤培养基。

【方法】

（1）按表 1-2-3 所示稀释青霉素原液。

（2）每管加入稀释菌液 0.05ml。

（3）混匀，置 37℃培养 18～24 小时，观察细菌生长情况。

【结果】 药物最高稀释度管中无细菌生长者，该管的药物浓度即为细菌对该药物的敏感度，敏感度的参考标准见表 1-2-3。

表 1-2-3　试管稀释法测定细菌对青霉素敏感度的试验步骤

管号	1	2	3	4	5	6	7	8	9	10（对照）
肉汤（ml）	1.9	1.0	1.0	1.0	1.0	1.0	1.0	1.0	1.0	1.0
青霉素原液（ml）	0.1	1.0	1.0	1.0	1.0	1.0	1.0	1.0	1.0	1.0（弃去）
青霉素浓度（U/ml）	5	2.5	1.25	0.63	0.31	0.16	0.08	0.04	0.02	0
稀释菌液（ml）	0.05	0.05	0.05	0.05	0.05	0.05	0.05	0.05	0.05	0.05

三、生物因素对细菌的影响——噬菌体的噬菌作用

【原理】 噬菌体是一种寄生于细菌体内的病毒，有严格的宿主特异性，当噬菌体感染相应的细菌后，可在菌体内增殖，使细菌裂解，释放出大量成熟的子代噬菌体，出现溶菌现象。

（一）噬菌体的溶菌作用

【材料】

（1）福氏志贺 3a 型菌、大肠埃希菌 8～12 小时斜面培养物。

（2）福氏志贺 3a 型噬菌体。

（3）普通琼脂平板。

【方法】

（1）取琼脂平板一个，用记号笔在平板的底面将其一分为二，并做标记。

（2）用密集连续划线的方法，将福氏志贺 3a 型菌、大肠埃希菌分别均匀地涂布在两个区域内。

（3）用无菌吸管吸取福氏志贺 3a 型噬菌体分别在两个区域内各滴一滴，同时将平板稍作倾斜，使之顺势向下流动，形成一条带。

（4）置 37℃ 孵箱培养 24 小时，观察结果。

【结果】 在接种福氏志贺 3a 型噬菌体的区域内，出现一条带状空白区，称为噬菌带。而其周围未受到噬菌体感染的细菌仍正常生长，在接种大肠埃希菌的区域内则无噬菌带现象出现。

（二）噬菌斑法定量测定噬菌体的效价

【材料】

（1）福氏志贺 3a 型菌 6～8 小时肉汤培养物，福氏志贺 3a 型噬菌体。

（2）肉膏蛋白胨培养液，上层肉膏蛋白胨半固体琼脂培养基（含琼脂 0.7%），下层肉膏蛋白胨固体琼脂培养基（含琼脂 2%）。

（3）无菌平皿、吸管、华氏管。

【方法】

（1）取无菌平皿 6 个，分别倒入已熔化的肉膏蛋白胨固体琼脂培养基 5～10ml，静置待凝。

（2）取 10 支无菌华氏管，排列于试管架上，并编号，每管各加肉膏蛋白胨培养液

0.9ml。

（3）将福氏志贺 3a 型噬菌体 0.1ml 加入第 1 管内，混匀后吸取 0.1ml 再加入第 2 管中，同法稀释至第 9 管，第 10 管不加噬菌体，作为对照管。

（4）自第 5 管至第 10 管各取 0.1ml 的噬菌体与 0.1ml 福氏志贺 3a 型菌液混合，分别加到已熔化并冷至 47～49℃的 4ml 肉膏蛋白胨半固体琼脂培养基中，迅速混匀后倒入已经凝固的琼脂平板上，制成双层的琼脂平板。

（5）37℃孵育 24 小时，观察结果。

【结果】 在比例合适的平板上，可见清楚的噬菌斑。选择噬菌斑在 30～300 个的琼脂平板计数。再按稀释倍数计算出每毫升噬菌体含量，取其平均值，即为噬菌体的效价。

实验六 细菌的变异性实验

（一）细菌的鞭毛变异试验（H-O 变异）

【原理】 有鞭毛的变形杆菌在琼脂平板表面可形成特殊的迁徙生长现象，如果在其培养基中加入 0.1%苯酚，则细菌鞭毛的合成受到抑制，生长限于接种部位，不再弥散迁徙。

【材料】

（1）普通变形杆菌琼脂斜面 18～24 小时培养物。

（2）普通琼脂平板和 0.1%苯酚琼脂平板。

【方法】

（1）取变形杆菌培养物，分别点种于琼脂平板和 0.1%苯酚琼脂平板（中央一点或均匀分散三点），切勿划开。

（2）37℃培养 24 小时后，观察比较两种培养基上变形杆菌的生长情况。

【结果】 在普通琼脂平板上，变形杆菌呈迁徙生长。而在 0.1%苯酚琼脂平板上，变形杆菌只在点种处生长。

（二）光滑型与粗糙型菌落变异（S-R 变异）

【原理】 在一定环境条件下细菌菌落可由光滑型（smooth，S）转变为粗糙型（rough，R），是为 S-R 变异。S-R 变异是一种全面的变异，不仅菌落形态不同，其生化反应能力、抗原性及致病性也往往发生改变。

【材料】

（1）光滑型和粗糙型大肠埃希菌培养物。

（2）普通琼脂平板。

（3）5%苯酚溶液。

【方法】

（1）大肠埃希菌粗糙型的诱变：将 5%苯酚溶液加于琼脂平板培养基中，使其最终浓度为 0.05%～0.1%。接种光滑型大肠埃希菌于平板上，37℃培养 24 小时后，取单个菌落转种于另一含苯酚的琼脂平板，连续传 5～6 代即可变为粗糙型大肠埃希菌。

（2）分别挑取光滑型和粗糙型大肠埃希菌，划线接种于两个琼脂平板上。

（3）置 37℃培养 24 小时后，观察比较两型菌落特点。

【结果】 光滑型菌落：表面光滑、湿润，边缘整齐；粗糙型菌落：表面粗糙、干皱，边缘不整齐。

（三）细菌的 L 型变异

【原理】 细菌 L 型是细胞壁不同程度缺损的细菌总称。青霉素、补体等因素可影响细菌细胞壁的合成，使细菌变为 L 型。由于细胞壁的缺陷，细菌 L 型有许多特性与原菌不同，如呈多形性、对渗透压敏感、革兰阳性菌可变为阴性、抗原性改变、菌落呈油煎蛋样、对抗生素的敏感性发生变化等。

【材料】

（1）金黄色葡萄球菌肉汤培养物。

（2）细菌 L 型培养基：牛肉浸液 800ml，蛋白胨 20g，氯化钠 50g，无菌灭活人血浆或者马血清 200ml，琼脂 8g，pH7.4，常规高压灭菌，倾注平板时加入人血浆或者马血清。

（3）新青霉素Ⅱ药物滤片，每片含药量 40μg。

（4）革兰染液和细胞壁染液。

【方法】

（1）于细菌 L 型培养基内均匀涂布 0.05ml 金黄色葡萄球菌肉汤培养物，用灭菌镊子取青霉素药片 1 片贴于平板中央，置 37℃培养。

（2）低倍镜下逐日观察纸片周围抑菌圈内有无油煎蛋样菌落出现。

（3）取 L 型菌落和原菌（作对照）涂片，分别做革兰染色和细胞壁染色，油镜观察。

【结果】 抑菌圈内可有油煎蛋状小菌落，染色可见 L 型细菌呈多形性，包括圆球体、巨形体，甚至长丝体等，细胞壁有不同程度缺陷。

（四）细菌 R 质粒接合传递试验

【原理】 许多革兰阴性细菌如大肠埃希菌、变形杆菌、沙门菌、志贺菌等，带有可传递的耐药性质粒（R 因子）。耐药性质粒可经细菌接合，由供体细胞传递给受体菌，使后者也获得相应的耐药性。

【材料】

（1）耐氨苄西林的大肠埃希菌；对氨苄西林敏感的大肠埃希菌和福氏志贺菌。

（2）LB 液体培养基，含氨苄西林的 SS 平板。

【方法】

（1）将耐氨苄西林的大肠埃希菌、对氨苄西林敏感的大肠埃希菌及福氏志贺菌分别接种于 LB 培养基中，37℃培养 10 小时。

（2）将上述耐药大肠埃希菌与敏感福氏志贺菌、敏感大肠埃希菌与敏感福氏志贺菌分别以 1∶5 的比例混合，37℃培养 3 小时。

（3）将耐药大肠埃希菌、敏感大肠埃希菌、敏感福志贺菌及上述两种混合液分别接种于含氨苄西林的 SS 平板，37℃培养 24 小时。

【结果】 见表 1-2-4。

表 1-2-4　细菌 R 质粒结合传递实验结果

菌液	含氨苄西林 SS 平板	结　论
耐药大肠埃希菌	较大的红色菌落	
敏感大肠埃希菌	无菌生长	
敏感福氏志贺菌	无菌生长	
耐药大肠埃希菌与敏感福氏志贺菌 1∶5 混合培养液	较大的红色菌落及无色透明菌落	R 质粒接合
敏感大肠埃希菌与敏感福氏志贺菌 1∶5 混合培养液	无菌生长	

（1）挑取可疑菌落（无色透明菌落）接种于双糖铁培养基，37℃培养 24 小时，上层无变化，下层产酸不产气，无动力。

（2）取上述双糖铁培养基上的菌落与福氏志贺菌抗血清做玻片凝集，确定为福氏志贺菌，证明 R 质粒接合传递成功。

实验七　细菌的致病性实验

一、破伤风外毒素的毒性作用和抗毒素的体内中和作用

【原理】 破伤风梭菌革兰染色呈阳性，严格厌氧。本菌多以芽胞的形式通过被污染的创口侵入机体，芽胞发芽繁殖，释放外毒素（痉挛毒素）。毒素可选择性作用于运动神经元，阻断上下神经元之间抑制性冲动的正常传导，导致机体呈强直性痉挛，可因窒息或呼吸衰竭死亡。外毒素对机体的毒性作用，可被相应抗毒素所中和。

【材料】

（1）两只小白鼠：1 号和 2 号。

（2）破伤风外毒素，1∶100 稀释的破伤风抗毒素。

（3）无菌注射器（1ml）。

【方法】

（1）给 1 号小鼠腹腔注射 0.5ml 破伤风抗毒素。

（2）30 分钟后，分别给 1 号和 2 号小鼠一侧后腿肌内注射 0.2ml 破伤风外毒素。

（3）观察两只小鼠发病情况。

【结果】 几小时（大约 7 小时）后，仅注射了破伤风外毒素的 2 号小鼠肌肉痉挛强直，大约 12 小时后死亡。事先注射了破伤风抗毒素的 1 号小鼠无症状，健康存活。

二、伤寒沙门菌内毒素的致病作用

【原理】 内毒素具有多种生物学活性，主要毒性作用有发热反应、循环障碍和休克等。将含内毒素的细菌培养物注入动物体内，可出现上述毒性反应。

【材料】

（1）伤寒沙门菌 18～24 小时液体培养物。

（2）家兔、小白鼠。

（3）体温表、无菌注射器。

【方法与结果】

1. 内毒素的致病作用

（1）用 75%乙醇溶液消毒体温计，并涂上少量凡士林，然后将体温计缓慢插入家兔肛门内（动作要轻，避免动物挣扎而影响体温）。

（2）3 分钟后取出体温计，用干棉球擦去凡士林，立即观察并记录体温结果。

（3）加热菌液或者反复冻融裂解细菌。

（4）用无菌注射器吸取伤寒沙门菌裂解液 0.5～1ml 注入家兔耳静脉内（注射局部皮肤先消毒）。

（5）注射后 30～60 分钟，再分别测量家兔体温，观察体温是否升高。

2. 内毒素对血管作用

（1）用无菌注射器吸取伤寒沙门菌裂解液 1ml 注入小白鼠尾静脉（注射局部皮肤先消毒）。

（2）注射后 7～8 小时用颈椎脱位法致小白鼠死亡。

（3）解剖小白鼠，观察肠系膜血管、肾上腺、肝与脾有无充血、淤血及出血现象。

三、内毒素的检测与鲎试验（limulus test）

【原理】 鲎是海洋节肢动物，其血液中含有一种特殊的变形细胞（amoebocyte），该细胞含有能被内毒素激活的 C 因子、B 因子、前凝固酶、可凝固蛋白。因此，内毒素可通过激活 C 因子、B 因子、前凝固酶，而使可凝固蛋白变成凝固蛋白（肉眼可见的凝胶），从而可以半定量及定量地测知内毒素含量。

鲎试验是目前检测内毒素最敏感的方法，可测出 0.01～1ng/ml 的微量内毒素，但无特异性。

【材料】

（1）鲎试剂。

（2）标准内毒素（国际统一为大肠埃希菌内毒素，含量为 0.1～1μg/ml），蒸馏水。

（3）试管、吸管。

【方法与结果】

（1）取鲎试剂一支，按说明加入定量的不含热原质的无菌蒸馏水使之溶解。

（2）取甲、乙两支小试管，各加入已溶解的鲎试剂 0.1ml。

（3）于甲管内加入 0.1ml 标准内毒素。

（4）于乙管内加入 0.1ml 不含热原质的无菌蒸馏水作对照。

（5）轻轻摇匀后，置 37℃水浴 1 小时后观察结果。甲管凝固为阳性，乙管不凝固则为阴性。

实验八 结核分枝杆菌的培养

结核分枝杆菌属分枝杆菌属，该属细菌是一群不能运动、不产芽胞、专性需氧、细长略弯曲的杆菌，生长繁殖时有分枝现象，抗酸染色阳性。

【原理】　结核分枝杆菌最适生长温度为37℃，最适pH为6.5～6.8，营养要求较高，分离培养常用罗氏固体培养基。生长缓慢，需培养3～4周才出现可见菌落。

【材料】

（1）改良罗氏培养基。

（2）痰标本。

（3）4%硫酸溶液或2%氢氧化钠溶液。

【方法】

1. 痰标本培养前处理

（1）酸处理法：痰标本加入4%硫酸溶液稀释2～4倍，置室温下30分钟，期间振荡2～3次，使痰液化后即可接种。

（2）碱处理法：痰标本加入2%氢氧化钠溶液稀释2～4倍，置37℃温箱内30分钟，期间振荡2～3次，痰液化后即可接种。

2. 接种培养法　取上述处理过的痰液0.1ml均匀接种于改良罗氏培养基斜面，37℃孵育3～4周后观察菌落特点。

【结果】　菌落为乳白色或米黄色，表面粗糙呈颗粒状或菜花状。

附：结核分枝菌检验程序

采集尿、粪便、脑脊液、胸腹水等标本进行检验，按图1-2-8所示程序进行。

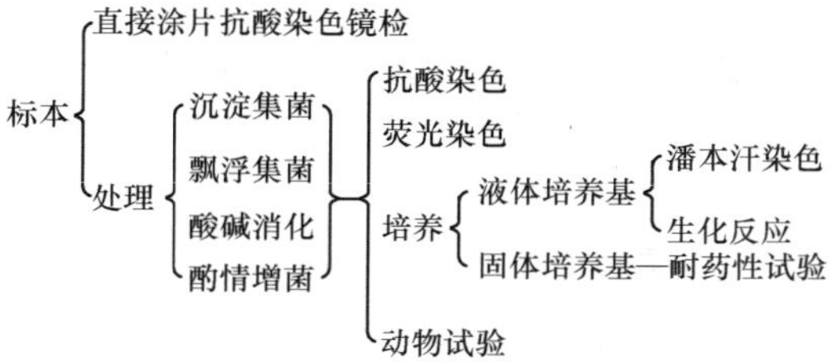

图1-2-8　结核分枝杆菌检验程序

实验九　细菌质粒DNA的提取

细菌质粒DNA的抽提方法有很多，常用的有煮沸法、碱变性法、SDS法等。其中以碱变性抽提法最为常用。

碱变性法提取质粒DNA

【原理】　碱变性法提取质粒DNA是根据细菌染色体DNA和质粒DNA分子的大小、结构及变性与复性的差异而达到分离的目的。在碱性环境中，染色体DNA氢键断裂，双螺旋结构解开而变性；质粒DNA的大部分氢键也断裂，但是螺旋共价闭合环状的两条互补链不完全分离。当以pH4.8的高盐缓冲液调节pH至中性时，变性的质粒DNA可恢复原来的状态并保留在溶液中，但染色体DNA不能复性而形成缠绕的网状结构，通过离心，染色体DNA和蛋白质等一起沉淀而被除去，质粒DNA存在于上清中，用酚、氯仿抽提可进一步纯化。

【材料】

（1）菌种：大肠埃希菌 JM109（带有 pBR322 质粒 DNA，Ampr、Tetr）。

（2）LB 培养基：蛋白胨 10g、酵母提取物 5g、氯化钠 10g，加蒸馏水至 1000ml。溶解后用 NaOH 调至 pH7.5，分装，高压灭菌。

（3）LA 培养基：在上述 LB 培养基中加入氨苄西林使其终浓度为 50μl/ml。

（4）STE：0.1mol/L NaCl、10mmol/L Tris-HCl（pH8.0）、1mmol/L（pH8.0）EDTA。

（5）溶液Ⅰ：50 mmol/L 葡萄糖、25 mmol/L Tris-HCl（pH8.0）、10 mmol/L（pH8.0）EDTA，溶解后 6.76×10^4Pa 高压灭菌 15 分钟。

（6）溶液Ⅱ（pH12.6）（新鲜配制）：0.2mol/L NaOH，1%SDS。

（7）溶液Ⅲ（pH4.8）：5mol/L NaAc 60ml，冰醋酸 11.5 ml，双蒸水 28.5 ml。

（8）饱和酚。

（9）氯仿。

（10）冷无水乙醇及 70%乙醇溶液。

（11）TE 缓冲液（pH8.0）：10mmol/L Tris-Cl（pH8.0）、1mmol/L（pH8.0）EDTA。

【方法】

1. 细菌的培养及质粒扩增

（1）取冰冻保存的 JM109 菌种接种在 LA 液体培养基中，37℃培养过夜。

（2）取菌液接种于 LA 平板，37℃培养过夜。

（3）从平板上挑取单个菌落接种到 2ml LA 液体培养基中，37℃振荡培养过夜。

（4）取菌液接种到大量的 LA 液体培养基中，37℃振荡培养 3～4 小时，使 OD_{600}=1.0。

2. 细菌的收集及裂解

（1）取上述扩增菌液 1.5ml 移至 Eppendorf 管中，12 000r/min，离心 30 秒。

（2）弃上清，加入 STE 400μl 悬浮沉淀，12 000r/min，离心 30 秒。

（3）弃上清，沉淀加 100μl 冰预冷的溶液Ⅰ，震荡混匀。

（4）加入 200μl 溶液Ⅱ，颠倒混匀，冰浴 3～5 分钟。

（5）加入 150μl 溶液Ⅲ，温和混匀，冰浴 5 分钟。12 000r/min，离心 10 分钟。

3. 质粒 DNA 的分离与纯化

（1）取上清移至另一新 Eppendorf 管中，加入等体积酚/氯仿，颠倒混匀，12 000r/min，离心 10 分钟。

（2）取上清移至另一新 Eppendorf 管中，加入 2 倍体积的冷无水乙醇，混匀，室温放置 5～10 分钟，12 000r/min，离心 10 分钟。

（3）弃上清，加入 1ml 冷 70%乙醇溶液，漂洗，12 000r/min，离心 10 分钟。

（4）弃上清，室温干燥。

（5）加入 50μl TE（含无 DNA 的 RNA 酶 20μg/ml），溶解 DNA，–20℃储存。取 2μl 质粒 DNA 用于电泳实验。

【注意事项】

（1）操作时应戴手套，所用试剂及容器均需高压处理，以避免 DNA 酶污染。

（2）操作过程中加入溶液后均需充分混匀。

（3）加碱溶液变性时，要充分混匀使菌体完全裂解（变黏稠），一旦裂解应立刻加酸溶液中和。

（4）菌体裂解后，每步混匀动作要轻，不要强烈震荡，以防损伤 DNA。

实验十 病毒的观察

一、病毒的形态观察

病毒个体微小，必须用电子显微镜放大几万甚至几十万倍才能进行观察。病毒的大小差别悬殊，一般介于 20～250nm，另外病毒形态多样，多数为球形或近似球形，少数为子弹状、砖块状等。含有高浓度病毒颗粒的样品，可直接应用电镜技术观察病毒颗粒。对含低浓度病毒的样本可用免疫电镜技术使病毒颗粒凝聚后再观察，或经超速离心后取标本沉淀物进行电镜观察，以提高检出率。电镜下不仅能观察病毒的形态学特征，还可测量病毒的大小。

二、病毒的生长状况观察

（一）细胞病变的观察

多数病毒在敏感的细胞内增殖时，可引起细胞的形态发生变化，产生细胞病变效应（cytopathogenic effect，CPE）。由于不同病毒群所产生的 CPE 各有特点，可借此对某些病毒进行初步的识别（表 1-2-5）。

表 1-2-5 某些病毒引起的细胞病变效应

病毒	细胞株	细胞病变特点
腺病毒	人胚肾细胞	细胞变圆、肿大、聚集成葡萄状
肠道病毒	猴肾、人胚肾、肺、心肌细胞	细胞变圆、溶解
麻疹病毒	人胚肾细胞	细胞融合形成多核巨细胞
巨细胞病毒	人胚肾细胞	肿大、变圆、融合成巨大细胞
流感病毒	人胚肾、肺细胞	轻微病变，不易观察，用红细胞吸附实验
狂犬病病毒	人胚肾细胞	轻微病变，不易观察

病变程度的表示方法：无细胞病变“—”；细胞出现可疑病变“±”；25%细胞出现病变者“+”；50%细胞出现病变者“++”；75%细胞出现病变者“+++”；细胞全部病变或脱落者为“++++”。

（二）包涵体的观察

某些被病毒感染的细胞内，常可见到一个或数个形态不一的小体，称为包涵体。包涵体的形态、位置、大小、染色性等因病毒而异，在诊断上有一定意义。

1. 狂犬病病毒的包涵体 取患病动物或人的海马回部脑组织，做印片或病理切片，染色后在海马回部的神经细胞的细胞质内可见到圆形或椭圆形的嗜酸性包涵体。

2. 麻疹病毒的包涵体 用人胚肾细胞培养病毒后，在细胞的细胞质和核内均可看到形态不规则的嗜酸性包涵体。

3. 巨细胞病毒的包涵体 在人胚肺细胞中培养增殖后，有的细胞核内出现周围有一轮“晕”的大型嗜酸性包涵体。

（三）红细胞吸附实验

流感病毒在人胚肺细胞中培养后，引起细胞病变效应不明显，当在感染的细胞中加入鸡红细胞时，鸡红细胞被吸附于人胚肺细胞表面，光学显微镜下可见到红细胞被吸附的现象。

（四）血凝实验

病毒感染鸡胚的尿囊腔后，培养 2～3 天，收集尿囊腔液做红细胞凝集实验（见实验十三）。

实验十一　病毒的培养

由于病毒必须在活的细胞中才能增殖，所以病毒的人工培养方法，需提供易感的活细胞。可根据不同的病毒及条件选择细胞培养法、鸡胚培养法或动物接种法。

一、动物接种法

动物接种是分离培养病毒最早应用的方法。依据病毒的亲嗜性，选择敏感的动物及合适的接种途径，以达到分离鉴定病毒、制备某些疫苗及诊断抗原，或研究某些病毒性疾病的发病机制等目的。

（一）小白鼠脑内接种法

【材料】

（1）流行性乙型脑炎病毒悬液。

（2）3～5 日龄乳鼠（体重 6～8g）。

（3）1ml 无菌注射器、针头、碘酒及酒精棉球等。

【方法】

（1）用碘酒与酒精棉球消毒鼠耳与眼之间的部位，用注射器吸取病毒液，注射于鼠眼与耳的连线中点略偏耳侧的部位刺入硬脑膜下（进针 2～3mm），感到进针阻力突然消失时，提示已达硬膜下腔，注入流行性乙型脑炎病毒悬液 0.02～0.03ml。注射完毕，在拔出针头的同时应将注射部位皮肤稍向一边推移，以防液体外溢，用碘酒消毒注射部位，将注射器煮沸消毒。

（2）逐日观察，经 3～4 天开始发病，小鼠呈现弓背、脱毛、抽搐、肢体麻痹、瘫痪，直至死亡。

本法适用于脑炎病毒和某些肠道病毒的分离培养及保存。

（二）小白鼠腹腔接种法

【材料】

（1）1ml 无菌注射器、针头。

（2）肠道病毒的悬液、碘酒及酒精棉球等。

【方法】

（1）抓取小白鼠，右手提起鼠尾，左手拇指及示指捏住动物头背部皮肤（图 1-2-9）。翻转鼠体使腹部向上，把鼠尾和右后腿夹于小指和无名指之间。

（2）接种：接种时为防止损伤肠管，将小鼠后腿抬高，使头部向下，腹腔内肠管即向胸部移位，右手持注射器，针头自腹股沟处刺入皮下（图 1-2-10）。将针稍竖起并向深部刺进，穿过腹肌进入腹腔，注入标本液 0.5～1ml（如操作者注射时感到无任何阻力或注入材料后也未见明显隆起，即证明已在腹腔内）。拔出针头并移动局部皮肤，碘酒擦拭针眼处消毒即可。

本法适用于某些肠道病毒等的传代。

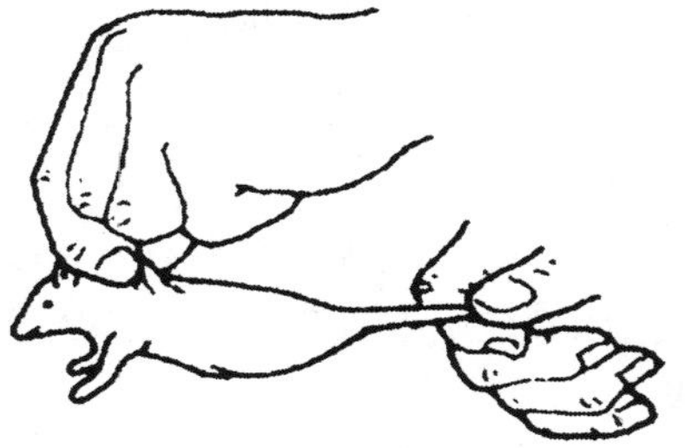

图 1-2-9　抓取小白鼠的方法

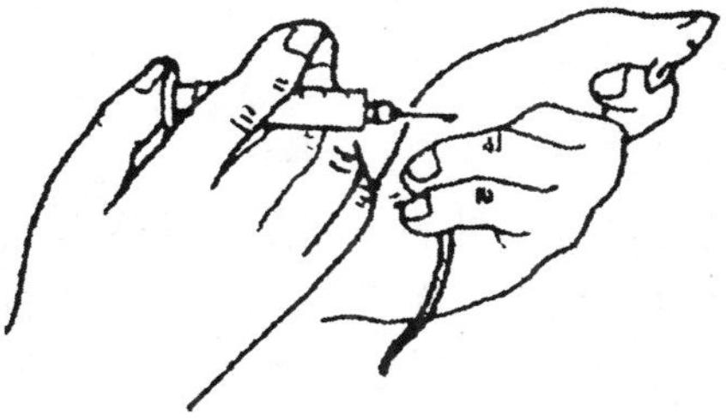

图 1-2-10　小白鼠腹腔注射法

【注意事项】 接种了病毒的乳鼠与母鼠一起喂养，为了防止母鼠嗅到乳鼠身上的碘酒、乙醇异味而吃掉乳鼠，可用乙醇擦拭母鼠鼻。一旦乳鼠发病，立即移出，以免被母鼠所食。

（三）接种病毒后对动物的观察与剖检

接种了病毒的动物应加强管理，并按其实验目的每日观察 1～2 次。对实验中死亡或处死的动物应立即剖检。剖检的动物从皮肤、淋巴结至内脑都应仔细观察。可按实验要求摘取有关组织、器官或积液直接涂片、培养及制备病理切片或电镜标本，也可放冰箱冷冻保存备用。为防止病毒扩散和造成的污染，尸检后的尸体及污染物必须消毒处理。

二、鸡胚培养法

鸡胚是正在发育中的个体，有多种可供选择的囊腔及囊膜。可根据病毒种类不同接种于鸡胚的不同部位，如绒毛尿囊膜、尿囊腔、羊膜腔和卵黄囊等。

【材料与设备】

（1）鸡胚蛋。

（2）流感病毒、单纯疱疹病毒、流行性乙型脑炎病毒液。

（3）孵卵箱、检卵灯、卵盘、磨卵器。

（4）无菌 1ml 注射器、针头、吸管、剪刀、镊子、碘酒、乙醇等。

【方法与结果】

1. 鸡胚的孵育

（1）选卵：选蛋壳色浅（易于检视）的来克鸡受精卵，孵育前保存于 10℃阴凉处，不超过 10 天为宜。

（2）孵卵：温度 38～39℃，湿度 40%～60%，空气需流通，每日翻蛋 2 次，以免粘壳。

（3）检卵：孵后第 4 天，用检卵灯检视鸡胚发育情况，留下血管清晰、有明显主动运动的鸡胚暗影的受精卵，继续孵育，弃去血管模糊不清、鸡胚活动停滞死亡者。

2. 接种与收获

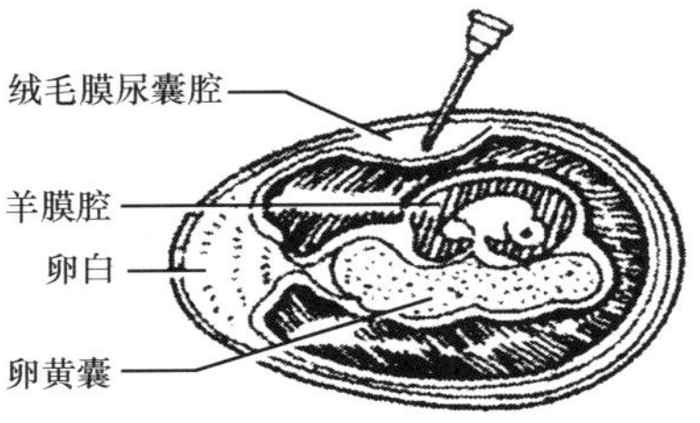

图 1-2-11 绒毛尿囊膜接种法

（1）绒毛尿囊膜接种（图 1-2-11）

1）取 10～13 日龄鸡胚，检卵灯上标出气室、胚位及绒毛尿囊膜发育面（该膜富含血管，照射时呈红色，约占鸡卵的 1/2）。

2）将鸡卵横卧于卵盘上，使绒毛尿囊膜部位朝上，消毒该部位和气室中心部，用磨卵器在绒毛尿囊膜部位锯一边约 1cm 的三角形，锯破并轻轻挑去卵壳（勿伤及壳膜）形成窗口，同时于气室端开一小孔。

3）于壳窗的壳膜处滴加无菌生理盐水 1 滴，并以针头循卵壳膜纤维方向划破一缝隙（不可伤及下面的绒毛尿囊膜），然后在气室小孔处用橡皮吸头吸气。盐水即从裂隙处下沉，借助负压和重力使壳膜与绒毛尿囊膜分离，造成人工气室。

4）用无菌镊子撕去壳膜，暴露绒毛尿囊膜，以注射器吸取单纯疱疹病毒液 0.2ml，滴加于绒毛尿囊膜上。

5）用无菌玻璃板与石蜡封口，石蜡封孔。将鸡卵窗口朝上，置 36℃培养，每日检查。弃去 24 小时内死亡的鸡胚，余者培养 4～5 天后放 4℃冰箱待收获。

6）收获：将感染病毒的鸡胚自冰箱中取出，消毒窗口区，扩大卵窗。用镊子轻轻夹起绒毛尿囊膜，持小剪沿接种面周围浆膜剪下，放入无菌平皿内观察，膜上的疱疹清楚可见，置低温保存，备用。

本法适用于天花、牛痘、单纯疱疹等病毒的接种。

（2）尿囊腔接种（图 1-2-12）

1）取 9～12 日龄鸡胚，标出气室与胚位，沿气室边缘上 0.5cm 处消毒打孔，针头垂直刺入，向胚位方向深入 1cm 左右，注入病毒液 0.1～0.2ml。

2）用胶布封口（封口前胶布用碘酊消毒，并通过火焰烧去余碘），置 36℃培养，逐日观察，弃去 24 小时内死亡的鸡胚。余者培养 48～72 小时后放入 4℃冰箱（使鸡胚冻死，以减少收获时的出血）。注意鸡胚必须直立，令气室端朝上。

3）收获尿囊液之前取出鸡胚，消毒气室端，用镊子击破气室卵壳，沿气室边缘打一缺口，再用小镊子撕去卵膜，在绒毛尿囊膜无大血管处穿破，最后用无菌毛细吸管吸取尿囊液（一般可得 4～6ml），

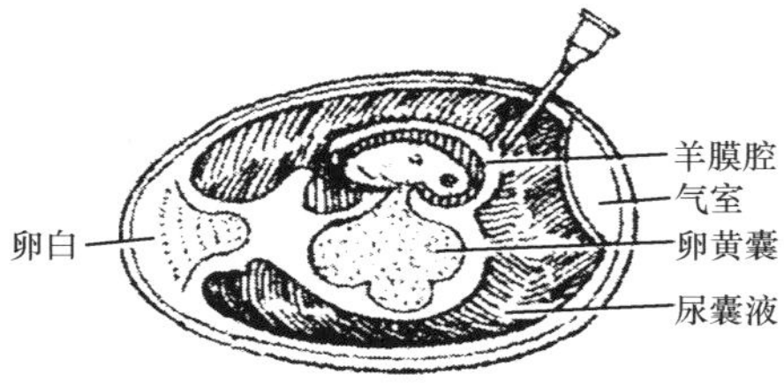

图 1-2-12 尿囊腔接种法

储存于无菌小瓶并进行无菌实验，4℃冰箱保存备用。

本法适用于某些呼吸道病毒，如流感、副流感、新城鸡瘟等病毒的培养，但初次分离不如羊膜腔接种法阳性率高。

（3）羊膜腔接种（图 1-2-13）

1）取 9～11 日龄鸡胚，标出气室与胚位。接种前一天，将鸡胚直立于卵盘上，使其胚胎向上，易于接种。

2）接种时，鸡胚直立于卵盘，消毒气室端，沿气室边缘和胚位靠近处锯一边长约 1cm 的方形小窗。

3）用小镊子去除卵壳和卵膜，滴入 1 滴无菌石蜡，使膜呈透明状，将鸡胚置于检卵灯上，可清楚看到胚胎位置。

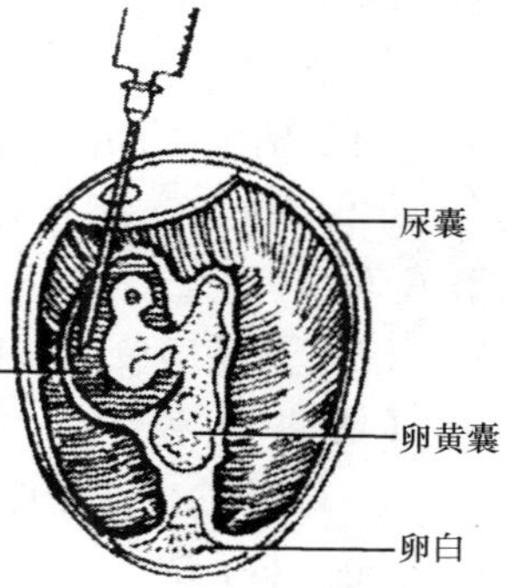

图 1-2-13 羊膜腔接种法

4）无菌注射器吸取流感病毒液少许，针头自窗口对准胚胎直下，穿过绒毛尿囊膜、羊膜，进入羊膜腔内（注意针头刺入时勿伤及胚胎本身）。注入 0.1～0.2ml 的病毒液，胶布封口，直立置 35℃培养。

5）逐日检查鸡胚的生活情况，3～4 天后，取出鸡胚，4℃过夜。

6）收获：消毒气室端，撕去胶布，将窗口扩大。用小镊子撕去壳膜及绒毛尿囊膜，无菌吸管吸出尿囊液弃去，左手持镊子提起羊膜，右手以无菌毛细吸管插入羊膜腔吸取羊水，置无菌试管内，冷冻保存（每卵约可收获 0.5～1ml 羊水）。

本法适用于一些呼吸道病毒如黏病毒的分离培养。

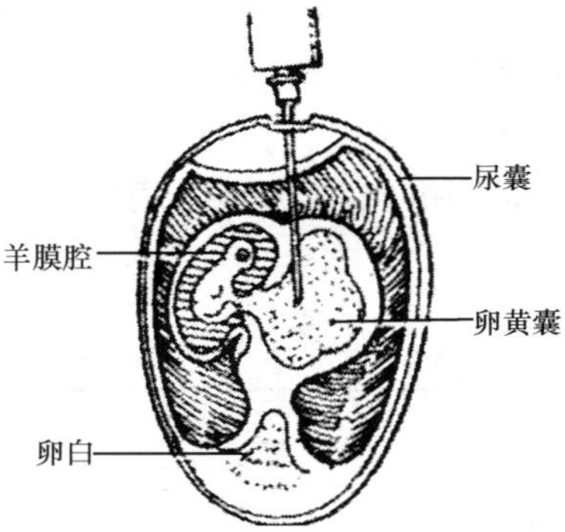

图 1-2-14 卵黄囊接种法

（4）卵黄囊接种（图 1-2-14）

1）取 6～8 日龄鸡胚，标出气室与胚位。

2）将气室向上，消毒气室端，在气室中央打一小孔。

3）以 12 号针头自小孔沿卵纵轴与胚胎位置相反方向刺入 2～3cm，注入病毒液 0.5ml，胶布封孔，36℃培养。每日检视并翻动 2 次，24 小时内死亡者弃去。

4）收获：取出孵育 24 小时以上濒死的鸡胚，消毒气室，直立于卵盘上，用无菌镊子击破气室端卵壳，撕去壳膜，将卵内容物倾入无菌平皿内。夹起卵黄囊将其与绒毛尿囊膜分开，将卵黄置于无菌三角烧瓶内低温保存备用。

本法适用于某些虫媒病毒及立克次体、沙眼衣原体等的分离培养。

三、细胞培养法

组织培养法是用离体活的器官、组织或细胞培养病毒，分离鉴定病毒，制备疫苗及病毒抗原等。细胞培养法是在体外培养单个细胞或单一型细胞群，并表现一定组织特性的培养方法。常用的细胞培养法有贴壁培养法及悬浮培养法。常用的细胞有原代和次代细胞、二倍体细胞及多种传代细胞系。

（一）原代细胞培养

【原理】 直接采取动物或人体组织细胞进行的第一次培养，即原代细胞培养。以乳兔肾细胞培养为例，介绍原代细胞培养法。

【材料】

（1）出生 1 周内乳兔。

（2）Hank's 液、0.25%胰蛋白酶液、0.5%水解乳蛋白、小牛血清、抗生素、碳酸氢钠溶液等。

（3）无菌吸管、细胞培养瓶、平皿、眼科小剪子及小镊子、橡皮塞等。

【方法】

1. 取肾脏 乳兔取俯卧位，无菌方法取出肾脏放入平皿中，用 Hank's 液（已调 pH 并加入抗生素）洗 2 次。

2. 剪取皮质 剥去肾包膜，用眼科剪从肾脏表面剪取皮质（不要髓质）使之成 $1mm^3$ 左右的小块，用 Hank's 液洗 2～3 遍。

3. 消化 将组织块移入三角烧瓶内加入 0.25%胰蛋白酶溶液（调 pH 7.6～7.8）约 5 倍于组织块量，置 37℃水浴消化 15～30 分钟（需不时地摇动）。取出稍沉淀后，吸去胰酶，Hank's 液洗 2 次，以除去剩余的胰蛋白酶溶液。再加入适量的 Hank's 液离心 1000r/min 10 分钟，弃去上清液。

4. 细胞分散、计数 加入营养液，用吸管反复吹打，直至组织块全部成为分散细胞为止。吸出 0.1ml 细胞悬液，加入 0.9ml Hank's 液，混匀后吸出少量悬液，滴入血细胞计数板，在低倍镜下按白细胞计数方法计数。

5. 分装、培养 用营养液稀释原细胞悬液，使细胞浓度为 40 万～50 万个/ml。将此细胞悬液分装入细胞培养瓶（量的多少视培养瓶大小而定），塞好橡皮塞，置 37℃温箱静置培养。逐日观察细胞生长情况。24 小时细胞可贴管，3～5 天可长成单层。

【结果】 病毒易感的细胞或细胞系培养成单层细胞后，即可用于感染病毒。病毒学实验中常用的培养细胞见表 1-2-6。

表 1-2-6 实验中常用的培养细胞

培养细胞	通用名称	动物来源	组织来源	细胞类型
原代细胞	HEK（人胚肾）	人	胚肾	主要为上皮细胞
	MK（猴肾）	猴	肾	主要为上皮细胞
	PK（兔肾）	兔	肾	主要为上皮细胞
	GPE（豚鼠肾）	豚鼠	全胚	主要为成纤维细胞
	CE（鸡胚）	鸡	全胚	主要为成纤维细胞
传代细胞株	HDF*	人	肺活上皮	成纤维细胞
	HEP-2	人	喉癌组织	上皮细胞
	Hela	人	宫颈癌组织	上皮细胞
	KB	人	口腔癌组织	上皮细胞
	Vero	非洲绿猴	肾	上皮细胞
	BSC-1	非洲绿猴	肾	上皮细胞
	RK-1	兔	肾	上皮细胞
	BHK-21	婴仓鼠	肾	成纤维细胞
	A-549	人	肺癌组织	上皮细胞
	CHO	中国仓鼠	卵巢	成纤维细胞

*包括 WI-138 IMR-90 MRC-5 均来自人胚肺或包皮的二倍体细胞株。

（二）二倍体细胞株的传代培养

二倍体细胞株是指正常机体组织在体外培养能分裂 50～100 代仍保持其二倍体染色体数目不变的细胞株。可来源于胚肺或胚肾等组织。下面介绍人胚肺二倍体细胞株的传代培养方法。

（1）将长成单层的人胚肺纤维细胞生长液倒掉，用 Hank's 液洗一次。

（2）加入适量的 0.1%～0.25%胰酶，室温消化 1～2 分钟。

1）将细胞瓶倒放，使细胞面保留少量胰酶，室温继续消化 10～30 分钟。

2）将胰酶倒掉，加入 Hank's 液（Hank's 液是原生长液 2/10 的量）于细胞瓶中，用吸管吹打分散细胞。

3）用原生长液按原量 2 倍稀释，分装两个培养瓶，即一瓶细胞传两瓶，37℃温箱培养，2～4 天长成单层，可再传代使用。

（三）传代细胞的培养

在体外培养能够无限期地传代，建立传代细胞系，其传代培养方法同二倍体细胞。

（四）病毒标本接种

选择生长良好的细胞管，弃去管内的培养液，用 Hank's 液轻摇，洗涤细胞 1～2 次，以除去可能存在的病毒抑制物。每管接种病毒液 0.1～0.2ml，每份接种 3～5 管，置 35℃ 60 分钟，使接种液与细胞充分接触，然后再加入维持液 0.8～0.9ml，置 36℃培养，并同时设正常细胞对照管。接种后细胞管应逐日镜检，观察有无细胞病变出现。

附：常用的细胞培养用液

1. Hank's 液

（1）原液甲

NaCl	160g	加入 800ml 双蒸水
KCl	8g	
$MgCl_2 \cdot 6H_2O$	2g	
$MgSO_4 \cdot 7H_2O$	2g	
$CaCl_2$	2.8g	溶于 100ml 双蒸水

将上述两溶液混合后加双蒸水至 1000ml，加 2ml 氯仿防腐，保存于 4℃冰箱。

（2）原液乙

KH_2PO_4	3.04g	加入 800ml 双蒸水
葡萄糖	1.20g	
$Na_2HPO_4 \cdot 12H_2O$	20.0g	
0.4%酚红液	100ml	

（将 0.4g 酚红放乳钵中，加 0.1mmol/L 的 NaOH 11.28ml，研磨后加双蒸水 100ml）

加入双蒸水使成 1000ml，加入 2ml 氯仿作为防腐剂，保存于 4℃冰箱。

使用时按以下比例配置：

原液甲　1 份

原液乙　1 份

双蒸水　18 份

混合后按需要分装，54.92kPa，20 分钟高压灭菌，保存于 4℃冰箱备用。

2. $NaHCO_3$ 溶液 用于调整 pH。用双蒸水配成 5.6%的溶液，过滤除菌，4℃冰箱保存备用。

3. 双抗（青、链霉素）溶液 青霉素 100 万单位，链霉素 1g，用灭菌双蒸水或 Hank's 液 100ml 溶解。使每毫升含青霉素 1 万单位，链霉素 1 万 μg，分装于无菌小瓶中，放–20℃冰箱内保存备用。

4. 0.5%水解乳蛋白 称取 5g 水解乳蛋白溶于 1000ml Hank's 液中，滤纸过滤，分装后 54.92kPa，20 分钟高压灭菌。保存于 4℃冰箱备用。

5. 营养液与维持液

营养液：0.5g 水解乳蛋白液	90ml
小牛血清	10ml
双抗溶液	1ml（终浓度为 100U/ml）

用 $NaHCO_3$ 将 pH 调至 7.2～7.6。

维持液：同营养液，但小牛血清仅加 2%。

实验十二 病毒的定量测定

一、病毒的滴定（单层细胞上 TCD50 终点的测定）

【原理】 病毒的滴定是测定标本或组织液中感染性病毒含量的方法。最常用的是 TCD50 终点测定。即用不同稀释度的病毒悬液接种敏感细胞单层管，以半数细胞管出现病变为判定依据。通常以使半数细胞单层管发生病变的病毒稀释度的对数表示。如病毒悬液的 $10^{-4.5}$ 稀释度能使半数细胞管发生病变，此病毒悬液的 TCD50 即为 4.5。

【材料】

（1）待滴定的病毒悬液。

（2）细胞单层管。

（3）细胞维持液、Hank's 液等。

【方法】

1. 将病毒悬液 10 倍连续稀释 取试管 6～8 支（根据病毒悬液的可能滴度确定），每管先加入 Hank's 液 0.9ml，再于第 1 管中加入病毒悬液 0.1ml，混匀后，取 0.1ml 加入第 2 管，同法依次稀释到最后一管（注意：每一稀释度必须换一新吸管），各管病毒稀释液依次为 10^{-1}、10^{-2}、10^{-3}……。

2. 用不同稀释度的病毒接种细胞管 每个稀释度用 4～6 支长成单层的细胞管。倒出管中的生长液，每管中接种稀释病毒液 0.1ml，放 37℃或室温吸附 1 小时。然后倒出病毒吸附液。加入 1ml 维持液培养。同时需做正常细胞对照：不加病毒悬液，只将生长液换为维持液。

3. 观察病变 次日即开始用显微镜观察细胞病变（第二天出现的病变多为非特异性病变），不同的病毒使细胞发生病变的时间不一，需根据病毒的种类确定观察的天数。如疱疹病毒可观察 3～5 天，但对照细胞无退化现象。

4. 判定 TCD50 细胞管半数发挥病变的病毒悬液稀释度，即为 TCD50 终点。因为细胞培养管比较均一，不像动物实验那样，有较大的个体差异，因而一般不会出现两个以上的稀释度中都既有细胞病变又有正常细胞的情况。所以多数情况下，没有必要用复杂的方法计算 TCD50。例如，某病毒悬液 10^{-1}～10^{-4} 稀释度均使细胞发挥病变，10^{-5} 稀释度中 4 管中有 2 管发生病变。该病毒的 TCD50 终点滴度即为 10^{-5}。

有时在两个以上病毒悬液的稀释度中，均有细胞出现病变和未出现病变的情况，此时需按 Reed-Muench 法进行计算。计算方法如表 1-2-7：

表 1-2-7 实验结果表

病毒稀释度	细胞病变数比例	病变细胞管数	无病变细胞管数	积累总计			
				病变	无病变	病变率	
						病变比例	百分数
10^{-1}	4/4	4	0	16	0	16/16	100
10^{-2}	4/4	4	0	12	0	12/12	100
10^{-3}	4/4	4	0	8	0	8/8	100
10^{-4}	3/4	3	1	4	1	4/5	80
10^{-5}	1/4	1	3	1	4	1/5	20
10^{-6}	0/4	0	4	0	8	0/8	0

$$\text{距离比例}=\frac{\text{高于50\%的病变管百分数}-50\%}{\text{高于50\%的病变管百分数}-\text{低于50\%的病变管百分数}}=\frac{80-50}{80-20}=\frac{30}{60}=0.5$$

低稀释度的反对数（高于 50%病变率）= –4.0

TCD50 终点滴度=$10^{-4.0-0.5}$=$10^{-4.5}$

二、空斑形成实验

【原理】 细胞培养中病毒的空斑技术是一种精确定量地测定感染性病毒颗粒的方法。将不同稀释度的病毒悬液接种于单层细胞，先让细胞吸附病毒，然后将未凝固的琼脂培养基覆盖于细胞上，琼脂层凝固后继续培养。在细胞中病毒颗粒的繁殖由于琼脂覆盖的限制，只能感染周围的细胞，病灶逐渐扩大，可导致受感染的细胞脱落。这样就形成“空斑”的退化细胞区，被感染的病灶通常可用活性染料（如中性红），将细胞单层染色而显示出来。此种染料可事先掺在琼脂覆盖层中或于培养期末加入。由于“空斑”不能摄取活性染料，所以出现清晰而不着色的区域，衬托于染色的活细胞背景中。空斑是由单个病毒感染颗粒形成。一个空斑就是一个空斑形成单位（plague formatting unit，PFU），是由一个病毒复制增殖所致。统计平板中空斑数量就可以推算出样品中的病毒数量。另外，还可通过空斑技术进行病毒的纯化。

下面以脊髓灰质炎 I 型病毒的空斑试验为例，介绍空斑技术。

【材料】

（1）Vero 细胞。

（2）脊髓灰质炎病毒。

（3）六孔板、细胞培养液 DMEM、PBS。

（4）低熔点琼脂糖、0.02%中性红。

（5）移液器。

（6）5%CO_2 细胞培养箱、生物安全柜。

【方法】

（1）将 Vero 细胞接种至 6 孔板中，置 37℃，5%CO_2 培养箱中培养。

（2）逐日观察细胞生长状态，待细胞长成单层时，准备感染病毒。

（3）在冰浴中用无血清 DMEM 将病毒原液作 10 倍梯度稀释（10^{-1}，10^{-2}，10^{-3}，10^{-4}，10^{-5}）。

（4）吸除细胞培养孔中的培养液；接种各稀释度的病毒液，每个稀释度接种 2 个复孔，每孔 0.2 ml，摇匀，使其布满细胞层。

（5）将细胞培养板置于 37℃孵箱中，吸附 1 小时后弃掉病毒液，加入 PBS 洗一次。

（6）弃掉细胞培养板中残液，加覆 1%低熔点琼脂盖胶，每孔 2 ml；室温放置待覆盖层凝胶完全凝固，然后倒置培养板，使凝胶面朝下。置孵箱中 37℃培养。每天观察细胞情况，注意孵箱中有保湿的蒸馏水，勿使琼脂盖胶干裂。

（7）培养 3 天后，向培养板中加入 0.02%中性红，染色 30 分钟，观察结果。

【结果】　观察、记录空斑数。

在记下各孔的空斑数后，应求出同稀释度的平均空斑数，供下一步计算时使用。

按下列公式，计算空斑数（PFU/ml）：某一稀释度的平均空斑数×5×稀释度。

实验十三　病毒的血清学实验

病毒的血清学实验在临床或流行病学诊断上应用较广，其基本原理和其他微生物的血清学反应相同。既可用已知抗原来测定病人体内抗体，也可用已知抗体来测定未知抗原。常用的病毒血清学实验是红细胞凝集抑制试验、中和试验、补体结合试验等。

一、红细胞凝集试验及凝集抑制试验

【原理】

红细胞凝集试验及红细胞凝集抑制试验简称血凝及血凝抑制试验。某些病毒（如正黏病毒、副黏病毒）可选择性地凝集动物（鸡、豚鼠等）或人的红细胞，称为血凝现象。此种红细胞凝集现象可被相应抗体所抑制，即为血凝抑制试验。

【材料】

（1）含流感病毒的鸡胚尿囊液。

（2）1%鸡红细胞悬液、生理盐水。

（3）待检血清。

（4）塑料凹板、吸管等。

【方法与结果】

1. 血凝效价的滴定（红细胞凝集试验）

（1）取收获的鸡胚尿囊液，离心 25 000r/min，20 分钟，取上清液，用生理盐水倍比稀释，每孔 0.2ml。然后各孔加 0.2ml 1%鸡红细胞悬液，充分摇匀，置室温 30～45 分钟后，判断结果。对照管不加病毒，以 0.2ml 生理盐水代替（表 1-2-8）。

（2）结果判断标准：观察结果时，切勿将板振摇，应轻拿，观察孔底。

−：红细胞沉于孔底成小圆点，四周光滑。

++++：红细胞均匀铺于孔底，边缘有卷起倾向者。

+++：基本同上，但边缘不整齐，有下垂倾向者。

++：红细胞于孔底形成一个环状，四周有小凝集块者。

+：红细胞于孔底形成一个小团，但边缘不光滑者。

表 1-2-8　病毒血凝效价滴定

孔号 材料/ml	1	2	3	4	5	6	7	8	9
生理盐水	0.9 弃 0.6	0.2	0.2	0.2	0.2	0.2	0.2	0.2	0.2
病毒液	0.1	0.2	0.2	0.2	0.2	0.2	0.2	0.2	弃 0.2
病毒稀释度	1：10	1：20	1：40	1：80	1：160	1：320	1：640	1：1280	对照
生理盐水	0.2	0.2	0.2	0.2	0.2	0.2	0.2	0.2	0.2
1%鸡红细胞	0.2	0.2	0.2	0.2	0.2	0.2	0.2	0.2	0.2
摇匀，放室温 30～45 分钟									

以出现“++”的最高病毒稀释度作为效价，即一个血凝单位。

2. 血凝抑制试验

（1）试验所用病毒量为 4 个血凝单位，若血凝效价为 1：320，则 4 个血凝单位为 320/4=80，即将病毒原液用生理盐水稀释至 1∶80。

（2）取灭活的待检血清，从 1：10 起作一系列倍比稀释至 1：1280（表 1-2-9）。

表 1-2-9　红细胞凝集抑制试验

孔号 材料/ml	1	2	3	4	5	6	7	8	9 血清 对照	10 血凝素 对照	11 血球 对照
生理盐水	0.9 弃 0.6	0.2	0.2	0.2	0.2	0.2	0.2	0.2	0.2（1：10）	—	—
病人血清	0.1	0.2	0.2	0.2	0.2	0.2	0.2	0.2	—	—	—
血清稀释度	1：10	1：20	1：40	1：80	1：160	1：320	1：640	1：1280		弃 0.2	

续表

孔号 材料/ml	1	2	3	4	5	6	7	8	9 血清 对照	10 血凝素 对照	11 血球 对照
4个血凝单位的病毒	0.2	0.2	0.2	0.2	0.2	0.2	0.2	0.2	—	0.2	—
生理盐水	0	0	0	0	0	0	0	0	0.2	0.2	0.4
1%鸡红细胞	0.2	0.2	0.2	0.2	0.2	0.2	0.2	0.2	0.2	0.2	0.2
摇匀，放室温 30～45 分钟											

（3）每孔加入 4 个血凝单位的病毒 0.2ml，再加入 1%鸡红细胞悬液 0.2ml。充分摇匀置室温 30～45 分钟观察结果。血清对照孔的血清稀释度同第一孔，不加病毒，以 0.2ml 生理盐水代替。

（4）结果判断：完全抑制红细胞凝集的最高血清稀释度即为此血清的血凝抑制效价。

二、中 和 试 验

【原理】

感染病毒的机体常产生特异中和抗体，此抗体有能使相应病毒失去感染力的作用。将被检血清分别与病毒悬液以不同比例混合后，再接种培养的细胞，根据细胞出现病变的程度，计算中和抗体的效价。

【材料】

（1）脊髓灰质炎病毒悬液、人胚肾细胞管、待检血清（56℃ 30 分钟灭活）。

（2）细胞维持液、Hank's 液。

（3）无菌吸管、无菌小试管。

【方法】

1. 稀释血清 将血清标本以无菌方法用 Hank's 液从 1∶5 开始作连续 4 倍稀释（即 1∶5、1∶20、1∶80、1∶320、1∶1280……）然后分别按每管 0.25ml 加入一排无菌试管内。

2. 病毒 将脊髓灰质炎病毒液按其 TCD50 值（50%组织培养感染量）进行稀释，使每 0.1ml 含 100 TCD50 病毒量（如病毒效价为 10^{-7}/0.1ml，则稀释度 10^{-5} 即可）。然后于各试管中分别加入与血清等量（每管 0.25ml）的病毒悬液，混匀后放 37℃水浴中作用 1～3 小时。

3. 接种细胞管 各稀释度的血清-病毒混合液，按每管 0.2ml 各接种 2 支人胚肾细胞管（表 1-2-10），并于各管中再添加 0.8ml 细胞维持液，置 37℃培养 5～7 天，每天观察并记录结果。

4. 对照 试验时，需做血清（1∶5）对照、病毒（100 TCD50/0.1ml）对照及正常细胞对照，各对照组均为 2 管。

5. 结果判定 接种后第 3、5、7 天观察病变，第 7 天判定最后结果。病毒对照一般第 3 天出现“+～++”病变，第 5、7 天达“++++”病变，细胞对照与血清对照应为正常。试验血清最高稀释度仍能抑制细胞病变出现者，定为该血清的中和抗体效价（表 1-2-11）。

表 1-2-10 中和试验

中和管号 材料/ml	1	2	3	4	5
待检血清	1∶5 0.25	1∶20 0.25	1∶80 0.25	1∶320 0.25	1∶1280 0.25
病毒液 （100TCD50/0.1ml）	0.25	0.25	0.25	0.25	0.25
37℃水浴作用 1～3 小时，每一稀释度的血清-病毒混合液接种 2 支人胚肾细胞管					
血清-病毒混合液	0.2	0.2	0.2	0.2	0.2
细胞维持液	0.8	0.8	0.8	0.8	0.8
37℃孵箱培养 5～7 天					

表 1-2-11 细胞病变法血清中和试验结果举例

病毒	血清稀释液					病毒对照 （100TCD50）	细胞对照	血清对照 （1∶5）
脊髓灰质炎病毒	1∶5 ○○	1∶20 ○○	1∶80 ○○	1∶320 ●●	1∶1280 ●●	●●	○○	○○

“●”：有明显细胞病变；“○”：无明显细胞病变。结果判定：脊髓灰质炎病毒中和抗体效价为 1∶80

三、红细胞吸附及红细胞吸附抑制试验

【原理】 某些病毒（如流感病毒）、感染的细胞能吸附脊椎动物的红细胞，发生血吸现象。这种现象能被特异性抗体所抑制。

【材料】

（1）人胚肾单层细胞管。

（2）甲型流感病毒悬液、甲型流感病毒免疫血清。

（3）2%鸡红细胞悬液。

【红细胞吸附试验方法与结果】

（1）选生长良好的人胚肾单层细胞管，每管接种流感病毒 0.1ml（接种方法见细胞培养法）置 35℃培养 6～7 天，隔日观察一次。

（2）吸去细胞管中的细胞维持液，每管加入 2%鸡红细胞悬液 0.1～0.2ml，在细胞面上轻轻摇匀，放室温 5～10 分钟，镜检。

（3）正常细胞对照：0.1ml 病毒液以等量维持液替代，其他条件同试验管。

（4）在显微镜下观察，若红细胞悬浮，则判为阴性；若红细胞吸附在人胚肾细胞上，形成岛状或链条状，则判为阳性。

【红细胞吸附抑制试验方法与结果】

（1）取红细胞吸附阳性的病毒感染人胚肾单层细胞管，置 35℃培养 2 小时，吸去维持液，用 PBS 洗 2 次。

（2）加入 1∶10 流感免疫血清（甲型）0.2ml，放 37℃，15～20 分钟，再加入 2%鸡红细胞悬液 0.2ml，置室温 5～10 分钟后观察。

（3）结果判定：若无红细胞吸附在人胚肾细胞上，则为红细胞吸附抑制试验阳性，可

初步判定该管病毒与免疫血清同型。

实验十四 支原体、衣原体、立克次体、螺旋体的形态观察及血清学实验

一、支原体的形态观察

支原体（mycoplasma）是能独立生活的最小的原核细胞型微生物，由于缺乏细胞壁，其形态呈高度多形性。

【材料】

（1）支原体吉姆萨染色片。

（2）支原体菌落标本片。

【结果】

（1）镜下见支原体呈多形性，常有球形、杆状、丝状、环状、分枝状或颗粒状，染色为淡紫色。

（2）低倍镜下可见支原体菌落呈“油煎蛋”样，呈圆形，边缘整齐，色浅淡较透明，中心部分较厚，着色深。

二、立克次体形态观察及血清学实验

立克次体（rickettsia）是一类专性细胞内寄生的原核细胞型微生物，是引起人类斑疹伤寒、恙虫病等传染病的病原体。大小介于一般细菌与病毒之间，用普通光学显微镜可观察到。有多种形态，主要呈球杆状。

（一）立克次体形态观察

【材料】

（1）立克次体马氏染色片。

（2）立克次体吉姆萨染色片。

【结果】

（1）马氏染色立克次体为红色，多呈球杆状，但亦有球形、杆形、丝状等形态。

（2）吉姆萨染色立克次体呈蓝紫色，形态同上。

（二）外-斐反应

【原理】 立克次体与某些变形杆菌菌株有共同抗原成分，能发生交叉凝集反应。外–斐反应（Wei-Felix reaction）即是用变形杆菌 OX_{19}、OX_2、OX_k 株抗原代替立克次体抗原，检测人或动物血清中某些立克次体抗体的非特异性试管凝集试验。该试验可作为斑疹伤寒、恙虫病等立克次体感染的辅助诊断手段。

【材料】

（1）变形杆菌 OX_{19} 菌液（抗原）。

（2）待检血清。

（3）生理盐水。

【方法】

外-斐反应方法见表 1-2-12

表 1-2-12 外-斐反应操作程序 （单位：ml）

试管号	1	2	3	4	5	6	7	8
生理盐水	0.5	0.5	0.5	0.5	0.5	0.5	0.5	0.5
1：10 病人血清	0.5	0.5	0.5	0.5	0.5	0.5	0.5	0.5 弃去
OX_{19} 菌液	0.5	0.5	0.5	0.5	0.5	0.5	0.5	0.5
病人血清稀释度	1：40	1：80	1：160	1：320	1：640	1：1280	1：2560	对照
摇匀，37℃水浴 24 小时观察结果								

【结果】 判定凝集效价同肥达反应。单份血清凝集效价达 1：160 以上或恢复期抗体效价比早期增高 4 倍时有辅助诊断意义。

三、衣原体包涵体形态观察

衣原体（chlamydiae）是一类能通过除菌滤器，专性细胞内寄生的原核细胞型微生物，培养方法类似病毒。衣原体在宿主细胞内生长繁殖时，有特殊的发育周期，可见到两种类型颗粒，即原体和始体。衣原体在繁殖过程中形成的子代原体可构成多种形态的包涵体。

【材料与方法】

取沙眼患者病变部位的上皮细胞涂片，乙醇固定后，进行吉姆萨染色，油镜观察。

【结果】

镜下可见包涵体被染成紫色，存在于细胞质中，呈帽状、桑葚状等形态。

1. 帽型 紧贴于细胞核上呈帽状。

2. 桑葚型 呈长梭形或椭圆形，由原体和始体集成桑葚状。

3. 填塞型 主要由原体构成，填塞满胞质，将细胞核挤压变形。

4. 散在型 呈圆形或卵圆形散布于胞质中。

四、螺旋体形态观察及血清学实验

螺旋体（spirochete）是一类细长、柔软、呈螺旋状弯曲、运动活泼的原核细胞型微生物。种类较多，对人类致病的主要有钩端螺旋体、梅毒螺旋体、回归热螺旋体。

（一）螺旋体形态观察

【方法与结果】

1. 钩端螺旋体 镀银染色法染色标本。油镜下可见螺旋体呈棕褐色至棕黑色，钩体纤细，螺旋致密而规则，菌体一端或两端弯曲呈钩状。

2. 梅毒螺旋体 镀银染色法染色标本。油镜下可见梅毒螺旋体形体细小，螺旋致密，呈棕褐色。

3. 回归热螺旋体 瑞特染色法染色标本。油镜下可见细长的疏螺旋体，呈紫红色，纤细柔软，略呈不规则弯曲。

（二）镀银染色法检查口腔螺旋体

寄生于人类口腔的螺旋体以奋森螺旋体为常见。该螺旋体属疏螺旋体属，一般不致病。一定条件下可与寄居在口腔的梭杆菌协同引起咽喉炎、齿龈炎、溃疡性口腔炎等疾病。

【材料】

（1）生理盐水。

（2）固定液、媒染剂。

（3）硝酸银染液。

【方法】

（1）取玻片一张，滴加 2～3 滴生理盐水。用牙签取牙垢少许和盐水混匀涂成直径 1cm 左右的薄膜，自然干燥。

（2）滴加固定液于涂片标本上，1 分钟后用水冲洗。

（3）滴加媒染剂并加热至有蒸气冒出，作用 30 秒后用水冲洗。

（4）用硝酸银染液染 30 秒后用水冲洗，干后油镜观察。

【结果】 细菌与螺旋体均被染成棕褐色或黑褐色。奋森螺旋体呈纤细丝状，有 3～8 个不规则螺旋。

（三）梅毒螺旋体的血清学实验

梅毒的血清学试验根据所用抗原不同分两类。第一类是非螺旋体血清学试验，用正常牛心肌类脂作为抗原，检测非特异性的反应素。这一类试验以往通用的有康氏试验和华氏试验，但由于这些方法易出现假阳性反应，已被国家卫生健康委员会明令取消，目前国内外主要采用以纯心磷脂、卵磷脂为抗原的方法，即性病研究实验方法及其改良法：血清不加热的反应素实验（unheated serum reagin test，USR）和快速血浆反应素试验（rapid plasma reagin circle card test，RPR）。第二类为螺旋体血清学试验，是以死的或活的梅毒螺旋体或其成分为抗原检测特异性的抗梅毒螺旋体抗体，此类试验虽然特异性、敏感性较高，但试验复杂，不易推广，主要用于疑难病症诊断和鉴别生物性假阳性反应。

血清不加热的反应素实验（USR）

【原理】 本试验以纯心磷脂、卵磷脂及胆固醇等非特异性类脂质抗原，经稀释、离心沉淀、于沉淀中加入 EDTA（使抗原不易变性）、氯化胆碱（化学性灭活补体）和防腐剂，使血清反应素不必加热灭活所进行的血清学反应，称为血清不加热的反应素实验（USR），也称为性病研究实验室试验（venereal disease research laboratory test，VDRL）。

【材料】

（1）抗原 USR 试剂。

（2）待检血清标本，不必灭活。

（3）玻片、1ml 注射器、平头针头、45 滴/毫升。

【方法】

1. 玻片定性试验

（1）取待检血清 0.05ml 加入玻片上红蜡笔画的直径为 14mm 圆圈内。

（2）用 1ml 注射器加上专用针头，吸取 USR 试剂后垂直加入标本 1 滴。

（3）手摇或振荡 4 分钟，立即在 3 分钟内观察完毕。可用肉眼直接观察。

2. 玻片定量试验 将原血清作对倍稀释，从 1：2 至 1：64，按定量方法操作。结果判定如下：

＋＋＋＋～＋＋＋：肉眼可见大的或较大的块状物。

＋＋：可见小块状物，悬液清亮。

＋：镜下为小块状物，均匀分布。

±：颗粒不规则分布，或呈细小粗糙物。

—：颗粒细小，分布均匀。

快速血浆反应素纸片试验（RPR）

本法是 USR 的改良法，除具备 USR 的优点外，患者血清、血浆均可用于试验，因在 USR 中加入高纯度的胶性碳，可与阳性血清发生黑色凝块，所以不用显微镜就能准确判断结果。

【材料】

（1）抗原 RPR 试剂。

（2）RPR 试验纸片，每张有 12 个圈。

（3）待检血清标本或血浆标本，不必灭活。

（4）1ml 注射器、平面针头、60 滴/毫升。

【方法】

1. 血清定性试验

（1）吸取待检血清或血浆 0.05ml 加在圈内，并扩展至整个圈。

（2）将 RPR 悬液摇匀，用注射器吸取后于每个标本上加 1 滴。

（3）转动 8 分钟，防止蒸发，加盖。

（4）在明亮的光线下肉眼观察结果。

2. 血清定量试验 定性试验阳性或弱阳性者，必须做定量试验。方法是将血清用生理盐水作对倍稀释，从 1：2 至 1：32，按定量方法操作。若效价高于 1：32，则应测 1：64，1：128……稀释度。以最高稀释度达到阳性或弱阳性反应作为效价。结果判定如下：

＋：可见中等或大的凝集块。

±：可见小凝集块。

—：无块状或极少数颗粒聚集成粗糙物。

实验十五 真菌、放线菌的培养方法与形态观察

一、真菌的培养和形态观察

真菌是一大类不含叶绿素，无根、茎、叶分化，由单细胞或多细胞组成，行有性或无

性繁殖的真核细胞型微生物。真菌的种类繁多，大多对人类有利，仅少数对人和动物致病。真菌的微生物学检查，通常采用直接镜检和培养检查，根据真菌特殊的菌丝和孢子形态来确定真菌的种类。

（一）真菌的培养方法

【材料】

1. 标本 皮肤丝状菌、白假丝酵母菌、新型隐球菌、青霉菌。

2. 材料 载玻片、盖玻片、培养皿、滤纸片、U 形管、酒精灯、毛细滴管、22～28℃温箱、显微镜。

3. 试剂 10%氢氧化钠（钾）溶液、乳酸酚棉蓝染液、中性树胶、50%甘油、石蜡。乳酸酚棉蓝染液：结晶酚 20g、乳酸 20mL、甘油 40ml、棉蓝 0.05g、蒸馏水 20ml，依次加入混匀，微加温促使溶解，冷却后即可使用。

4. 培养基

（1）沙保培养基：葡萄糖 4g、蛋白胨 1g、琼脂 1.8g、蒸馏水 100ml。上述成分混合后熔化，用纱布过滤，经高压蒸汽灭菌后备用。

（2）玉米琼脂培养基：玉米面 20g、琼脂 10g、蒸馏水 500ml。将上述成分混合、煮沸、搅拌，经多层纱布过滤，分装小三角瓶或试管，经高压蒸汽灭菌后备用。

【方法】

1. 一般培养法 将酵母及类酵母真菌以划线法接种于沙保（或玉米）培养基上，丝状菌（毛皮检材）以接种钩勾取材料，点种在沙保培养基上（不用划线）。用熔化石蜡封管口棉塞，于 22～28℃的温度下培养（深部真菌可培养于 37℃环境），1 周后观察生长情况。可出现三种菌落：

（1）酵母型菌落：是单细胞真菌的菌落形式。与细菌菌落相似，呈圆形，表面光滑、湿润、柔软而致密、乳白或奶油色。

（2）类酵母菌落：是单细胞真菌的菌落形式。菌落表面同酵母型菌落，在菌落根部有假菌丝伸向培养基内生长，乳白色。

（3）丝状菌落：是多细胞真菌的菌落形式。由许多疏松的菌丝体构成，菌落呈棉絮状、绒毛状或粉末状、菌落中央有皱褶，外围有放射状沟，多为茶褐色。

2. 小培养法 小培养法是采用真菌培养板或普通载玻片进行真菌培养。培养物可直接于显微镜下检查，也可经染色后观察。

（1）将已灭菌的培养皿（内含滤纸片、U 形管、载玻片、盖玻片）打开。

（2）取培养皿内载玻片，滴一滴已灭菌并冷却至 50℃左右的培养基，待凝固后，接种待检真菌少许，盖上盖玻片，放回 U 形管上，盖上皿盖（图 1-2-15）。

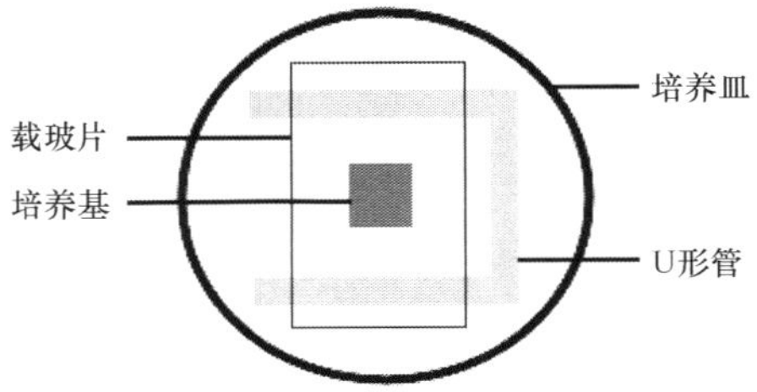

图 1-2-15 真菌小培养构造示意图

（3）取无菌的 50%甘油倒于上述培养皿内使滤纸浸润。整个过程要无菌操作。

（4）28℃培养，一天后逐日观察生长情况。5～7 天后肉眼可见大量气中菌丝产生。

（5）轻轻取下盖玻片，使气中菌丝附在盖玻片上，将盖玻片通过火焰 2～3 次，使培养物固定。滴加乳酸酚棉蓝染液于带菌丝的盖玻片上，染色 4～6 小时后，倾去染液，略用细水冲洗，置 37℃温箱充分烘干，以中性树胶封片保存。

（二）真菌的形态观察

1. 小培养法观察 小培养物染色后可对各种菌丝和孢子进行形态鉴定，各种菌丝和孢子的特征如图 1-2-16。

2. 玻片标本的观察

（1）白假丝酵母菌棉蓝染色片：观察假菌丝和顶端圆形的厚膜孢子。

（2）皮肤丝状菌不染色片：观察菌丝和大分生孢子（梨形、2～4 个分隔、壁薄而光滑）。

（3）青霉菌棉蓝染色片：观察分枝菌丝和帚状孢子。

（4）新型隐球菌墨汁负染色片：观察芽生孢子和厚荚膜。孢子内有较大的反光颗粒（脂质颗粒）和许多小颗粒。厚荚膜透明，厚度可与菌体直径相似。

- 病原性真菌的菌丝
  - 结构特点
    - 有隔菌丝
    - 无隔菌丝
  - 生长特点
    - 营养菌丝
    - 气中菌丝(生殖菌丝)
  - 特殊形态
    - 梳状菌丝
    - 螺旋菌丝
    - 球拍状菌丝
    - 鹿角状菌丝
    - 结节状菌丝
    - 假菌丝
- 病原性真菌的无性孢子
  - 叶状孢子(芽生孢子、关节孢子、厚膜孢子)
  - 分生孢子(大分生孢子、小分生孢子)

图 1-2-16 小培养法染色真菌形态观察

（三）浅部真菌病临床标本（皮屑）检查

浅部真菌病临床上极为常见，包括各种各样的毛发、指（趾）甲及皮肤癣，其在检查方面多采用直接镜检。

1. 标本的采取 标本采取前，应忌用药。发癣患者，可用拔毛镊子拔取脆而无光泽、易折断或带有白色菌鞘的病损部毛发，手、足、体、股癣宜用钝刀轻轻刮取损害部位边缘皮屑，甲癣可用小刀刮取病损指（趾）甲深层碎屑。

2. 标本制作 取少许皮屑或毛发标本于载玻片上，滴加 10%氢氧化钠（钾）溶液 1 滴，加盖玻片，置火焰上微微加热（以角质细胞溶解，标本透明为宜），用镊子或接种环柄轻轻加压盖玻片，使皮屑铺开变薄，驱除气泡，用滤纸吸取周围溢液。

3. 观察 将制好的标本片置镜下，先低倍镜下观察，如疑为菌丝孢子，将此视野转向高倍镜下观察，光线宜稍暗。也可采用棉蓝染色后观察，可见分枝菌丝穿过多个角质细胞，菌丝周围有许多圆形小孢子。

二、放线菌形态的观察

放线菌（actinomyces）是同细菌相似的原核细胞型微生物，以裂殖方式繁殖，呈分枝状、丝状。本菌广泛存在于土壤中，大多数为腐物寄生菌，有一部分可产生抗生素，少数对人致病，可引起面颈部、肺部坏死与脓肿等。

1. 牛型放线菌病灶组织切片观察 放线菌在病灶中，常形成肉眼可见的黄色小颗粒，称为硫磺颗粒。此颗粒放在玻片上加一盖玻片轻轻压平，置于高倍镜下观察，可见此颗粒是由纤维分枝交织的菌丝体组成，菌丝末端常有胶体鞘，棒状，向四周伸展呈菊花状。

2. 放线菌的菌落、菌丝及孢子形态观察 接种于牛肉或脑、心浸出液琼脂平板上的放线菌，置厌氧环境（95%N_2加 5%CO_2）于 37℃，3～6 天观察。形成坚实的菌落，其表面有皱褶，产生黄、橙、红、紫等各种颜色。在血平板上，放线菌成灰白色或淡黄色边缘不规则的小菌落，不溶血。

生长在培养基中的放线菌菌丝称为基内菌丝或营养菌丝，基内菌丝的菌丝体呈黄、橙、红、紫、蓝、绿、灰、褐、黑等各种颜色。由基内菌丝向空间长出者称为气生菌丝体。气生菌丝体发育到一定阶段可形成的孢子丝有直、波曲、螺旋、轮生等形状。孢子丝长到一定阶段形成的孢子具有不同的形状，有球形、椭圆形、圆形、杆形、柱形、瓜子形等。

实验十六 用 PCR 方法检测病原微生物

【原理】 多聚酶链反应（polymerase chain reaction，PCR）是一种体外 DNA 扩增技术。此法操作简单，可在短时间内使目的 DNA 扩增几万倍。

PCR 技术类似于 DNA 的天然复制过程，其特异性依赖于与靶序列两端互补的寡核苷酸引物。PCR 由变性→退火→延伸三个基本反应步骤构成：①模板 DNA 的变性：模板 DNA 经加热至 93℃左右一定时间后，使模板 DNA 双链或经 PCR 扩增形成的双链 DNA 解离，使之成为单链，以便与引物结合，为下轮反应做准备；②模板 DNA 与引物的退火（复性）：模板 DNA 经加热变性成单链后，温度降至 55℃左右，引物与模板 DNA 单链的互补序列配对结合；③引物的延伸：DNA 模板-引物结合物在 TaqDNA 聚合酶的作用下，以 dNTP 为反应原料，靶序列为模板，按碱基配对与半保留复制原理，合成一条新的与模板 DNA 链互补的半保留复制链。重复循环变性→退火→延伸三过程，就可获得更多的“半保留复制链”，而且这种新链又可成为下次循环的模板。每完成一个循环需 2～4 分钟，2～3 小时就能将待扩目的基因扩增放大几百万倍。

【材料】

（1）无菌双蒸水。

（2）10×PCR 反应缓冲液。

（3）25mmol dNTP 混合液。

（4）引物 1、引物 2 各 50pmol/μl。

（5）模板 DNA。

（6）5U/μl Taq DNA 聚合酶。

（7）其他：石蜡油、溴化乙啶等。

【仪器】

（1）PCR 扩增仪。

（2）电泳仪。

（3）紫外线分析仪。

【方法】

（1）在 0.2ml 离心管中加入以下成分，混匀。

10×PCR 反应缓冲液	10μl
引物 1	1μl
引物 2	1μl
模板 DNA	10μl
dNTP 混合液	0.8μl
Taq	1μl
无菌双蒸水	至 100μl

加 100μl 石蜡油，防止样品水分蒸发。

（2）将反应管置于 PCR 扩增仪中，94℃变性 3 分钟，然后按 94℃变性 30 秒→55℃退火 30s→72℃延伸 1 分钟，循环 35 次后，72℃延伸 5 分钟。

（3）反应完成后，取 10μl PCR 扩增液，加至 2%琼脂糖凝胶中进行电泳，30～60 分钟后，置紫外线分析仪下观察扩增结果。

第三章　人体寄生虫学基础实验

实验一　总论　线虫（1）

一、线虫概述

线虫属线形动物门的线虫纲（class nematoda）一般为线样圆柱形，不分节，两侧对称。雌雄异体，雄虫一般较雌虫小，尾部向腹面卷曲或有交合附器。雌虫尾部较直，具有完整的管状消化道。体壁可分为角皮层、皮下层和肌层。在体壁内侧和器官表面无体腔膜，故称为原体腔或假体腔，其中充满液体，器官浸于其中。原体腔液不仅是虫体营养物质、氧及代谢产物的交换场所，而且因具有流体静压特点而有支架功能，在线虫生理上有重要作用。

常见致病的线虫约有十余种，如钩虫、丝虫、蛔虫、旋毛虫、鞭虫、蛲虫、结膜吸吮线虫、美丽筒线虫、棘颚口线虫、粪类圆线虫等。

二、似蚓蛔线虫

似蚓蛔线虫（*Ascaris lumbricoides*）简称蛔虫（round worm），是寄生于人体肠道的最大线虫，成虫寄生于小肠上段，可引起蛔虫病（ascariasis）和严重并发症。

【学习要点】 蛔虫成虫寄生在人体小肠内。虫卵随粪便排出，在外界发育为感染期卵，被人食入后，幼虫在小肠里孵出，侵入肠壁静脉血管，移行至肺、气管、咽，再回到消化道发育为成虫。其形态为圆柱形，活时为肉红色，死后为灰白色。两端尖细，体表光滑有环纹。雌虫较大，尾端尖细而直，雄虫尾端向腹面卷曲。

【目的要求】

（1）掌握蛔虫卵（受精卵、未受精卵、脱壳卵）的形态特征。

（2）认识蛔虫成虫。

（3）了解蛔虫的寄生部位、感染阶段和感染方式。

（4）掌握粪便直接涂片检查法的操作步骤。

【项目与方法】

1. 教学录像　《蛔虫》。

2. 自己观察　取蛔虫卵玻片标本，用低倍镜寻找蛔虫卵，将虫卵移到视野的中心，然后换高倍镜观察（图 1-3-1）。

（1）受精卵：呈宽椭圆形、棕黄色，大小为 60μm×45μm。卵壳厚，外被凹凸不平的蛋白质膜，内含一个圆形的卵细胞，在新鲜标本内卵细胞的两端与卵壳之间各有一新月形空隙。

（2）未受精卵：长椭圆形，卵壳较薄，外被凹凸不平的蛋白质膜，内含反光较强的颗粒。

（3）脱蛋白质膜蛔虫卵：蛔虫卵有时外层蛋白质膜可脱掉，成为脱蛋白质膜蛔虫卵，无色透明，卵壳光滑，易与钩虫卵相混淆，应注意鉴别，以免误诊。

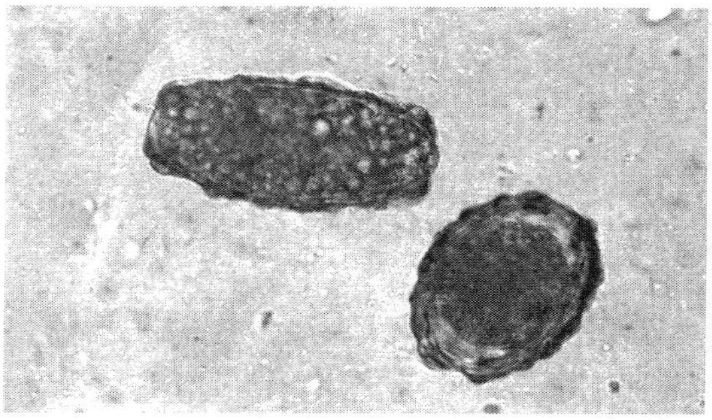

图 1-3-1 左上为未受精蛔虫卵，右下为受精蛔虫卵

3. 示教

（1）蛔虫成虫：用肉眼观察，应注意其外形、大小、颜色、雌雄的区别等。

成虫为长圆柱形，活时略带粉红色，死后为灰白色。虫体的两侧各有一条白色的侧线。前端有唇瓣三片，呈“品”字形排列。雄虫较小，尾端向腹面弯曲。雌虫较大，尾部直，在前中 1/3 交界处腹面有一生殖孔（阴门）。

（2）蛔虫生活史（瓶装标本）注意成虫的寄生部位、感染阶段和感染方式（图 1-3-2）。

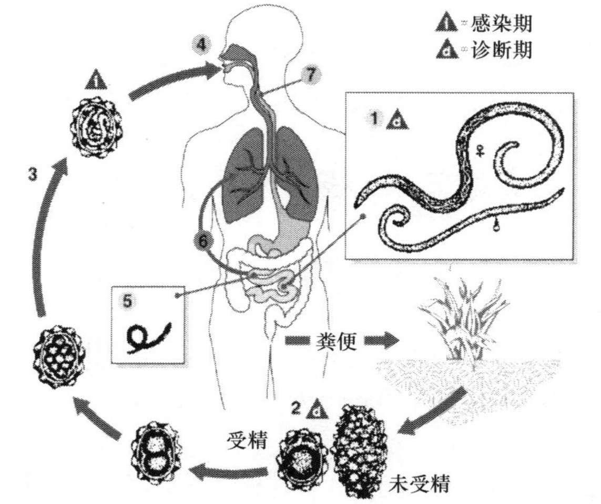

图 1-3-2 蛔虫生活史

（3）蛔虫含蚴卵：是蛔虫的感染阶段，注意卵内含有一条盘曲的幼虫。

（4）蛔虫唇瓣（侧面和顶端观），注意三唇瓣的排列方式。这是蛔虫的特征之一，是鉴别蛔虫童虫的一个重要依据。

（5）眼蛔虫病一例（童虫自眼泪小点钻出）

患儿，女性，1 岁，因发热，咳嗽 3 天而入市立儿童医院。

住院期间，某早晨家长发现患儿右眼泪小点处，有一小白虫露出，正在蠕动，随即赴市立第二医院眼科急诊。

既往史：患儿在数日前曾呕吐出一些白线样的虫子，当时除口腔外，鼻腔中亦有数条。

检查：患儿神志清醒，右眼泪小点处有一白色虫体，一端露在外面，粗约 1mm，露出部分长约 5mm，不停地摆动。

处理：用两把镊子接力式地自泪小点处缓缓拉出，共取出一条长 7～8mm、粗约 1.5mm 的白色小虫。

诊断：经鉴定为蛔虫的童虫。

（6）一大缸蛔虫（304 条）从一个 6 岁蛔虫性肠梗阻患儿肠中取出的标本。

4. 技术操作

（1）粪便直接涂片法：此法简便易行，临床常用，适于检查蛔虫卵、鞭虫卵等。

方法步骤：滴一滴生理盐水于洁净的载玻片上，用竹签或牙签挑取绿豆大小的粪便块，在生理盐水中涂抹均匀；涂片的厚度以透过涂片隐约可辨认书上的字迹为宜。一般在低倍镜下检查，如用高倍镜观察，需加盖盖玻片。

（2）注意事项：①所涂粪膜的厚度应以透过粪膜隐约可见印刷字迹为宜，如粪膜过厚，影响透光，妨碍观察，而过薄又影响虫卵的检出率。观察前粪膜上应加一盖玻片，以防污染镜头。②应注意虫卵与粪便中杂物的鉴别。虫卵具有特定形状、卵壳结构、颜色、大小和内含物。③观察完毕，将涂片先用水冲去粪便，并投入来苏水中浸泡消毒。

【作业】

绘图：①受精蛔虫卵；②未受精蛔虫卵。

【思考题】

（1）粪便检查是否可以诊断所有的蛔虫感染？为什么？

（2）蛔虫卵蛔甙层的生理意义是什么？

实验二　线　　虫（2）

一、钩　　虫

钩虫（hookworm）是钩口科线虫的统称，发达的口囊是其形态特征。寄生人体的钩虫主要有两种：十二指肠钩口线虫（*Ancylostoma duodenale*）和美洲钩口线虫（*Necator americanus*）。

【学习要点】 钩虫成虫寄生人体小肠内。虫卵随粪便排出体外，在外界适宜条件下杆状蚴孵出并发育到感染期（丝状蚴），经皮肤侵入人体，幼虫随血流至肺，经气管、咽，再回到小肠而发育为成虫。其传播与鲜粪施肥及耕作方式有关。十二指肠钩虫与美洲钩虫的成虫形态有显著差别，而虫卵相似。

【目的要求】

（1）掌握钩虫卵的形态特征，并注意与脱蛋白质膜受精蛔虫卵的区别。

（2）掌握两种钩虫成虫的形态特征，并能识别它们。

（3）了解钩虫在人体的寄生部位、感染阶段和感染方式。

（4）掌握饱和盐水漂浮法检查虫卵的操作步骤。

【项目与方法】

1. 教学录像　《钩虫》。

2. 自己观察　钩虫卵玻片标本：钩虫卵椭圆形，壳极薄而透明，大小与受精蛔虫卵相仿，卵内含 4～8 个细胞，在便秘者的粪便里，卵细胞可分裂至桑椹期。

先以低倍镜找到虫卵（寻找虫卵时应将光线调弱），将卵移至视野的中心，然后换高倍镜观察（图 1-3-3、图 1-3-4）。

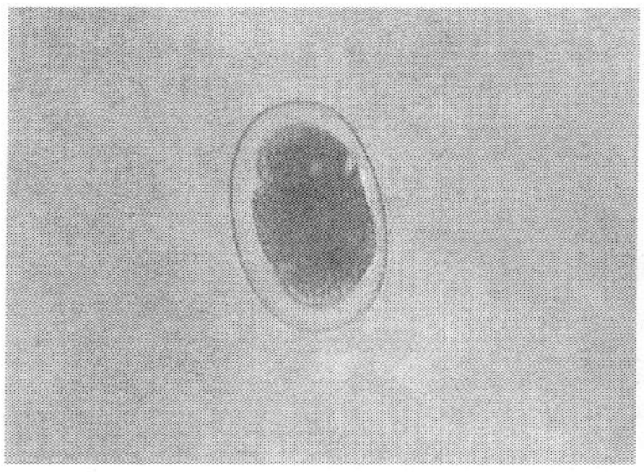

图 1-3-3　钩虫卵

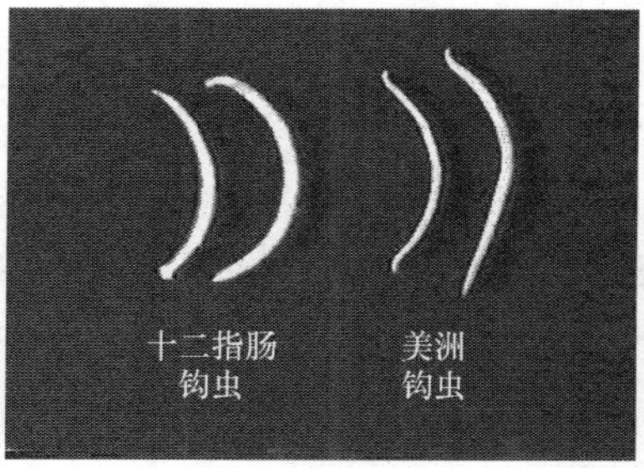

图 1-3-4　钩虫成虫

3. 示教

（1）钩虫卵。

（2）脱蛋白质膜受精蛔虫卵，易与钩虫卵相混淆，应注意鉴别，其区别点见表 1-3-1。

表 1-3-1　脱蛋白质膜受精蛔虫卵与钩虫卵的鉴别

鉴别点	脱蛋白质膜蛔虫卵	钩虫卵
卵壳	较厚	较薄
卵细胞	1 个	4～8 个
壳与卵细胞间的空隙	在卵细胞两端各有新月形间隙	在卵细胞周围均有间隙

（3）钩虫成虫玻片标本：成虫体细长，体壁略透明，前端向背侧仰曲，有一发达的口囊，口囊腹侧缘有钩齿或板齿。雌虫尾端直。雄虫尾端角皮后延膨大形成交合伞，内有交合刺一对。两种钩虫成虫主要鉴别点见表 1-3-2。

表 1-3-2　两种钩虫成虫的鉴别

鉴别点	十二指肠钩虫	美洲钩虫
大小	较大 ♀虫 1cm 左右，♂虫小于 1cm	较小
体态	前端与后端均向背侧弯曲，呈“C”字形	前端向背侧弯曲，后端向腹侧弯曲，呈“S”形
口囊	腹侧缘有两对钩齿	腹侧缘有一对半月形板齿
♂虫交合刺	两根、末端分开	两根、末端合并成一倒钩
♀虫尾刺	有	无

注：♀代表雌虫；♂代表雄虫。

（4）钩虫成虫寄生在小肠黏膜的大体标本，注意钩虫附着于肠黏膜的情况。

（5）钩虫丝状蚴为第三期幼虫，又称感染期幼虫，口腔已封闭，食管变长，虫体尾端尖细，体外常披有第二期杆状蚴脱下的旧皮。

（6）钩虫生活史（瓶装标本），注意钩虫在人体的寄生部位、感染阶段和感染方式。

（7）钩虫病患者的特殊症状——异嗜症。

严重的钩虫病患者可伴有异嗜症，喜吃生米、头发、花生皮、纸屑、木炭、土块、瓦块等物。

（8）示范：钩蚴培养法，具体方法详见统编教材实验诊断技术操作部分。

4. 技术操作

（1）饱和盐水漂浮法：利用饱和盐水比重比虫卵大的原理，使虫卵浮于液面，以提高检出率。此法不适于吸虫卵和未受精蛔虫卵的检查，因这些虫卵的比重较大，不易浮起。方法和步骤如下：

用竹签挑取黄豆粒大小的粪便置于漂浮杯（高 3.5cm，直径约 2cm）中，加入少量饱和盐水，用竹签将粪便调匀，再加饱和盐水至液面接近杯口时，改用吸管慢慢滴加，使液面略高于杯口但不溢出为宜，在杯口覆盖一载玻片，静置 15 分钟后，将载玻片提起并迅速翻转，镜检（图 1-3-5）。

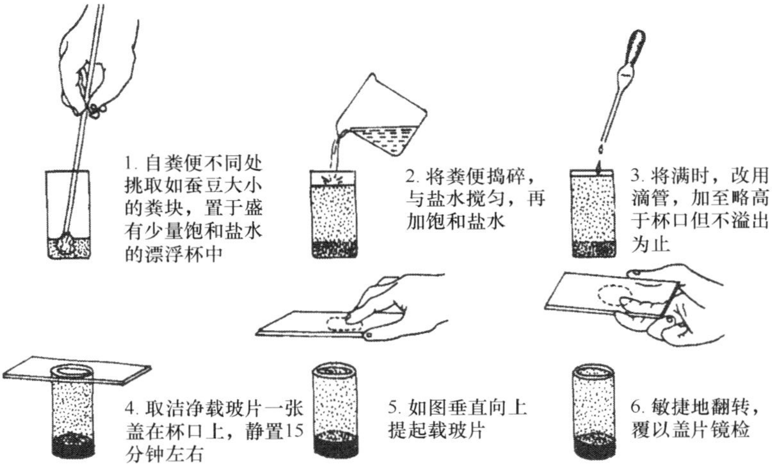

图 1-3-5　饱和盐水浮聚法

（2）饱和盐水配制：将食盐徐徐加入盛有沸水的容器内，不断搅动，直至食盐不再溶解为止。

（3）注意事项

1）查钩虫卵时粪便应新鲜，因钩虫卵在适宜的温度下，经 1～2 天就可孵出幼虫。

2）粪便量不宜过少，一般约花生米粒大小。

3）缓慢滴加饱和盐水至液面略高出杯口，以不溢出为度。

4）翻转玻片时，勿将粪液滴落，以免影响检出率。

二、蠕形住肠线虫（蛲虫）

蠕形住肠线虫（*Enterobius vermicularis*）又称蛲虫（pinworm），可引起蛲虫病

(enterobiasis),呈世界性分布,儿童感染较为普遍。

【学习要点】 蛲虫主要寄生在人体回盲部,雌虫在肛门周围产卵,卵经短时间发育为感染性卵,经口感染,而且有自身感染现象。

【目的要求】

(1) 掌握蛲虫成虫及虫卵的形态。

(2) 了解蛲虫的寄生部位、产卵方式,以及用透明胶纸检查烧虫卵的方法。

【项目与方法】

1. 自己观察

(1) 蛲虫卵玻片标本:蛲虫卵为柿核形,一边凸出,一边扁平,卵壳厚,无色透明,卵内含有一条幼虫 (图 1-3-6)。因虫卵无色透明,故应将光圈缩小,以便于寻找,找到后移至视野的中心,换高倍镜观察。

(2) 蛲虫成虫玻片标本:肉眼观察成虫,注意其大小、形状及颜色等。

2. 示教

(1) 蛲虫前端 (玻片标本):蛲虫无论雌雄,其前端有颈翼 (图 1-3-7),食管末端有食管球,这两个结构是鉴定蛲虫的重要依据。

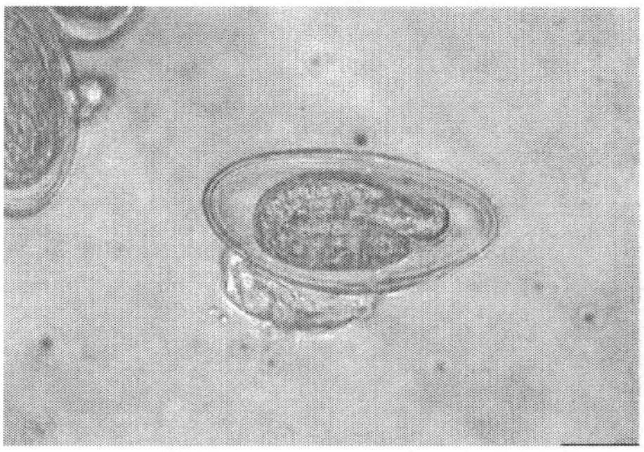

图 1-3-6 蛲虫卵

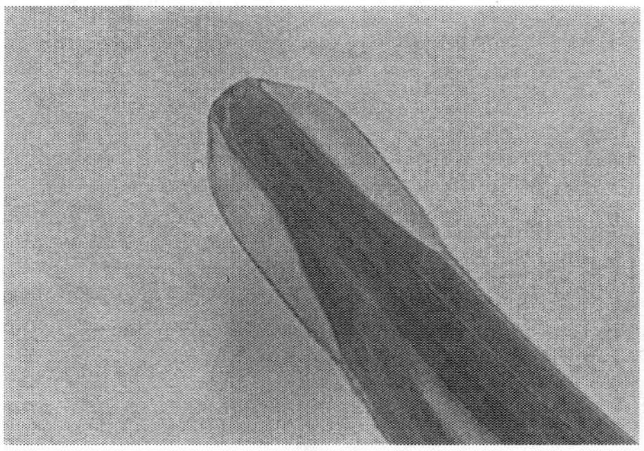

图 1-3-7 蛲虫成虫前端 (示颈翼)

(2) 蛲虫的生活史 (瓶装标本):注意蛲虫的寄生部位、感染阶段和真实成虫形态。

(3) 蛲虫卵 (透明胶纸法):注意虫卵内已含有发育成熟的幼虫,这种虫卵具有感染性。

3. 技术操作 透明胶纸检查蛲虫卵,方法简便易行 (详见教材实验诊断技术操作部分),但应注意下列几点:

（1）检查应在清晨排便前，检查前勿清洗肛门。

（2）检查时应使受检者的肛门充分暴露，肛周皮肤皱褶尽量展平。胶面应紧贴肛周皮肤。

（3）检查完毕应彻底洗手，以免虫卵污染手指而误食。

（4）镜检时应调暗光线，注意蛲虫卵与气泡的区分。

三、毛首鞭形线虫（鞭虫）

【学习要点】 毛首鞭形线虫（*Trichuris trichiura*）成虫主要寄生于人体回盲部，虫卵随粪便排出体外，在外界适宜条件下发育为感染期卵（含蚴卵），被人吞食后，幼虫在小肠内孵出，钻入肠黏膜短时发育再移行至回盲部发育为成虫。

【目的要求】

（1）掌握鞭虫卵和成虫的形态。

（2）了解其生活史。

【项目与方法】

1. 自己观察 鞭虫卵玻片标本：比蛔虫卵小，呈腰鼓形，黄褐色，卵的两端各有一个透明盖塞，卵内含一未分裂的卵细胞（图 1-3-8）。

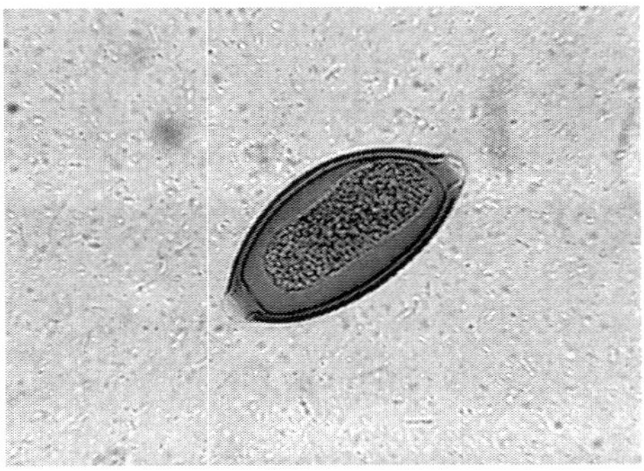

图 1-3-8 鞭虫卵

2. 示教

（1）鞭虫成虫（瓶装标本）：成虫形似马鞭，前段纤细，后段较粗，雌虫尾部钝直，而雄虫尾部向腹面卷曲（图 1-3-9）。

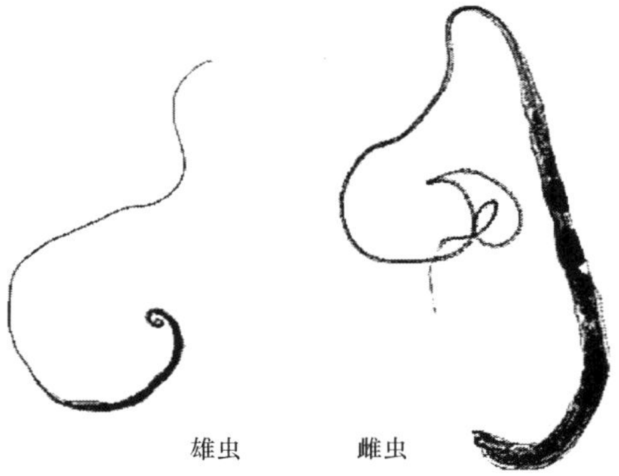

图 1-3-9 鞭虫成虫

（2）鞭虫的生活史：注意鞭虫的寄生部位、寄生方式、感染阶段和感染方式。

【作业】

绘图：①钩虫卵；②蛲虫卵；③鞭虫卵。

【思考题】

（1）比较十二指肠与美洲钩虫成虫的形态区别。

（2）比较饱和盐水漂浮法和钩蚴培养法诊断钩虫感染的优缺点。

（3）钩虫卵计数在临床上有什么意义？

（4）怎样发现钩虫感染者？怎样确定所感染钩虫的种类？漂浮法检查钩虫卵的原理是什么？

（5）为什么蛲虫病诊断不用粪便检查？

（6）在透明胶纸法检查未发现蛲虫卵时，还可用什么方法诊断蛲虫感染？

（7）蛲虫感染的流行病学特点是什么？

（8）注意鞭虫的成虫及卵形态有何突出的特征？

（9）钩虫、蛔虫和鞭虫的生活史有何异同点？

实验三　线　　虫（3）

一、班氏吴策线虫及马来布鲁线虫

我国仅有班氏吴策线虫（*Wuchereria bancrofti*，班氏丝虫）和马来布鲁线虫（*Brugia malayi*，马来丝虫）。

【学习要点】　班氏丝虫及马来丝虫寄生在人体淋巴系统内，雌虫产出微丝蚴，夜间出现于外周血液中。幼虫在中间宿主蚊体内发育为感染期幼虫后，通过蚊的叮咬经皮肤而使人感染。

【目的要求】

（1）认识微丝蚴的一般形态，掌握班氏和马来微丝蚴的形态区别。

（2）了解淋巴丝虫生活史的基本过程。

（3）掌握丝虫感染的诊断方法和厚血膜标本的制作方法。

【项目与方法】

1. 教学录像　《丝虫》。

2. 自己观察

（1）班氏微丝蚴玻片标本：班氏微丝蚴经瑞氏或姬氏染色后可观察到其内部结构。先用低倍镜寻找微丝蚴（视野见到的小点是白细胞的残核，细长弯曲的微丝蚴分布其间），然后再换高倍镜观察其内部结构。

微丝蚴呈蛇形，前端钝圆，后端尖细，体外披有一层鞘膜，体内有许多细胞核称体核。前端无体核的部分称头间隙，班氏微丝蚴的头间隙较短，体核圆形，大小相等，粒粒可数，虫体前 1/5 处无体核处为神经环，无尾核（图 1-3-10）。

（2）马来微丝蚴玻片标本：马来微丝蚴头间隙较长，体核椭圆形，大小不等，相互重叠，难以数清，有两粒尾核（图 1-3-11）。

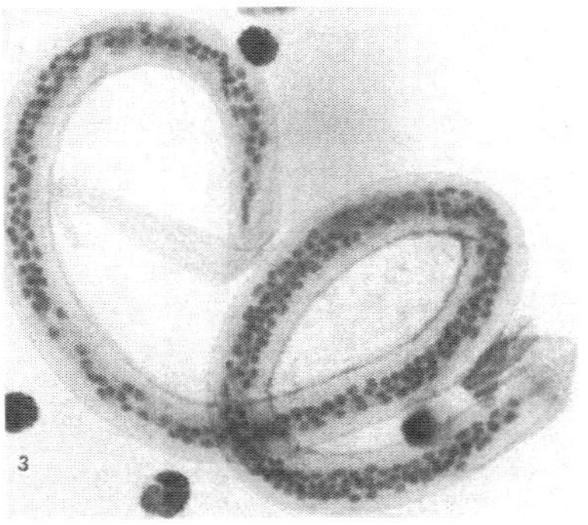

图 1-3-10 班氏微丝蚴

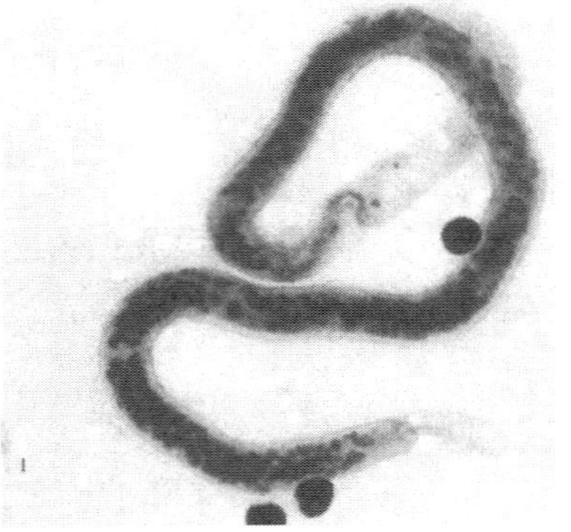

图 1-3-11 马来微丝蚴

3. 示教

（1）班氏微丝蚴。

（2）马来微丝蚴：注意与班氏微丝蚴的区别（表 1-3-3）。

表 1-3-3 两种微丝蚴的形态区别

区别点	班氏微丝蚴	马来微丝蚴
大小	较大	较小
体态	弯曲自然，柔和	弯曲不自然，僵直
头间隙	较短，长宽之比为 1∶1	较长，长宽之比为 2∶1
体核	大小相等，粒粒可数	大小不等，相互重叠不易数清
尾核	无	有 2 个

（3）感染期幼虫：长约 1mm，正从蚊喙内逸出。

（4）丝虫生活史：注意成虫寄生部位，传播媒介（班氏丝虫的传播媒介——淡色库蚊，马来丝虫的传播媒介——中华按蚊）和感染方式。

（5）丝虫病慢性期体征阴囊象皮肿标本——附典型病例。

患者王某某，25 岁，山东邹县人，务农，未婚。

病史：于 5 年前（1949）在阴囊内发现一结节，此后两侧腹股沟处出现结节，平时无压痛，但劳累后，结节常红肿、疼痛，数日后自愈，呈间歇发作。阴囊及其附近的结节逐渐增大。3 年前阴囊肿大如拳，近两年肿大加速，大如篮球。

体检：

淋巴系统：左侧腋下淋巴结肿大如蚕豆，右侧无。两侧腹股沟股部淋巴结均肿大如蚕豆，无压痛，质软，无粘连。

生殖系统：阴囊肿大如篮球，重约 10 余公斤，已将阴茎包入其内，阴囊皮肤粗糙如象皮。两侧精索均增粗，左侧粗如小指，右侧粗如食指，表面有小结节。

四肢：无肿胀。

处理：手术治疗（附治疗前与治疗后的照片）。

4. 技术操作——厚血膜法查微丝蚴 取血应在夜间 9 点以后，次晨 2 点以前。方法如下：

厚血膜检查：厚血膜的制作、溶血、固定与姬氏液染色见本教材疟原虫部分。但需取血 3 滴。

注意事项：

（1）血量要足（三大滴，约 60mm^3），避免血量少而漏检。

（2）载玻片要干净，涂的血膜边缘要整齐，厚薄要均匀。

（3）编号要清楚以免误诊。

二、旋毛形线虫（旋毛虫）

【学习要点】 旋毛虫（*Trichinella spiralis*）成虫和幼虫寄生在同一宿主体内，不需在外界发育。成虫寄生在人、猪、鼠等 120 余种哺乳动物小肠内，幼虫寄生在其横纹肌内，因食含有活幼虫的肉而感染，在小肠内发育为成虫，雌虫产出幼虫经血循环散布于全身组织、器官，但只有侵入横纹肌内的幼虫能进一步发育。

【目的要求】

（1）掌握旋毛虫成虫及幼虫的形态。

（2）了解旋毛虫生活史。

【项目与方法】

1. 自己观察 幼虫肌肉压片标本：幼虫细长，大小为 124μm×6μm。在横纹肌内形成梭形囊包，囊包的长轴与横纹肌纤维平行，囊内含 1～2 条幼虫（图 1-3-12）。

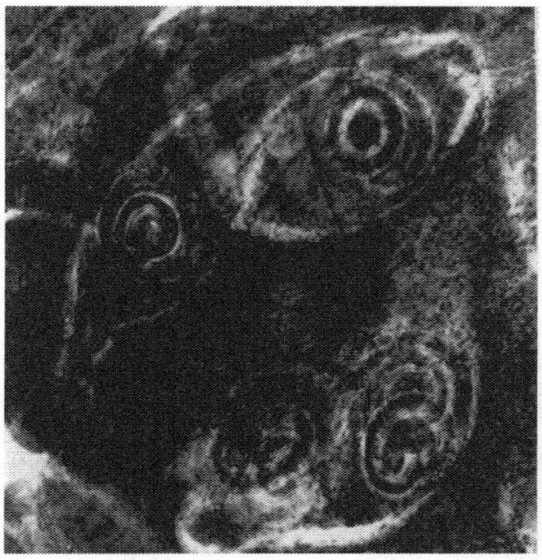

图 1-3-12 旋毛虫幼虫（肌肉压片）

2. 示教 成虫：虫体细长，雄虫大小（1.4～1.5）mm×0.04mm，雌虫为 3～4mm。咽管后段的背面有一列圆盘状杆细胞。雌雄生殖器官均为单管型。

【作业】

绘图：①班氏微丝蚴；②旋毛虫幼虫。

【思考题】

（1）用厚血片诊断丝虫感染应注意什么？

（2）班氏微丝蚴与马来微丝蚴的形态区别是什么？

（3）丝虫和旋毛虫的生活史与其他线虫有什么区别？

实验四　吸　　虫（1）

吸虫成虫为雌雄同体（日本血吸虫除外），背腹扁平，两侧对称，呈叶状或舌状（血吸虫雌虫为圆柱形）；有口腹吸盘，消化道不完整，有口无肛门。

一、华支睾吸虫

【学习要点】 华支睾吸虫（*Clonorchis sinensis*）寄生于人或猫、狗的肝胆管内，可引起华支睾吸虫病（clonorchiasis）。虫卵随胆汁排至肠腔，随粪便排出体外，虫卵入水后被第一中间宿主（沼螺、涵螺或豆螺等）吞食，毛蚴在螺体内孵出，经胞蚴、雷蚴、尾蚴各期发育。尾蚴自螺体逸出，再侵入第二中间宿主淡水鱼内形成囊蚴，人因生食或半生食淡水鱼而感染。猫、狗等为本虫的保虫宿主。

【目的要求】

（1）掌握华支睾吸虫虫卵和成虫的形态特征。

（2）了解华支睾吸虫的生活史。

（3）了解华支睾吸虫对人体的危害和华支睾吸虫病的诊断的方法。

【项目与方法】

1. 教学录像 《华支睾吸虫病》。

2. 自己观察

（1）华支睾吸虫卵玻片标本：华支睾吸虫卵是寄生人体的蠕虫卵中最小的。在低倍镜下其大小和形态似一粒芝麻。高倍镜下如西瓜籽，卵壳较厚，黄褐色，卵的一端有小盖，另一端有一小棘，卵内有一毛蚴（图 1-3-13）。

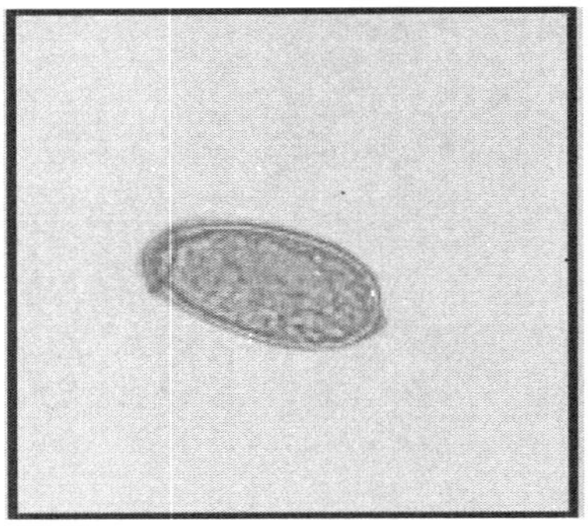

图 1-3-13　华支睾吸虫卵

（2）华支睾吸虫成虫玻片标本：肝吸虫外形如葵花籽状，虫体较薄半透明，前端较细，后端钝圆，虫体大小为（10～25）mm×（3～5）mm，镜下见，口吸盘略大于腹吸盘，腹吸盘在虫体前 1/5 处。口吸盘在虫体最前端，下接咽及短食管，然后分叉，延伸至虫体的末端形成盲端，有口无肛门。雌雄同体，两分支的睾丸前后排列在虫体的后 1/3，染成深红色。卵巢边缘分叶，位于睾丸之前，大而囊状的受精囊在睾丸与卵巢之间，卵巢与腹吸盘之间是盘曲充满虫卵的子宫，卵黄腺在虫体中部的两侧，染成棕黄色。生殖孔在腹吸盘前方（图 1-3-14）。

（3）鱼肌肉中肝吸虫囊蚴玻片标本：呈椭圆形或圆形，内含幼虫，排泄囊内含微细折光颗粒（图 1-3-15）。

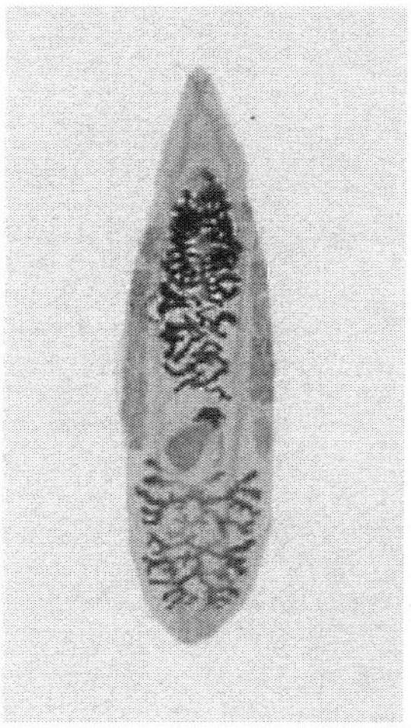

图 1-3-14 华支睾吸虫囊蚴

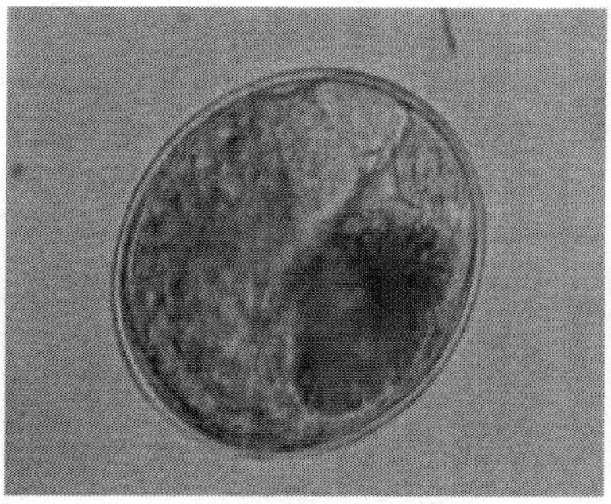

图 1-3-15 华支睾吸虫成虫

3. 示教

（1）肝吸虫成虫

1）自然状态：未染色标本，观察肝吸虫的大小、外形、颜色等。

2）染色玻片标本：观察体内雌雄生殖系统及消化系统。

（2）肝吸虫的中间宿主：第一中间宿主豆螺、涵螺及第二中间宿主淡水鱼。

（3）感染阶段：淡水鱼肌肉内的囊蚴，呈椭圆形，大小为 138μm×115μm，囊壁双层，排泄囊明显。

（4）肝吸虫寄生的猫肝大体标本：注意成虫在肝内的寄生部位，肝脏的病理变化。

（5）生活史各期：毛蚴、胞蚴、雷蚴、尾蚴。

（6）示范：肝吸虫病的诊断方法——粪便氢氧化钠消化法

4. 技术操作 鱼肉压片检查囊蚴：将感染有华支睾吸虫囊蚴的鲤科淡水鱼（常用麦穗鱼）放在洁净的培养皿内，用小刀轻轻刮去鱼鳞，然后用小镊子撕去鱼皮，从鱼背部取肌肉一小块（绿豆粒大小），放在两玻片间用力压薄，用细线将载玻片两端扎紧，低倍镜下观察囊蚴形态（囊蚴绝大部分布在鱼体背部及肛区至尾鳍的基部），注意与其他吸虫的囊蚴（如猫后睾吸虫等）相鉴别。

二、布氏姜片虫

【学习要点】 布氏姜片虫（*Fasciolopsis buski*）简称姜片虫，可致姜片虫病（fasciolopsiasis）。该虫寄生在人或猪的小肠内，虫卵随粪便排出体外，毛蚴在水中孵出，侵入第一中间宿主扁卷螺，经过胞蚴、母雷蚴、子雷蚴与尾蚴各期发育，尾蚴从螺体逸出后，附着在水生植物媒介（如红菱等）的表面形成囊蚴，人因生食菱等水生植物吞入囊蚴而感染。姜片虫病的流行与养猪和水生植物的种植有密切关系。猪是最重要的保虫宿主。

【目的要求】

（1）掌握姜片虫虫卵和成虫的形态特征。

（2）了解姜片虫的生活史，注意囊蚴的存在部位。

【项目与方法】

1. 教学录像《姜片虫与姜片虫病》。

2. 自己观察

（1）姜片虫卵玻片标本：姜片虫卵是人体寄生蠕虫卵中最大的，大小为 135μm×85μm，淡黄色，卵圆形，卵壳薄而均匀，一端有小盖（图 1-3-16），但不明显，刚排出人体时，卵内含有一个卵细胞及 20～40 个卵黄细胞。

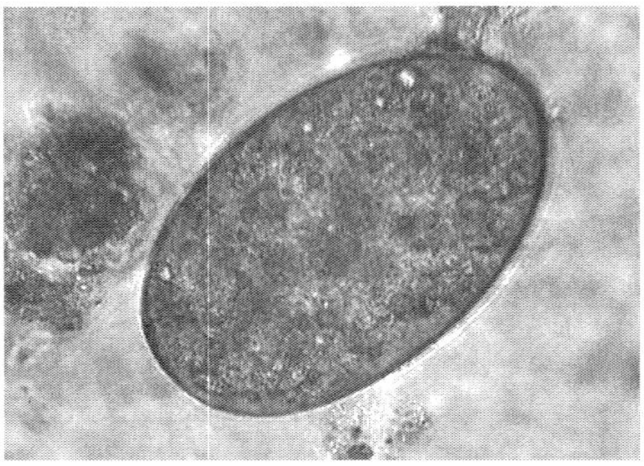

图 1-3-16　姜片虫卵

（2）姜片虫成虫染色标本：外形长椭圆形，长 20～75mm，宽 8～20mm。口吸盘亚顶位，直径 0.5mm。腹吸盘靠近口吸盘，肌肉发达，漏斗状，较口吸盘大 5 倍，肉眼可见。口下接咽及较短的食管，后分成两肠支呈波浪形向后延伸形成盲囊。两睾丸高度分支呈珊瑚状，前后排列于虫体后部；卵巢在睾丸前，缺受精囊，充满虫卵的子宫盘曲在腹吸盘与卵巢之间，卵黄腺在虫体两侧；生殖孔在腹吸盘前缘（图 1-3-17）。

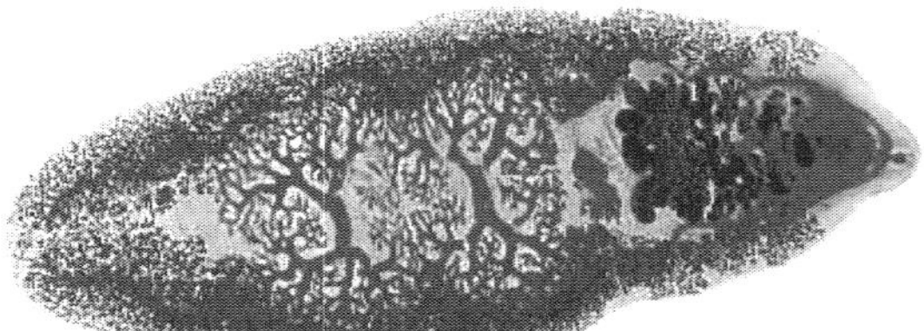

图 1-3-17　姜片虫成虫

3. 示教

（1）姜片虫自然状态：注意其大小、颜色、口吸盘及腹吸盘的位置。活时像生肉片。固定标本像生姜片，边缘深色区为卵黄腺，腹吸盘呈小洞穴状，明显可见。

（2）姜片虫的中间宿主扁卷螺，传播媒介水生植物如红菱、荸荠、茭白等。

（3）姜片虫生活史各期：毛蚴、胞蚴、母雷蚴、子雷蚴、尾蚴、囊蚴（感染期）。

【作业】

绘图：①华支睾吸虫卵；②姜片虫卵。

【思考题】

（1）吸虫与线虫在形态、生活史方面的主要区别是什么？

（2）学习了华支睾吸虫的生活史后，请考虑如何对华支睾吸虫病进行预防？

（3）影响姜片虫病流行的自然因素和社会因素是什么？请你考虑一下防治措施。

（4）怎样消除水生植物（可食用或做饲料用）上的囊蚴？

实验五 吸 虫（2）

一、卫氏并殖吸虫

【学习要点】 卫氏并殖吸虫（*Paragonimus westermani*）也称肺吸虫，成虫主要寄生于人和保虫宿主的肺内，虫卵随痰液或粪便排出体外，进入水中发育并孵出毛蚴。毛蚴侵入第一中间宿主川卷螺，经过胞蚴、母雷蚴、子雷蚴与尾蚴各期发育，尾蚴从螺体逸出后，侵入第二中间宿主石蟹或蝲蛄体内发育为囊蚴，人因生食含有囊蚴的石蟹或蝲蛄而感染。

【目的要求】

（1）掌握肺吸虫卵和成虫的形态。

（2）了解肺吸虫的生活史：成虫主要寄生部位、中间宿主、感染阶段（囊蚴）及人感染肺吸虫的方式。

（3）熟悉肺吸虫病的诊断方法。

【项目与方法】

1. 教学录像 《肺吸虫病防治》。

2. 自己观察

（1）肺吸虫卵的玻片标本：肺吸虫卵比蛔虫卵大，大小为（80～118）μm×（48～60）μm，形态变异很大，但基本上为椭圆形，金黄色，最宽处多在近卵盖一端。卵盖大，常略倾斜，但也有缺卵盖者，卵壳厚薄不匀，卵内含有十余个卵黄细胞，从虫体排出时，卵细胞尚未分裂，常位于中央（图 1-3-18）。

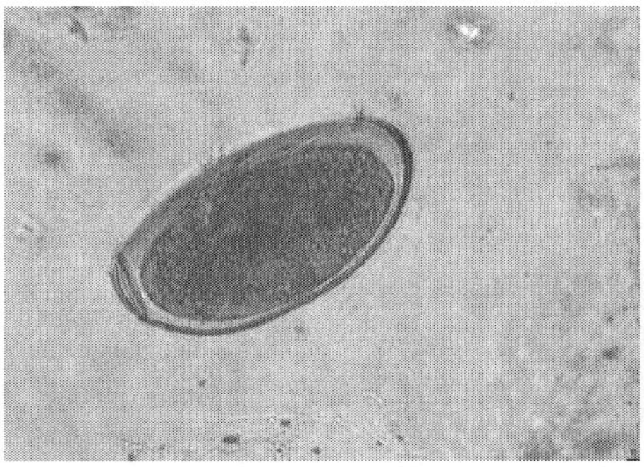

图 1-3-18 肺吸虫卵

图 1-3-19　肺吸虫成虫

（2）肺吸虫成虫的染色标本：虫体椭圆形，长宽比例为 2∶1，口腹吸盘大小相近，腹吸盘位于虫体中线之前。消化系统退化，有口无肛门。生殖系统的卵巢、子宫并列于腹吸盘两侧，两睾丸并列在虫体后部，生殖器官并列排列为本虫的特征（图 1-3-19）。

（3）肺吸虫囊蚴玻片标本：低倍镜观察囊蚴为圆形，有内外两层囊壁，可见排泄囊、口吸盘、腹吸盘和弯曲的肠支。

3. 示教

（1）卫氏并殖吸虫成虫：成虫体肥厚，活时为红褐色，半透明，死后灰白色，呈椭圆形，腹面扁平，背面隆起，体长 7.5～12mm，宽 4～6mm，厚 3.5～5mm，形如半粒花生米。

（2）卫氏并殖吸虫的生活史：肺吸虫发育的各阶段，注意成虫的寄生部位，第一中间宿主为川卷螺。第二中间宿主为石蟹或蝲蛄，感染阶段为囊蚴。

（3）肺吸虫寄生在肺内的大体标本（瓶装标本）。

4. 技术操作　示范：痰液氢氧化钠消化法检查肺吸虫卵（详见实验诊断技术操作部分）。

二、日本血吸虫

【学习要点】　日本血吸虫（*Schistosoma japonicum*）寄生于人或其他哺乳动物的门静脉系统中，主要寄生在肠系膜下静脉内，雌虫在肠壁小静脉内产卵，在卵的周围发生变态反应。虫卵从肠壁溃疡中落入肠腔，随粪便排出体外入水后孵出毛蚴，侵入钉螺，经母胞蚴、子胞蚴与尾蚴各期发育，尾蚴从螺体逸出后，经皮肤侵入人体。部分虫卵随门静脉血流到达到肝脏，在小叶间静脉沿途引起变态反应，致肝硬化。感染方式与人的生活、生产方式有密切关系。

【目的要求】

（1）掌握日本血吸虫成虫和虫卵的形态。

（2）熟悉日本血吸虫的生活史。

（3）了解日本血吸虫病的诊断方法。

【项目与方法】

1. 教学录像　《血吸虫生活史与血吸虫病防治》。

2. 自己观察

（1）血吸虫卵玻片标本：血吸虫卵为卵圆形，淡黄色，略大于蛔虫卵，卵壳薄，无盖。在卵的一侧有一小棘，因虫卵外常附有坏死组织，小棘可被遮盖。卵内含毛蚴（图 1-3-20）。

（2）尾蚴玻片标本：尾蚴是血吸虫的感染阶段。身体分体部和尾部，尾部分叉为其特征（图 1-3-21）。

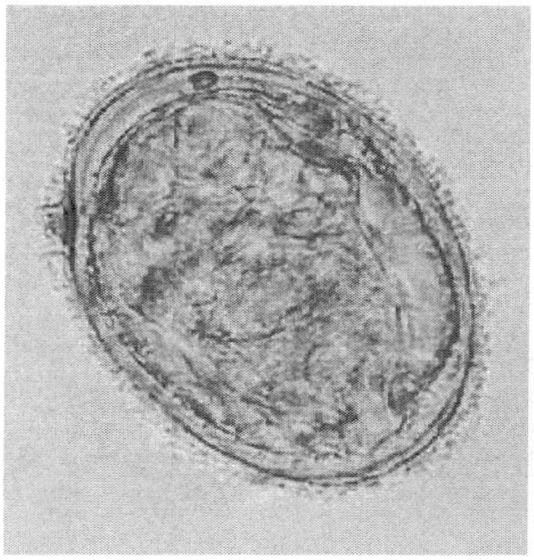

图 1-3-20 日本血吸虫卵

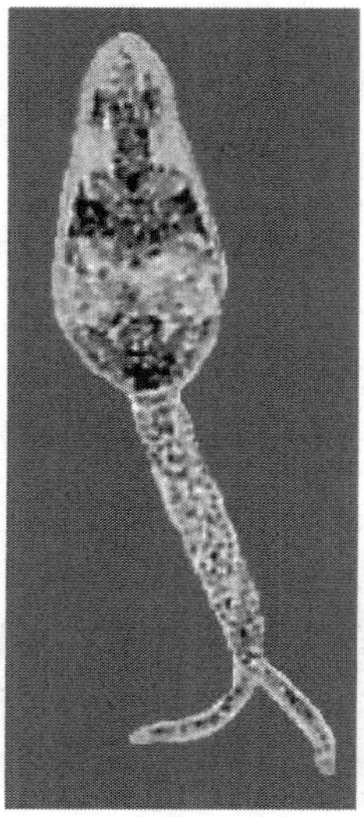

图 1-3-21 日本血吸虫尾蚴

（3）血吸虫成虫雌雄合抱标本：雄虫乳白色，平均长 10～20mm，虫体两侧向腹面卷曲形成抱雌沟。雌虫较雄虫细长，平均长 12～26mm，前端较细，后端较粗，灰褐色。成虫前端有一个口吸盘，其后有腹吸盘一个。雌雄两虫常呈合抱状态（图 1-3-22）。

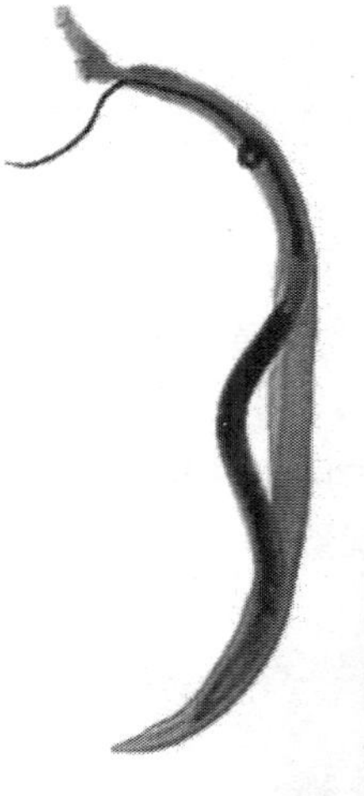

图 1-3-22 日本血吸虫-雌雄合抱

3. 示教

（1）日本血吸虫生活史：血吸虫发育的各阶段，卵、毛蚴、母胞蚴、子胞蚴、尾蚴（感染期）、成虫。注意成虫的寄生部位，中间宿主钉螺和尾蚴的形态。

（2）血吸虫卵沉积在兔肝脏的大体标本：虫卵引起肝硬化，肝表面可见弥散的灰白色虫卵结节。

（3）血吸虫成虫寄生在兔肠系膜静脉内的标本（瓶装标本）。

4. 技术操作 示范：水洗沉淀法及毛蚴孵化法诊断血吸虫感染（详见教材实验诊断技术操作部分）。

【作业】

绘图：①肺吸虫卵；②日本血吸虫卵。

【思考题】

（1）肺吸虫病的临床表现如何？诊断方法如何？如考虑异位寄生应如何诊断？

（2）哪些排泄物中可查到肺吸虫卵？

（3）通过线虫、吸虫的学习，应如何理解土源性蠕虫与生物源性蠕虫的概念？

（4）为什么说血吸虫虫卵是血吸虫的主要致病阶段？

（5）为什么血吸虫病在我国长江流域和长江以南的地区流行？

（6）你如何理解保虫宿主与动物源性疾病的关系？

（7）为什么说血吸虫是一种特殊的吸虫？为什么说血吸虫卵是组织性虫卵？该特点在血吸虫的致病作用上有何意义？

实验六　绦　　虫

一、带 绦 虫

【学习要点】 带绦虫属于扁形动物门的绦虫纲，营寄生生活，背、腹扁平，两侧对称，体分节，雌雄同体，每节中均有雌性和雄性生殖器官，没有口和消化道。

链状带绦虫（*Taenia solium*）也称猪肉绦虫、猪带绦虫或有钩绦虫，成虫寄生人体小肠，引起猪带绦虫病；幼虫（囊尾蚴）寄生于猪的组织和器官，也可寄生人体引起囊尾蚴病。

肥胖带绦虫（*Taenia saginata*）又称牛带绦虫、牛肉绦虫，或无钩绦虫，成虫寄生人体小肠，引起牛带绦虫病；幼虫（囊尾蚴）寄生于牛体内。

带绦虫成虫寄生于人体小肠内，妊娠节片排出体外后破裂，虫卵释出，被中间宿主（猪或牛）吞入，在其肌肉组织内发育成囊尾蚴，食用未煮熟的含囊尾蚴的肉而感染，引起绦虫病。猪带绦虫卵如被人吞入后，可在皮下、肌肉、脑、眼等组织器官内形成囊尾蚴，引起囊尾蚴病。猪带绦虫病患者也可通过自体感染方式，引起囊虫病。

【目的要求】

（1）掌握带绦虫卵的形态。

（2）掌握猪带绦虫和牛肉绦虫头节、成熟节片和妊娠节片的形态。

（3）掌握实验室诊断带绦虫病的方法，并了解猪带绦虫和牛肉绦虫的致病特点。

【项目与方法】

1. 教学录像　《猪带绦虫》、《牛带绦虫》。

2. 自己观察

（1）带绦虫卵玻片标本：猪带绦虫卵和牛带绦虫卵极相似，不易区别。卵为圆球形、棕黄色，直径为 31～43μm，胚膜厚，并且有放射状的条纹，卵内含有六钩蚴（图 1-3-23）。

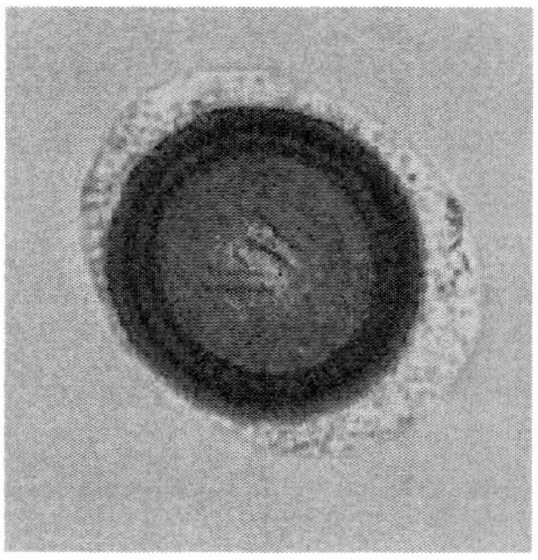

图 1-3-23　带绦虫卵

（2）猪带绦虫妊娠节片玻片标本：用肉眼或放大镜观察节片，为长方形，内部有分支的子宫，其内充满虫卵。根据子宫侧支的数目可以区分两种带绦虫（猪带绦虫为 7～13 支，牛带绦虫为 15～30 支）。所用标本的子宫内灌注了墨汁，故子宫分支呈黑色（图 1-3-24）。

（3）猪带绦虫囊尾蚴：为乳白色、半透明的囊，呈椭圆形，黄豆粒大小，虫头凹陷在充满了液体的囊内。教学标本囊尾蚴的头颈部已伸出，头部有四个吸盘及顶突和小钩，结构与成虫头节一样。

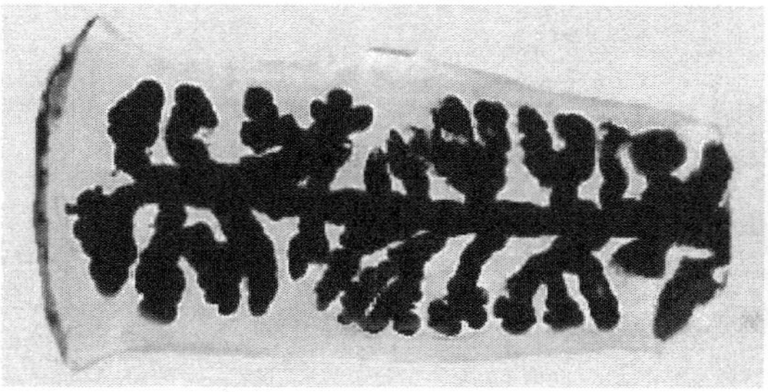

图 1-3-24 猪带绦虫妊娠节片

3. 示教

（1）两种带绦虫成虫：成虫带状、背腹扁平、乳白色、雌雄同体、身体分为头颈、未成熟节片、成熟节片及妊娠节片（图 1-3-25、图 1-3-26）。两种带绦虫形态鉴别见表 1-3-4。

（2）两种带绦虫生活史：注意两种带绦虫生活史有何不同。

（3）两种囊尾蚴寄生于肌肉内的大体标本：注意在肌肉内寄生的情况。

（4）两种带绦虫成虫的头节：注意头部的吸盘，有无顶突和小钩。

（5）眼囊虫病病例：阅读眼囊虫病例，观察自该患者眼玻璃体内取出的两个囊尾蚴的形态。

表 1-3-4 猪带绦虫和牛带绦虫的主要区别

成虫	猪带绦虫	牛带绦虫
体长（米）	2～4	4～8
头节	直径约 1mm，有顶突和小钩	直径约 2mm，无顶突和小钩
节片数	700～1000	1000～2000
妊娠节片	子宫分支不整齐、每侧 7～13 支	子宫分支整齐、每侧 15～30 支
节片脱落情况	数节连在一起，常被动排出	常常单节主动爬出肛门
囊尾蚴	头部有小钩，寄生于猪或人	头部无小钩，只寄生于牛

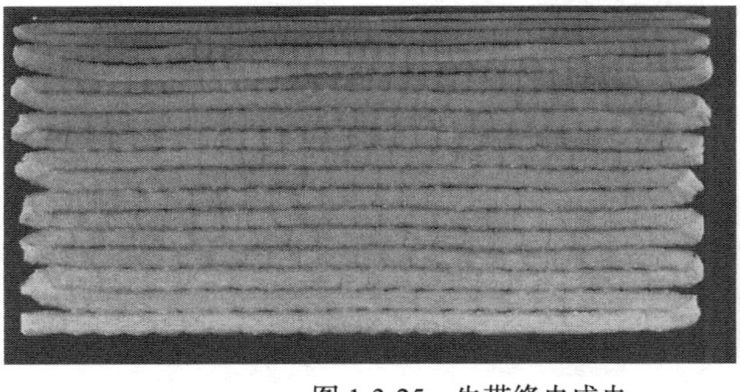

图 1-3-25 牛带绦虫成虫

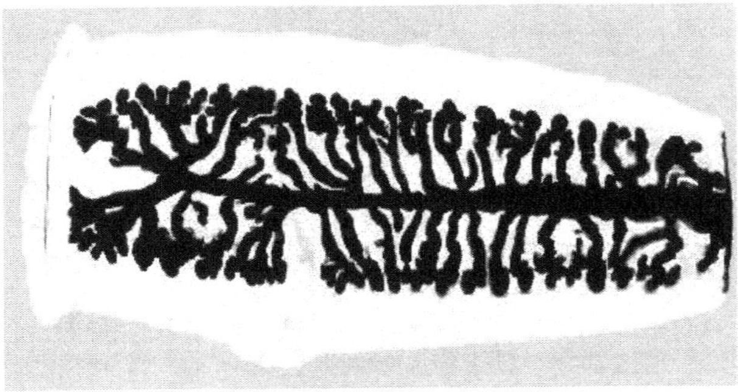

图 1-3-26　牛带绦虫妊娠节片

4. 技术操作

（1）囊尾蚴压片检查法：取新鲜的米猪肉，用镊子取囊尾蚴夹于两张载玻片之间，加压把虫体压扁，玻片两端用棉线捆扎，放在低倍镜下进行观察。注意虫头上有无吸盘和小钩。

（2）带绦虫妊娠片检查法：用镊子从患者的粪便中取出绦虫的妊娠节片，用水洗净后将节片夹于两张裁玻片之间，加压将节片压薄，两端用棉线扎紧，将玻片对光观察，检查节片的子宫单侧分支数目。以鉴别虫种。

二、细粒棘球绦虫

细粒棘球绦虫（*Echinococus granulosus*）又称包生绦虫或犬绦虫（图 1-3-27）。成虫寄生于犬科动物小肠内，幼虫（称棘球蚴或包虫）可寄生于人和多种食草动物的组织器官内，引起严重的人兽共患病，称棘球蚴病或包虫病（*echinococcosis*，hydatid disease，hydatidosis）。

【学习要点】 包生绦虫成虫寄生在犬、狼等食肉动物的小肠内。其棘球蚴主要寄生在牛、羊等食草动物内脏中，感染与虫卵污染草原有关系。人因与病犬接触，误食虫卵而得棘球蚴病，成为偶然中间宿主。棘球蚴寄生在人肝、肺等内脏器官。

【目的要求】

（1）了解棘球蚴的形态结构及其寄生部位。

（2）了解包生绦虫成虫的一般形态。

【项目与方法】

1. 教学录像《细粒棘球绦虫》。

2. 自己观察

（1）成虫染色玻片标本：经明矾卡红染色制成，在低倍镜下观察，虫体由 4～5 节（头颈节、未成熟节片、成熟节片和妊娠节片）组成。头为梨形，有四个吸盘，顶突上有两圈小钩。最后一节是妊娠节片，大部分为子宫占据，子宫向两侧形成不规则侧囊，内含虫卵。

（2）原头蚴：可见吸盘与小钩。

3. 示教

（1）成虫标本：从被感染的犬肠道内取得成虫，经甲醛固定后，肉眼观察成虫为乳白色，体长 2～7mm。

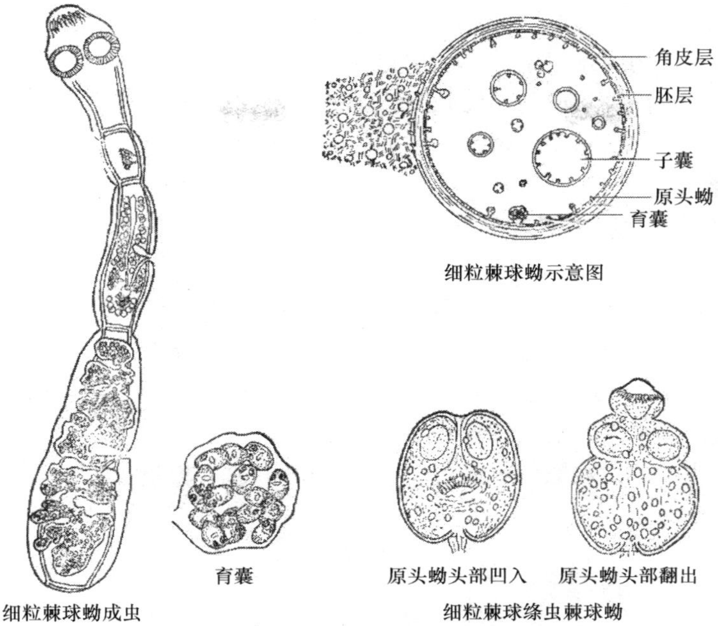

图 1-3-27　细粒棘球绦虫

（2）病理标本：棘球蚴囊壁结构。

（3）骆驼肝脏内的棘球蚴（大体标本）。

棘球蚴呈圆球形，大小差别很大，直径可从几毫米到几十厘米，其基本结构如下：

囊壁分两层：

外层：透明，为角质层，无细胞核，此层状如粉皮，具保护作用。

内层：可见许多细胞核，颗粒状，为生发层，由此产生许多原头蚴和子囊。

囊液：无色透明或淡黄色，原头蚴或子囊可脱落入囊液中，称为棘球蚴砂。

【作业】

绘图：带绦虫卵。

【思考题】

（1）猪带绦虫和牛带绦虫的形态和生活史有哪些区别？哪一种对人体的危害更大，为什么？

（2）联系包生绦虫的生活史考虑棘球蚴病为何多见于我国牧区？

实验七　医学原虫（1）溶组织内阿米巴和非致病阿米巴

【学习要点】　溶组织内阿米巴（*Entamoeba histolytica*）是一种致病的阿米巴，有滋养体和包囊两个阶段。基本生活过程是包囊→滋养体→包囊。四核包囊是感染阶段，经口感染，寄生于结肠内，以二分裂法繁殖，随肠内容物下行的过程中成包囊，从粪排出体外。在一定条件下，滋养体可侵入肠壁引起肠阿米巴病，也可经血流侵入肝、肺等组织，引起肠外阿米巴病。

【目的要求】

（1）掌握溶组织内阿米巴滋养体和包囊的形态。

（2）掌握溶组织内阿米巴与结肠阿米巴的形态鉴别要点。

（3）学会粪便检查溶组织内阿米巴滋养体和包囊的方法。

【项目与内容】

1. 教学录像《溶组织内阿米巴》。

2. 自己观察

（1）溶组织内阿米巴滋养体（铁苏木素染色标本）

油镜观察：溶组织内阿米巴滋养体为 10～60μm。滋养体有一个泡状细胞核，直径 4～7μm，核膜内缘有大小一致，分布均匀的核周染色质粒（chromatin granules），核仁小，居中央；核膜与核仁间可见纤细的核丝。

胞质分为透明的外质和颗粒状的内质，内质中可见吞噬的红细胞，有时可见伪足（图 1-3-28）。

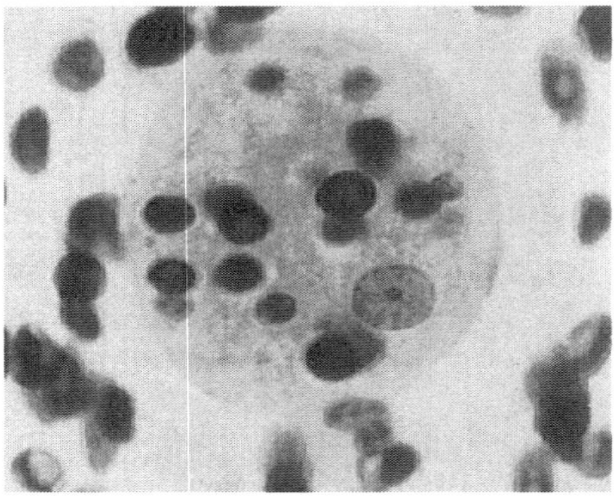

图 1-3-28　溶组织内阿米巴滋养体

（2）溶组织内阿米巴包囊（铁苏木素染色标本）：包囊为圆球形，直径 10～15μm，囊内可见 1～4 个核。核圆形，有薄而染成黑色的核膜，膜内缘可见分布均匀的染色质粒，核的中央有点状的核仁。在未成熟包囊内可见染成黑色的棒状拟染色体和空泡状的糖原泡（染色过程中溶解），成熟包囊有 4 个核，一般见不到拟染色体和糖原泡（图 1-3-29）。

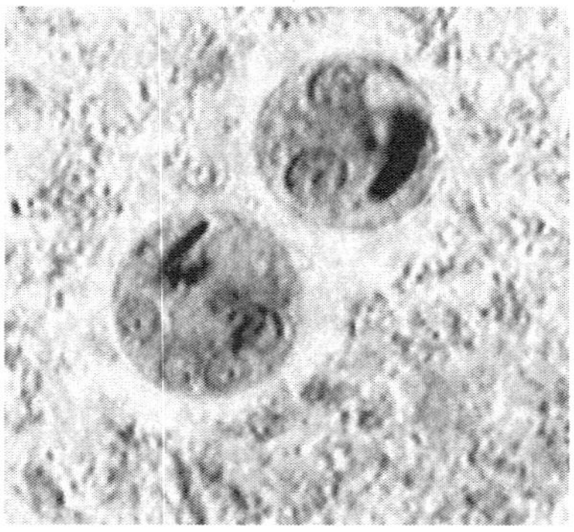

图 1-3-29　溶组织内阿米巴包囊

（3）人工培养的活的阿米巴滋养体：从人工培养液中吸取少量培养物滴于载玻片上观察。阿米巴滋养体在低倍镜下为透明的活动体。注意观察伪足运动。观察要及时，同时要注意标本的保温。人工培养的滋养体细胞质中不含红细胞。

（4）结肠内阿米巴（*Entamoeba coli*）包囊（铁苏木素染色标本）：结肠内阿米巴是非致病性阿米巴，常与溶组织内阿米巴同时存在，故需鉴别。其包囊较溶组织内阿米巴包囊大，直径 10～30μm，有 1～8 个核，成熟包囊 8 个核。核的特点是：染色质粒大小不等，排列均匀，核仁大，常偏位。拟染色体呈稻草束状或碎片状（图 1-3-30）。

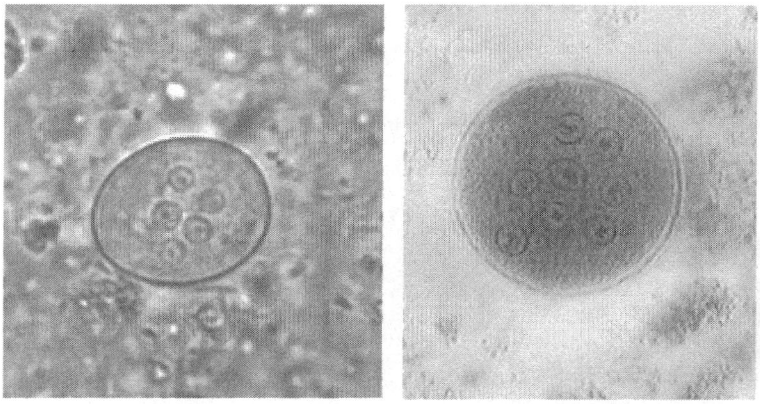

碘染　　铁苏木素染色

图 1-3-30　结肠内阿米巴包囊

（5）布氏嗜碘阿米巴（*Iodamoeba butschlii*）：包囊直径为 5～20μm，因具有较大的糖原泡，碘染呈棕红色而得名。糖原泡圆形或卵圆形、边缘清晰，常把核推向一端。铁苏木素染色为空泡状（图 1-3-31）。

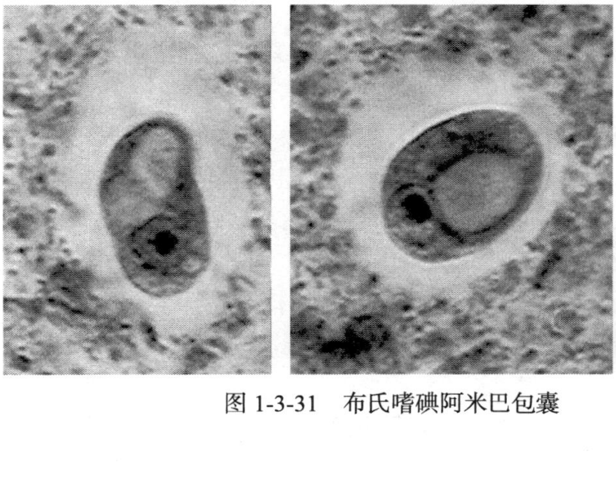

图 1-3-31　布氏嗜碘阿米巴包囊

3. 示教

（1）溶组织内阿米巴滋养体（铁苏木素染色标本）。

（2）溶组织内阿米巴包囊（铁苏木素染色标本）。

（3）夏科・雷登晶体（Charcot-Leyden crystal）：急性阿米巴痢疾的粪便中可见到无色透明菱形结晶体，铁苏木素染后呈深蓝色。在诊断上有一定意义，发现此种结晶，应仔细寻找阿米巴滋养体。

（4）溶组织内阿米巴所致的肠壁溃疡瓶装标本：注意溃疡的形态特点。

（5）肠腔型溶组织内阿米巴滋养体（铁苏木素染色标本）：直径 12～30μm。内外质区分不明显，内质可见食物泡，不含红细胞。核的结构与组织型滋养体相同。

（6）齿龈内阿米巴（*Entamoeba gingivalis*）滋养体：虫体小，仅有滋养体时期，直径 5～15μm，其形态与溶组织内阿米巴相似。内质和外质的界线分明，食物泡内含有细菌、白细胞等物，偶有红细胞。核仁居中，有核周染色粒。

（7）微小内蜒阿米巴（*Endolimax nana*）

滋养体：伪足短小，运动缓慢。虫体 5～14μm，核 1 个，核仁明显，无核周染色质粒。内外质不分明，内质含有细菌（图 1-3-32A）。

包囊：较溶组织阿米巴包囊小，类圆形或椭圆形，核 1～4 个，核仁粗大而不规则，核膜薄，无核周染色质粒，缺拟染色体（图 1-3-32B）。

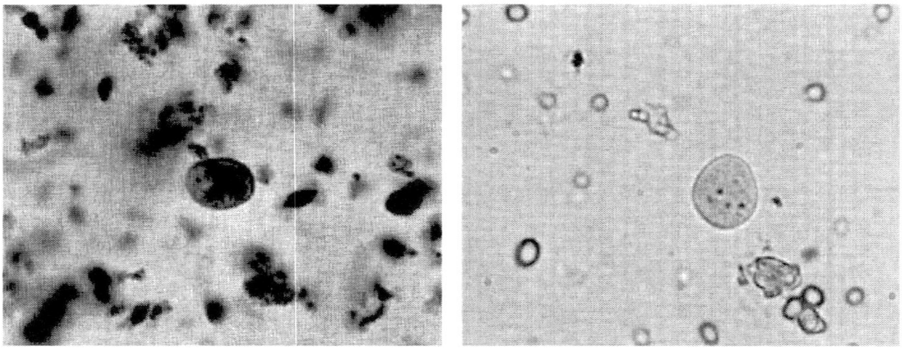

A　　B

图 1-3-32　微小内蜒阿米巴

A. 微小内蜒阿米巴滋养体；B. 微小内蜒阿米巴滋养体包囊

（8）哈门内阿米巴（*Entamoeba hartmani*）（铁苏木素染色标本）：它是非致病性阿米巴。滋养体 3～12μm，内外质区分明显，内质内食物泡，不含红细胞。细胞核的核周染粒细小，分布不匀，核仁小，居中或偏位。

（9）迪斯帕内阿米巴（*Entamoeba dispar*）：与溶组织内阿米巴形态相同，但不致病。

（10）布氏嗜碘阿米巴（*Iodamoeba butschlii*）包囊。

（11）布氏嗜碘阿米巴滋养体：虫体小，新鲜标本生理盐水涂片中伪足宽大，运动缓慢。食物泡内含有细菌，染色标本中核仁大而且居中央，核膜内缘的染色质粒不明显（图 1-3-33）。

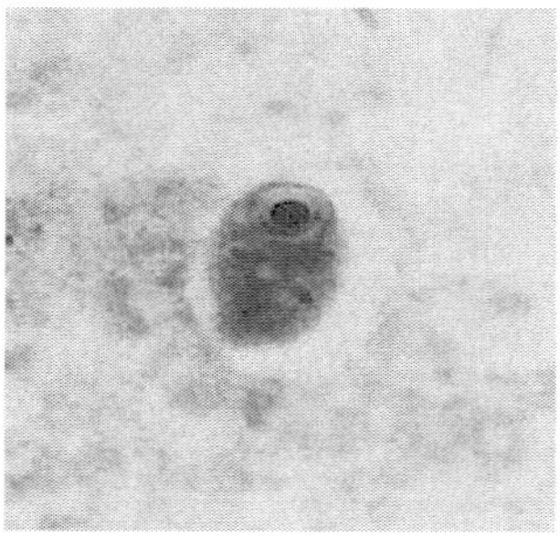

图 1-3-33　布氏嗜碘阿米巴滋养体

4. 操作示范

（1）粪便生理盐水涂片查溶组织内阿米巴滋养体：应在粪便的脓血部分取材，因该处找到滋养体机会较多；另外，切忌加碘液，因碘染可以杀死滋养体，并注意标本保温，以免影响检查结果。涂片置于显微镜载物台上，用低倍镜按顺序观察，找到滋养体，移至视野中央，换高倍镜观察其活动、伪足形成，以及吞噬的红细胞等特征。

（2）碘染法查阿米巴包囊：挑取少许粪便制成涂片，加上盖玻片，在盖玻片旁边滴一滴碘液（碘液不宜过多），使碘液浸入粪膜，置镜下观察。涂片先用低倍镜寻找，找到包囊移至视野中央，换高倍镜观察。

包囊染色后，呈淡黄色，细胞核和拟染色体可见，糖原泡染成棕色。

（3）硫酸锌离心浮聚法（详见教材实验诊断技术操作部分）：利用硫酸锌溶液与包囊的比重差，使包囊上浮达到分离目的。33%硫酸锌溶液，其比重 1.18。

（4）醛醚沉淀法：取粪便约 2g 置于小容器中，加 10 倍体积的水调和成混悬液，用纱布过滤入 15ml 的离心管中，以每分钟 1500～2000 转的速度离心 1～2 分钟，倾去上清液，注入清水，调匀，再离心沉淀一次，弃去上清液，沉渣内加入 8ml 10%甲醛，用小玻璃棒或竹签搅动，使沉渣与甲醛充分搅匀，静置 5 分钟，加入 1.5ml 乙醚用橡皮塞将离心管塞紧，并用中指压紧橡皮塞，拇指托住管底，上下摇动，务使乙醚与沉渣充分混匀，除去塞子，再次离心，此时管内液体分为三层，上层为溶于乙醚的粪汁，中层为清液，下层为沉渣。弃去上两层，用吸管吸取沉渣做涂片检查。

【作业】

绘图：①溶组织内阿米巴包囊；②结肠内阿米巴包囊。

【思考题】

（1）溶组织内阿米巴与结肠内阿米巴的滋养体和包囊在形态上有何不同?

（2）用什么方法检查阿米巴滋养体和包囊? 应注意哪些问题?

实验八 医 学 原 虫（2）

一、杜氏利什曼原虫

【学习要点】 杜氏利什曼原虫（*Leishmania donovani*）又称黑热病原虫，寄生于人体单核巨噬细胞系统，通过白蛉叮咬而传播。在人体的发育阶段为无鞭毛体，又称利杜体，在白蛉体内的发育阶段是前鞭毛体（鞭毛体）。

寄生于人和其他哺乳动物单核巨噬细胞内的无鞭毛体，虫体小，呈卵圆形，大小为（2.9～5.7）μm×（1.8～4.0）μm。经瑞氏染液染色后胞质呈淡蓝色或深蓝色，内有一个较大的圆形核，呈红色或淡紫色。动基体（kinetoplast）位于核旁，着色较深，细小，杆状。在油镜下有时可见虫体从前端颗粒状的基体（basal body）发出一条根丝体（rhizoplast）。基体靠近动基体，在光镜下难以区别。

前鞭毛体寄生于白蛉消化道。成熟的虫体呈梭形，大小为（14.3～20）μm×（1.5.～4.0）μm，核位于虫体中部，动基体在前部。基体在动基体之前，由此发出一鞭毛游离于虫体外。前鞭毛体运动活泼，鞭毛不停地摆动。在培养基内常以虫体前端聚集成团，排列成菊花状。有时也可见到粗短形前鞭毛体，这与发育程度不同有关。

【目的要求】

（1）掌握无鞭毛体（利杜体）前鞭毛体的形态特征。

（2）了解杜氏利什曼原虫的生活史。

【项目与方法】

1. 教学录像《黑热病》。

2. 自己观察

（1）无鞭毛体玻片标本：标本系姬氏或瑞氏染液染色。用油镜观察。

无鞭毛体呈圆或卵圆形，直径为 2～3μm，染色后细胞质为淡蓝色，核大而圆，染成红或紫红色，位于虫体的一边。动基体呈杆状，染成紫红色（图 1-3-34）。

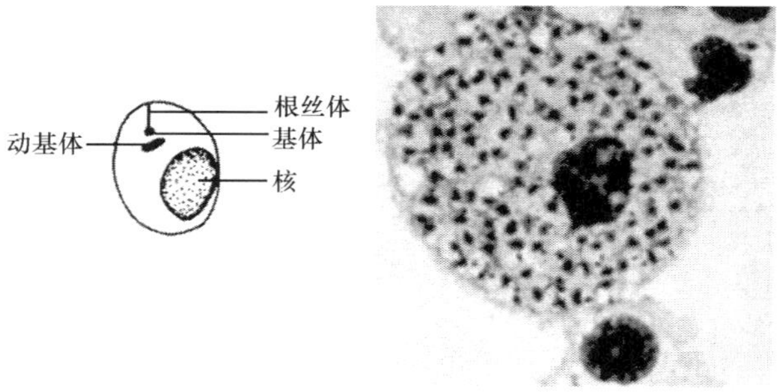

图 1-3-34　杜氏利什曼原无鞭毛体

无鞭毛体寄生于巨噬细胞内，常因其寄生的巨噬细胞破裂而游离于细胞外，因此必须与血片中的血小板相区别。血小板的形态不规则，常聚集成堆或团块，被染成淡紫红色，无明显结构。

（2）前鞭毛体玻片标本：前鞭毛体是感染阶段，寄生于白蛉的消化道内，也可生长在三 N 氏培养基上，涂片经瑞氏染色。前鞭毛体呈梭形，大小为（10～20）μm×（1.5～4.0）μm，细胞质呈蓝色，核大而圆，紫红色，位于虫体中央，动基体位于虫体前端，基体在动基体之前，由此发出一根鞭毛，其长度与虫体长度相近，常弯曲（图 1-3-35）。

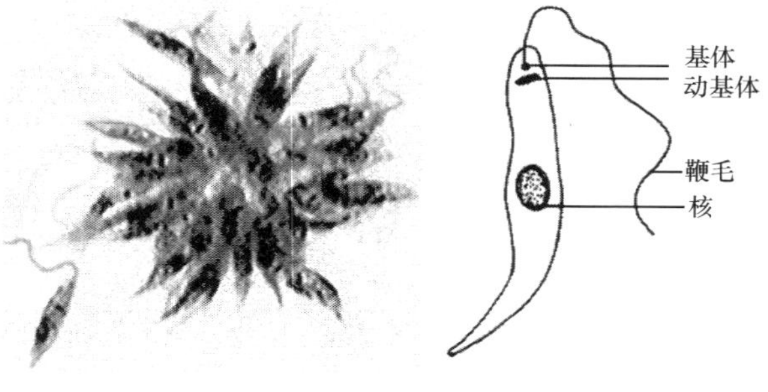

图 1-3-35　杜氏利什曼原虫前鞭毛

3. 示教

（1）活鞭毛体：取自三 N 氏培养基，在低倍或高倍镜下观察其活动。前鞭毛体的鞭毛常聚集在一起，呈菊花状（图 1-3-35）。

（2）中华白蛉：体小，约为蚊虫的 1/3 大小，全身密布细毛，灰黄色。

（3）黑热病田鼠解剖标本（瓶装），与正常田鼠解剖标本相比较，注意黑热病田鼠肝脾的颜色和大小。

二、阴道毛滴虫

【学习要点】 阴道滴虫（*Trichomonas vaginalis*）（图 1-3-36）寄生于女性阴道、尿道或男性的前列腺及尿道内，生活史中仅有滋养体一个阶段，能引起滴虫性阴道炎、尿道炎和前列腺炎。

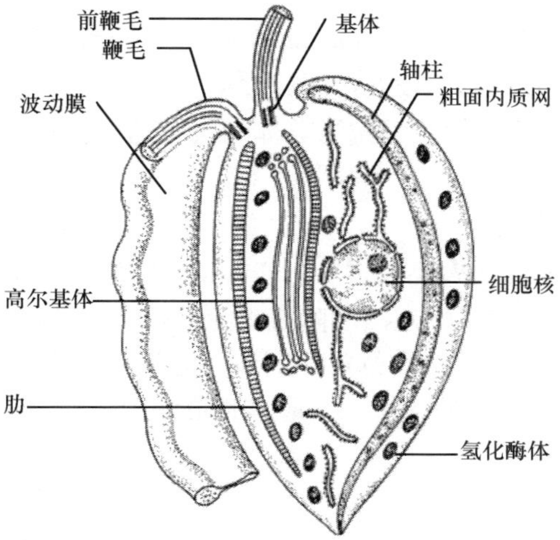

图 1-3-36 毛滴虫模式图

【目的要求】

（1）掌握阴道滴虫的形态特点。

（2）了解检查滴虫的方法。

【项目与方法】

1. 自己观察 阴道滴虫滋养体染色标本（图 1-3-37） 虫体为梨形，大小为（10～30）μm ×（5 ～15）μm，经染色后可见其有前鞭毛四根，波动膜短，仅为虫体长度的 1/2，一根后鞭毛向后延伸附着于波动膜外缘，轴柱细长向后伸出体外。细胞核位于虫体前部。

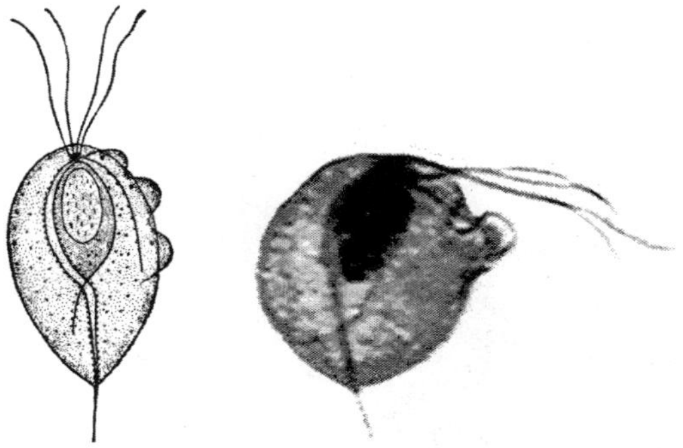

图 1-3-37 阴道滴虫滋养体

2. 示教

（1）阴道滴虫滋养体活标本：取滴虫性阴道炎患者的阴道分泌物做悬滴法或直接涂片法，在低倍或高倍镜下观察活的滴虫，注意观察滴虫在低倍镜下的特殊跳跃式转动，在高倍镜下可见其鞭毛和波动膜的活动。在阴道分泌物涂片中还能找到大而多角形的阴道上皮细胞和小而圆的白细胞，以及聚集成堆的脓细胞等，应予以识别。

（2）阴道滴虫滋养体染色标本。

三、蓝氏贾第鞭毛虫

【学习要点】 蓝氏贾第鞭毛虫（*Giardia lamblia*）简称贾第虫，生活史中有滋养体和包囊两个发育阶段，寄生在小肠上段，可引起贾第虫病。

【目的要求】 掌握蓝氏贾第鞭毛虫滋养体和包囊的形态特征，了解其生活史。

【项目与方法】

1. 自己观察

（1）滋养体：呈半个梨形，大小长为9.5～21μm，宽5～15μm，厚2～4μm。两侧对称，背面隆起，腹面扁平，腹面前半部向内凹陷成吸盘。位于虫体前端吸盘区中线两侧各有一个卵圆形细胞核。有4对鞭毛，按其位置分别为前侧鞭毛、后侧鞭毛、腹鞭毛和尾鞭毛各1对，鞭毛均发自两核前部之间的基体。一对半月形的中体位于虫体中部（图1-3-38）。

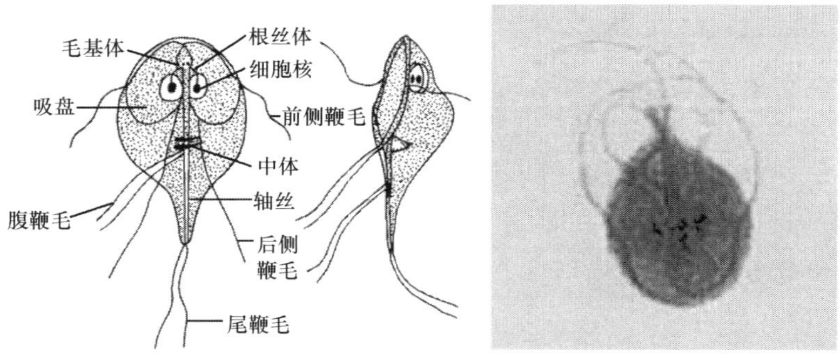

图 1-3-38 蓝氏贾第鞭毛虫滋养体

（2）包囊：呈椭圆形，长8～14μm，宽7～10μm。囊壁较厚，光滑无色。碘液染色后呈黄绿色，未成熟包囊内含2个核，成熟4个核。胞质内可见中体和鞭毛的早期结构（图1-3-39）。

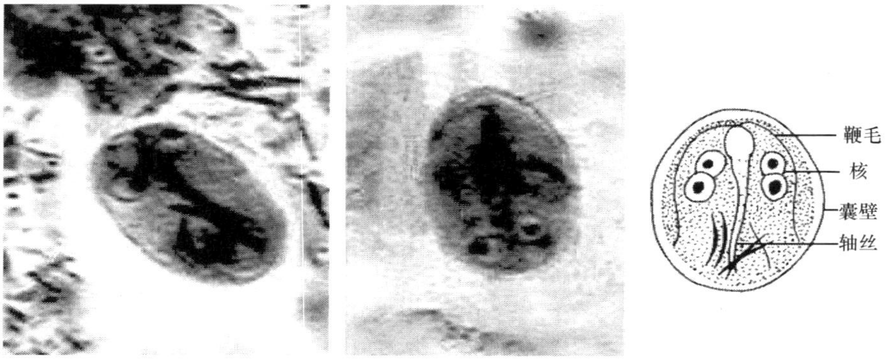

图 1-3-39 蓝氏贾第鞭毛虫包囊

2. 示教 ①滋养体；②包囊。

【作业】

绘图：①蓝氏贾第鞭毛虫滋养体；②阴道毛滴虫滋养体。

【思考题】

（1）怎样鉴别游离于血液涂片中的无鞭毛体?

（2）杜氏利什曼原虫常侵犯人体哪些组织器官？引起哪些临床表现?

（3）阴道毛滴虫寄生在何处？引起哪些临床表现?

（4）诊断和治疗阴道毛滴虫病的方法和原则是什么?

（5）诊断蓝氏贾第鞭毛虫感染有哪几种方法?

（6）蓝氏贾第鞭毛虫寄生在何处？引起哪些临床表现?

实验九 医学原虫（3）

疟原虫

【学习要点】 寄生于人体的疟原虫有四种，即间日疟原虫（*Plasmodium vivax*）、三日疟原虫（*P. malariae*）、恶性疟原虫（*P. falciparum*）及卵形疟原虫（*P. ovale*）。间日疟原虫及恶性疟原虫较常见。疟原虫需要两个宿主才能完成其生活史，在人体内进行裂体增殖，包括红细胞外期、红细胞内期，在蚊体内进行配子生殖和孢子生殖。

【目的要求】

（1）掌握间日疟原虫红内期各阶段及恶性疟原虫环状体和配子体的形态。

（2）了解间日疟原虫生活史。

（3）熟悉厚、薄血片的制作及染色方法。

【项目与方法】

1. 教学录像 《疟疾与蚊子》。

2. 自己观察

（1）间日疟原虫薄血膜染色标本：瑞氏或姬氏染色。先在低倍镜下找到血涂片红细胞呈单层均匀排列的部位（通常为血片近末端），加镜油后，换油镜观察。在红细胞内找疟原虫，疟原虫的细胞质染成蓝色，细胞核染成红色，疟色素（malarial pigment）为黄褐色。

1）小滋养体：也称环状体（Ring form）被寄生的红细胞尚无明显形态改变。疟原虫的细胞质染成蓝色环状，核为点状红色，在环的一边，很像一个红宝石戒指。环状体的直径约为红细胞直径的1/3（图1-3-40）。

2）大滋养体（Large trophozoite）：被寄生的红细胞胀大变形，颜色变浅，红细胞内有许多红色小点即薛氏小点（Schuffner's dots）。原虫的细胞质增多有伪足伸出，红色的核也显著增大，细胞质内有褐色烟丝状的疟色素（图1-3-41）。

3）裂殖体（Schizont）：有未成熟与成熟两种。细胞质较致密，伪足已消失。未成熟裂殖体（immature schizont）核开始分裂，细胞质尚未分开，核的数目少于12个（图1-3-42A）。成熟裂殖体（mature schizont）核分裂成12～24个，每一个细胞核由部分细胞质围绕形成裂殖子。此时疟色素集中成团块（图 1-3-42B）。

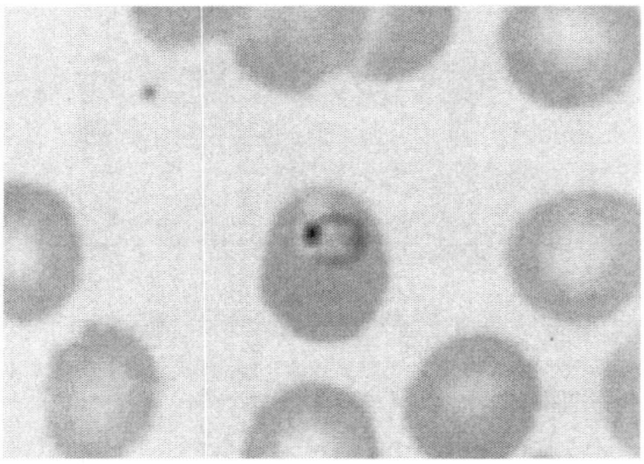

图 1-3-40　间日疟原虫环状体

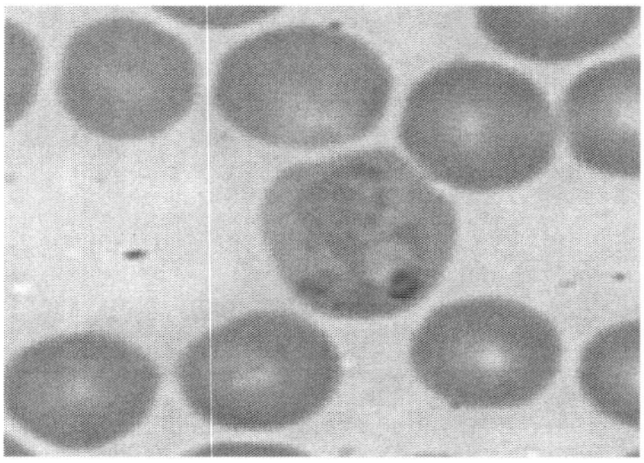

图 1-3-41　间日疟原虫大滋养体

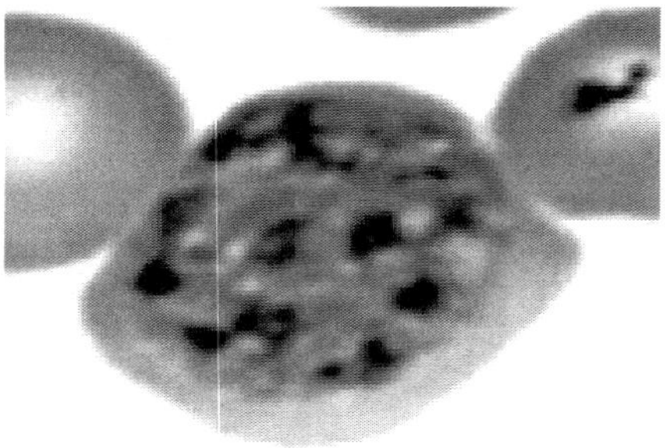

A

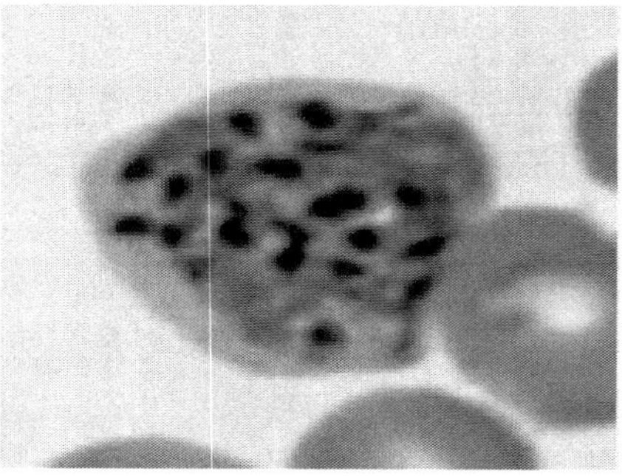

B

图 1-3-42　间日疟原虫裂殖体

A. 未成熟裂殖体；B. 成熟裂殖体

4）配子体（Gametocyte）被寄生的红细胞胀大。雌雄配子体均呈圆形或椭圆形，疟色素均匀地分布在细胞质中（图 1-3-43）。雌配子体（macrogametocyte）细胞质为暗蓝色，核为红色，特点为核小、致密、在一边。雄配子体（microgametocyte）着色较浅，核大疏松，在中央。

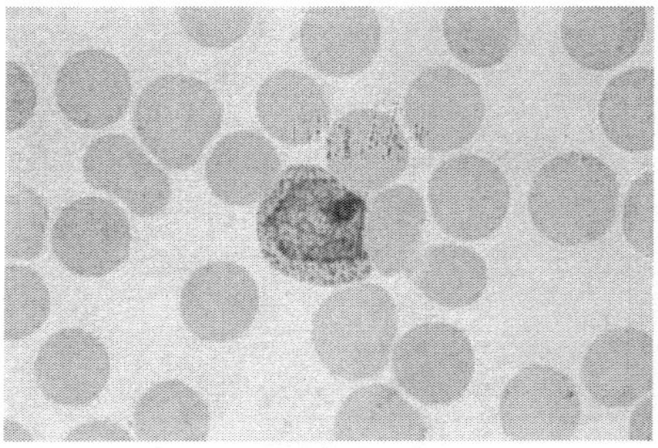

A

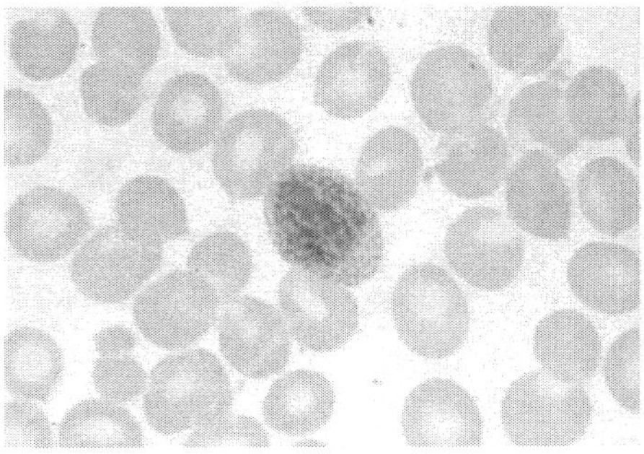

B

图 1-3-43 间日疟原虫配子体

A. 雌配子体；B. 雄配子体

（2）恶性疟原虫薄血膜染色标本：环状体较间日疟的小，直径约为红细胞直径的 1/5。一个环状体可有 2 个核，有的环状体贴于红细胞边缘，犹如飞鸟状。一个红细胞可见 2 个或更多的环状体寄生（图 1-3-44A）。恶性疟原虫的大滋养体与裂殖体隐藏在脏器的毛细血管中，在周围血液中不易查到。配子体所寄生的红细胞常被长形的虫体顶得变形。雌配子体呈新月形，两端较尖，胞质染成暗蓝色，核致密，较小。雄配子体呈腊肠形，两端钝圆，着色较浅，核疏松，较大。核的周围有疟色素（图 1-3-44B）。

3. 示教

（1）间日疟原虫红细胞内期各发育阶段（油镜观察）。注意各期形态特征和被寄生的红细胞的变化。

（2）恶性疟原虫的环状体和配子体。注意与间日疟原虫的形态鉴别。

（3）三日疟原虫的环状体、大滋养体、裂殖体、配子体。注意与间日疟原虫各期的形态鉴别，被寄生的红细胞不胀大。

（4）子孢子染色标本。蚊唾液腺涂片。子孢子呈梭形，中间有 1 个细胞核。

（5）疟原虫卵囊玻片标本。注意蚊胃壁上圆球形的卵囊。

（6）间日疟原虫的厚血膜玻片标本（图 1-3-45）。红细胞已被溶解，疟原虫形状常不典型。注意鉴别各期形态。

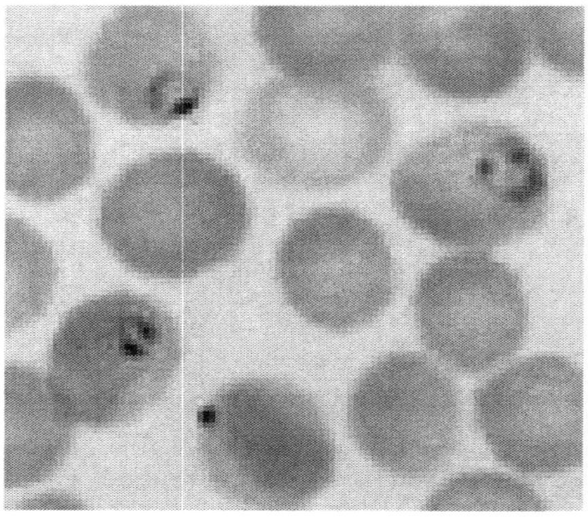

A

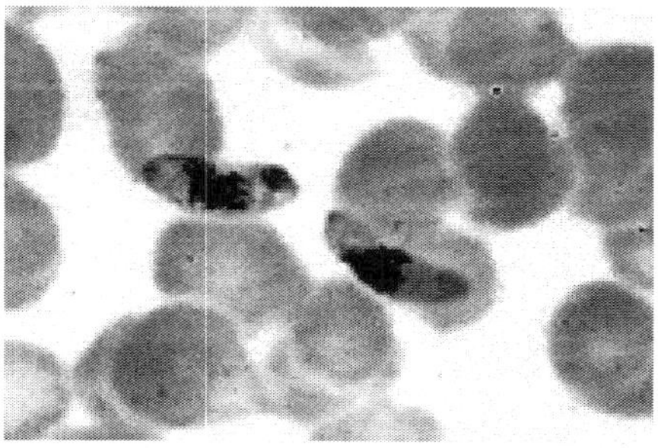

B

图 1-3-44　恶性疟原虫

A. 恶性疟原虫环状体；B. 恶性疟原虫雄（左上）、雌配子体（右下）

（7）按蚊针插标体（肉眼观察）：中华按蚊是疟疾的传播媒介，翅脉上有黑白鳞片组成的斑点，参见昆虫纲部分。

4. 技术操作　血涂片制作及染色：检查疟原虫的方法有薄血膜和厚血膜两种。薄血膜上的红细胞仅一层，均匀分布，寄生在红细胞内的疟原虫形态容易辨认，但疟原虫的数量较少，不易寻找，需仔细、耐心。厚血膜上的红细胞则有 20 层，在固定和染色前需先溶血，因此红细胞被破坏，疟原虫的形态变得不典型，但疟原虫数量较多，容易找到。一般采用在同一张玻片上做厚、薄两种血膜，取长补短。

（1）材料：鼠疟模型、载玻片、消毒棉球、乙醇、剪刀、蜡笔、吸管、蒸馏水、培养皿、姬氏或瑞氏染液、缓冲液等。

（2）血膜制作

1）薄血膜（thin blood film）制作方法

采血：临床上取患者耳垂或指尖血，本次实验用感染疟原虫的小鼠尾尖血。

操作方法：剪去小鼠尾尖，取一洁净载玻片，左手持玻片两端，另选 1 张边缘光滑平整的玻片作推片。用推片一端的中央从鼠尾端取 1 小滴血（约米粒大），置载玻片的中部，使推片和玻片保持 30°～40°夹角，将血滴在推片边缘展开后，匀速向前推动，即形成舌状血膜。

2）厚血膜（thick blood film）制作方法

采血同薄血膜法。

操作方法：厚血膜可置于薄血膜的另一端。用推片的一角从鼠尾取血 2～3 滴，自内向外顺着一个方向摊成直径约 1cm 大小，厚薄均匀的血膜。厚、薄血膜间用蜡笔画线分开。充分晾干后，滴加蒸馏水于厚血膜上溶血，将水倾去，晾干后与薄血膜一起染色。

3）固定、染色

瑞氏染色：先用蜡笔在血膜两端划上线，以防染液外溢。瑞氏染液为甲醇溶液，血膜不需预固定、此染色法快速，适于临床检验，但较易褪色，保存时间不长。

滴加瑞氏染液数滴，使之覆盖血膜，1～2 分钟后血膜被染液中的甲醇固定，再加与染液等量的缓冲液或蒸馏水，轻摇载玻片，使染液与稀释液混匀，3～5 分钟后用缓冲液或自来水从玻片一端冲洗，晾干后镜检。

4）注意事项

玻片要洁净，无油脂。血量适中，推速均匀，以防血膜过厚、过薄或出现条状横纹。血片在干燥过程中，避免灰尘或苍蝇吸食。

厚薄血膜制备在一张载玻片时，应注意在厚血膜溶血前必须先用甲醇固定薄血膜，以避免接触水而使薄血膜上的红细胞溶解。厚血膜溶血时间不可太长，不要振荡，以防血膜脱落。

染液是甲醇溶液，切忌混入水滴，否则发生沉淀，妨碍染色，故染液发现有沉淀时不可再用。

滴加染料切忌太多，否则染料残渣粘在血膜上无法洗净，影响检查。加水后必须与染料充分混合，否则发生染色不均。冲洗血膜时应流水直接将染液冲去。

【作业】

（1）每人做一张厚、薄血膜染色标本（用鼠疟原虫做涂片）。

（2）用红蓝铅笔绘出观察到的间日疟原虫红细胞内各期形态。

【思考题】

（1）如何能做好一张厚、薄血膜？厚、薄两种血膜检查疟原虫各有哪些优、缺点？利用瑞氏或姬氏染色法染血膜应注意什么？为什么？

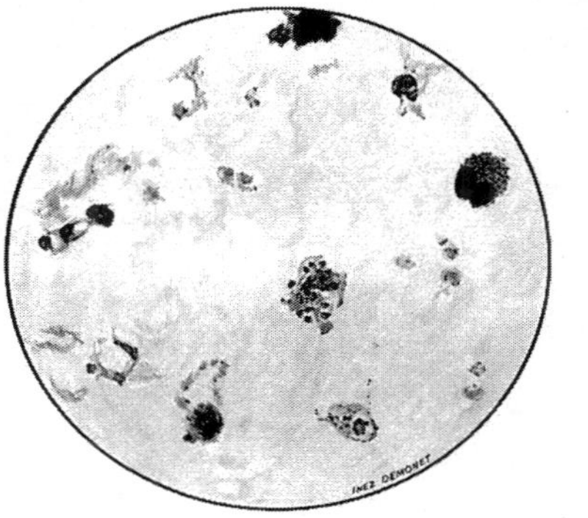

图 1-3-45 间日疟红内期厚血膜法镜下观

（2）恶性疟原虫在红细胞内期能见到的有哪几种形态？间日疟原虫红内期有哪些形态特征？

（3）恶性疟原虫在人体内进行裂体增殖的部位与其他疟原虫有什么不同？这些不同在诊断和临床表现上有什么意义？

实验十 机会致病原虫

一、刚地弓形虫

【学习要点】 刚地弓形虫（*Toxoplasma gondii*）猫为终宿主，在猫的小肠上皮细胞里进行裂体增殖期及有性生殖。卵囊（囊合子）从猫粪中排出，成熟卵囊如被中间宿主如人、猪、羊、鼠等吞食后，在组织内形成滋养体及包囊。包囊为中间宿主间相互传播的主要形式。人由于食入未煮熟的肉类或卵囊污染的食物而感染。

【目的要求】

（1）掌握弓形虫滋养体的形态。

（2）了解弓形虫的生活史。

【项目与方法】

1. 自己观察 弓形虫滋养体（玻片染色标本）：姬氏或瑞氏染色。在油镜下观察，滋养体为香蕉形或半月形，一端较尖，一端钝圆，长 4～7μm，最宽处 2～4μm。细胞核位于虫体中央呈红色。细胞质呈蓝色（图 1-3-46）。

2. 示教

（1）滋养体。

（2）卵囊：卵圆形，有双层囊壁，光滑，微带绿色。成熟卵囊内含 2 个孢子囊，每一个孢子囊内含 4 个长形、微弯的子孢子（图 1-3-47）。

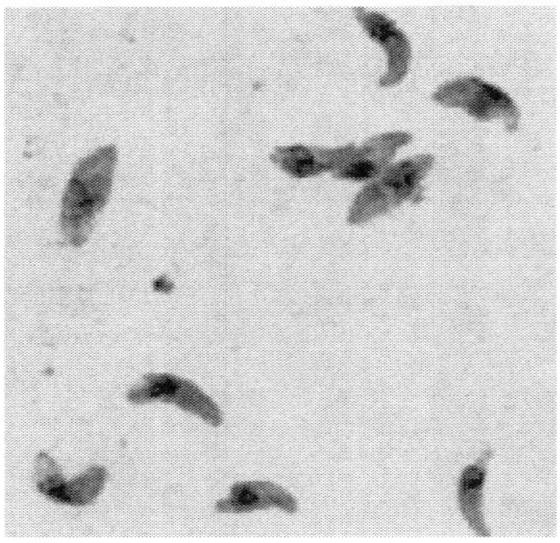

图 1-3-46 弓形虫滋养体

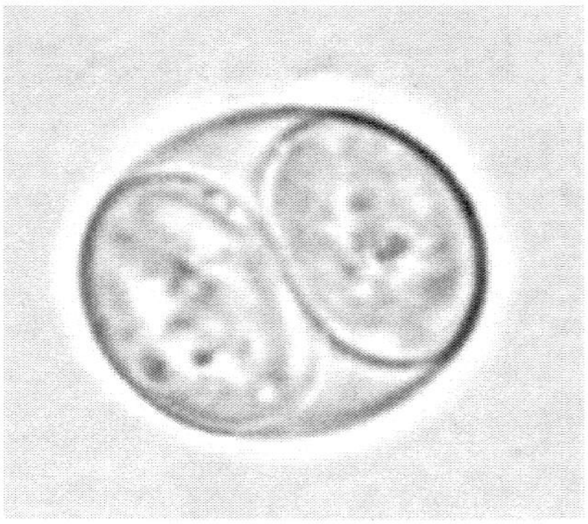

图 1-3-47 弓形虫卵囊

二、隐 孢 子 虫

【学习要点】 隐孢子虫（*Cryptosporidium*）是艾滋病患者慢性消耗性腹泻的重要病原，广泛寄生于人和其他哺乳动物。卵囊经粪便排出，通过污染食物或水使人感染。

【目的要求】 了解隐孢子虫形态特征、检查方法及其危害。

【示教】 卵囊呈椭圆形或圆形，大小 4～6 μm，成熟卵囊内含 4 个裸露的子孢子和颗粒状的残留体（图 1-3-48）。

【作业】 绘图：弓形虫滋养体 1～2 个。

【思考题】

（1）弓形虫有哪些危害？如何诊断弓形虫病？弓形虫病是怎样传播的？

（2）隐孢子虫有哪些危害？如何诊断隐孢子虫病？

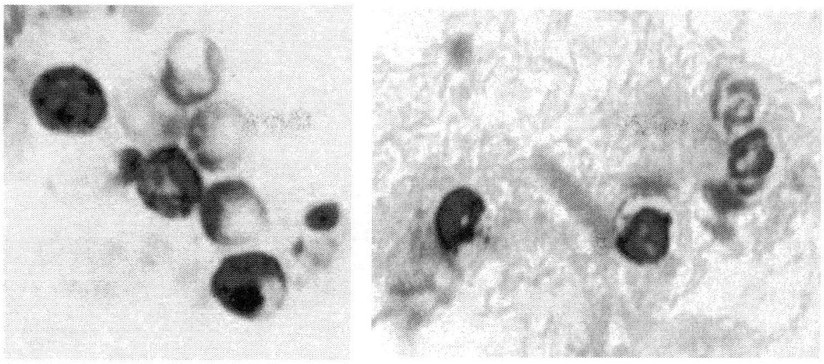

图 1-3-48　改良抗酸染色的隐孢子虫卵囊

实验十一　医学节肢动物（1）

一、医学节肢动物概述

【目的要求】

（1）了解医学节肢动物的形态特征。

（2）了解医学昆虫的生活史类型。

【项目与方法】

1. 医学节肢动物各纲形态特点

（1）昆虫纲（*Class Insecta*）：体分为头、胸、腹三部分。头部有触角一对；胸部有足三对，分别连接于前、中、后胸；多数种类具有翅 1～2 对，分别连接于中、后胸；以气门呼吸。如蚊、蝇、白蛉、虱、蚤等。

（2）蛛形纲（*Class Arachnida*）：体分为头胸和腹两部分，或者说整个身体由腭体和躯体构成，躯体有足体和末体组成。无触角，有触须一对，幼虫足 3 对，成虫足 4 对，以气门呼吸。如蜱、螨。

（3）甲壳纲（*Class Crustacea*）：体分为头胸和腹两部分，有两对触角，足 5 对。如剑水蚤、石蟹、蝲蛄等。

（4）多足纲（*Class Chilopoda*）：体长形，由许多相同的体节组成，头部有触角一对，每一体节有足 1～2 对。如蜈蚣。

2. 昆虫和蜱、螨的发育过程

（1）昆虫

1）全变态：生活史分卵、幼虫、蛹及成虫四期，幼虫与成虫在形态结构、生理功能和生活习性是截然不同的。

2）半变态：生活史分卵、若虫及成虫三期。幼虫与成虫的形态结构、生活习性是相似的，在渐变的过程中发育到性成熟。

（2）蜱、螨：其生活史一般分为卵、幼虫、若虫及成虫期。

（3）实验方法：通过示教、视听教材、观察标本了解常见的医学节肢动物。

3. 医学昆虫检索

（1）目的要求：不同种类的医学昆虫传播疾病和危害人类健康的方式是不同的，在发现一种昆虫与人体健康可能有关时，首先要求确定这种昆虫属于哪一类。利用节肢动物检索表可以查清其相应的分类地位和种名。本实验要求初步掌握检索表的使用方法，并能认识最常见的医学昆虫。

（2）学习内容

1）检索表使用方法

A. 凡是检索表都分成若干条，每条分为上下两项，有时包含 3～4 项或更多，每项内容为虫体的一个特征或一部分特征，这些特征恰与其对立的另一项中所包含的特征是不一致的。

B. 查阅时，先从第一条开始，根据每条前后两项中对应特征，对比手头标本符合那一项，在完全符合的一项后面有一个名称，表示手头标本即属于这个范围，否则便有一个数字，则根据这一数字去找下面相应的条目，如为“5”，则表示继续查第 5 条，如此跟踪，直到有名称为止。

C. 一个完整的检索表最后可以查到虫种名称，是根据纲、目、科、属、种依次编著检索表的。

D. 检索表仅是指示手头标本可能属于哪一目，或哪一科，或哪一种，检索后，还必须查看种的描述是否与种的特征符合，以免检索表编写不全面，或者是尚未描写过的新种。

2）将下列标本按检索表分别检索到纲和目：①蚊；②毒蛾；③臭虫（玻片）；④苍蝇；⑤蟑螂；⑥虱（玻片）；⑦蜱；⑧ 白蛉（玻片）；⑨蚤（玻片）；⑩尘螨（玻片）。

重要医学节肢动物成虫主要分目检索练习：

1a. 躯体愈合，不分头、胸、腹，亦无分节。无触角，躯体前端有一个假头状的腭体。足有四对（蜱，螨）……………………………………蛛形纲（Arachnida）螨目（Acarina）

1b. 虫体分为头、胸、腹三部，而且分成许多节。头部有触角一对。足只有三对，都在胸部……………………………………………………………………昆虫纲（1nsecta）2

2a. 有翅，非常发达……………………………………………………………………3

2b. 无翅，或虽有而明显退化…………………………………………………………5

3a. 翅 1 对，后翅退化为平衡棒（蚊、苍蝇、白蛉、蠓、虻、蚋）……双翅目（Diptera）

3b. 翅 2 对，或者质地相同，或者质地不同……………………………………………4

4a. 咀嚼式（与蝗虫相似），翅革质光滑较硬（蟑螂）…………………蜚蠊自（Blattaria）

4b. 口器退化，翅上有大量的鳞片（毒蛾、刺蛾）………………鳞翅目（Lepidoptera）

5a. 虫体左右侧扁，触角小，藏于沟中，足粗壮善跳（跳蚤）……蚤目（Siphonaptera）

5b. 虫体背腹扁平，触角不藏于沟中…………………………………………………6

6a. 虫体深棕色，触角较长，有复眼，无单眼，口器长，弯折于腹面，有残附的翅基，足不适于抓握（臭虫）…………………………………………………半翅目（Hemiptera）

6b. 虫体灰白色，胸腹部愈合，无翅基，触角短小，有单眼而无复眼，口器藏于头内，足适于抓握（虱）………………………………………………………虱目（Anoplura）

二、蚊

【学习要点】 蚊（Mosquito）是四害之一，是多种疾病的传播媒介，如疟疾、丝虫病、流行性乙型脑炎等。蚊虫的生活史属全变态，包括卵、幼虫、蛹及成蚊四期。前三个时期生活在水里，只有成蚊叮人吸血，传播病原体。蚊虫种类很多，与传播疾病有关的常见蚊种，大多属于按蚊、库蚊和伊蚊三属。这三属蚊虫在形态、生态以及与疾病的关系上都有不同。

【目的要求】

（1）掌握三属蚊虫的生活各期的形态特点。

（2）认识蚊虫生活史各期的一般形态及刺吸式口器的构造。

（3）认识常见蚊属的鉴别特征。

（4）学会使用检索表鉴定常见蚊种。

【项目与方法】

1. 教学录像《蚊》。

2. 自己观察

（1）成蚊形态：用放大镜观察针插标本（图 1-3-49）。

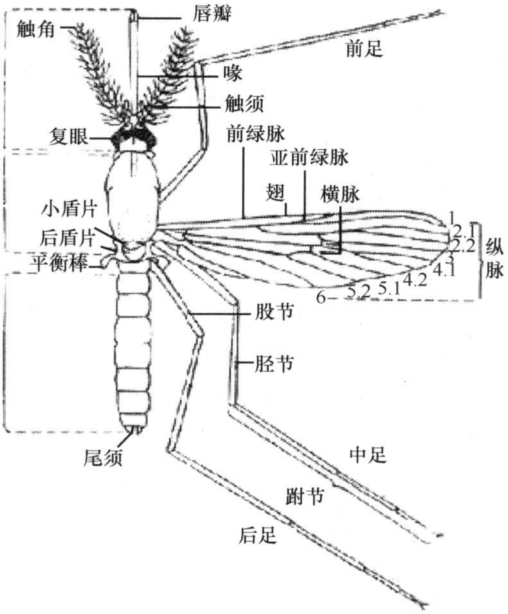

图 1-3-49 成蚊的结构

1）淡色库蚊（*Culex pipiens pallens*）：①头部近球形。复眼 1 对，位于头两侧，色深。触角 1 对，鞭状，向两侧伸出，共 15 节，每节有轮毛，雄性毛长而密，雌性毛稀少，是两性区别的重要特征。喙 1 个，位于头的前下方，由上、下唇和舌各 1 个，上、下腭各 1 对组成，下唇的末端有两个唇瓣。下腭须（触须）1 对，位于喙的两侧，雌性的甚短，仅有喙长的 1/5；雄性的往往比喙长，其上有毛。②胸部包括前、中、后胸三节，中胸特别发达，中胸盾片有分类意义。前、中、后胸的腹侧各有足一对，每足包括基节、转节、股节、胫节及跗节，其中跗节分五节，第五跗节末端有爪和爪垫各一对。中胸有翅 1 对，窄而长，翅脉除前缘脉、亚前缘脉外，共有六条纵脉。其中第二、第四、第五都有分叉，其脉序为 1；2.1，2.2；3；4.1，4.2；5.1，5.2；6。即 1、3、6 不分叉；2、4、5 各分两支。在翅的后缘上有长鳞片称为缘缨。后胸有平衡棒 1 对。③腹部共分 11 节，8～11 节变为外生殖器，

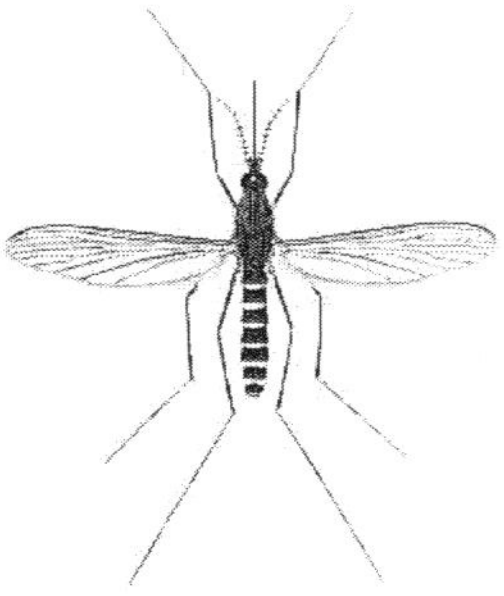

图 1-3-50 淡色库蚊

1～7 节有一背板及一腹板。腹节背板上有时有由淡色鳞片形成的横带，称作淡色带或白带，是分类的特征。1～7 节每侧背板与腹板之间有一气门。雌蚊尾端有尾须 1 对。雄蚊生殖器构造复杂，其形态因蚊种而异。为鉴定蚊种的重要依据（图 1-3-50）。

2）中华按蚊（*Anopheles sinensis*）：体灰褐色，雌蚊和雄蚊触须与喙等长，雄蚊触须末端膨大，很多按蚊的触须上有白环，是区别种类的重要特征。翅脉上有黑白鳞片形成的花斑。缘缨上黑白斑的数目、大小是区别种类的重要特征。其他与库蚊相似（图 1-3-51）。

3）白纹伊蚊（*Aedes albopictus*）：体黑色，有银白色斑点，中胸背面正中有一条明显的银白色纵纹，足上有白环。其他与库蚊相似（图 1-3-52）。

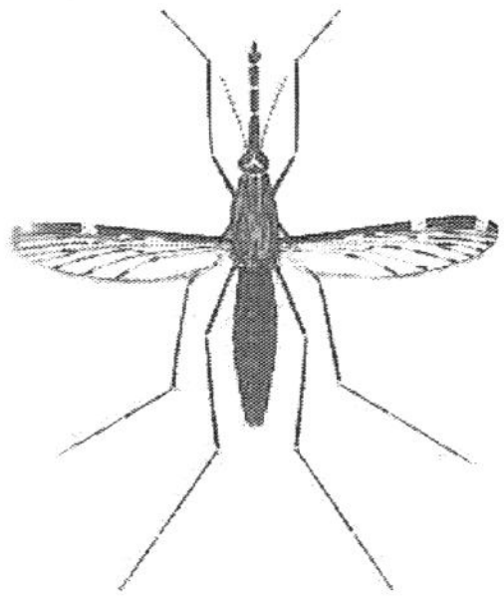

图 1-3-51 中华按蚊

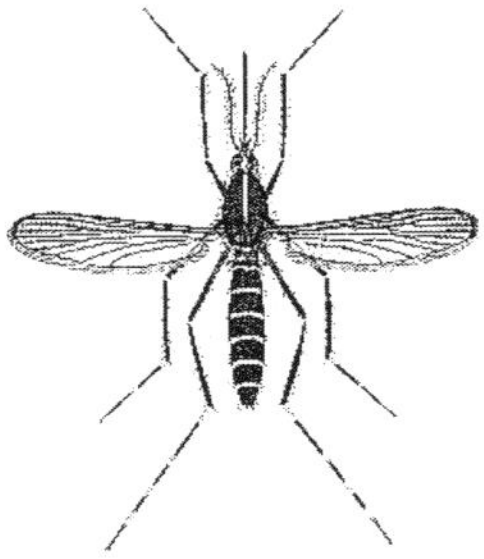

图 1-3-52 白纹伊蚊

4）三种常见蚊种生活史各期的活体标本：用肉眼观察淡色库蚊、中华按蚊和白纹伊蚊成蚊及幼虫的静态。注意从成蚊栖息于停留面的姿态来区分是哪种成蚊。按蚊的身体与停留面成角度，库蚊、伊蚊的身体则与停留面平行。从幼虫停留于水面的姿态或呼吸管的长短来区分不同的幼虫。按蚊幼虫平浮于水面，库蚊、伊蚊幼虫则以呼吸管口接触水面，身体倒悬于水中与水面成角度。

（2）幼虫玻片标本：用低倍镜观察。

1）库蚊幼虫：分头、胸、腹三部分，周身被有毛丛（图 1-3-53A）。

头部：有触角、眼、口器等结构。

胸部：三节愈合为一，常比头、腹部宽。

腹部：共 9 节，第 8 节背面有一向背后方伸展的细长的呼吸管，有呼吸管毛多对。

2）按蚊幼虫：无呼吸管，第 8 腹节背面有一对呼吸孔，除周身被有毛丛外，在 1～7 腹节背面有成对的掌状毛（棕状毛），其他与库蚊幼虫相似（图 1-3-53B）。

3）伊蚊幼虫：呼吸管较粗短，有呼吸管毛一对，其他与库蚊幼虫相似（图 1-3-53C）。

（3）蚊卵玻片标本：用低倍镜观察。

1）库蚊卵：长圆锥形，常几十或几百粒黏在一起形成卵块浮于水面。

2）按蚊卵：舟形，两侧有浮囊，单个散在，浮于水面上。

3）伊蚊卵：橄榄状，单个分散沉于水底。

（4）蛹玻片标本：用低倍镜观察。

1）库蚊蛹：形如逗点，分头胸部和腹部，头胸部有一对呼吸管。呼吸管细长，口小，前方无裂隙。

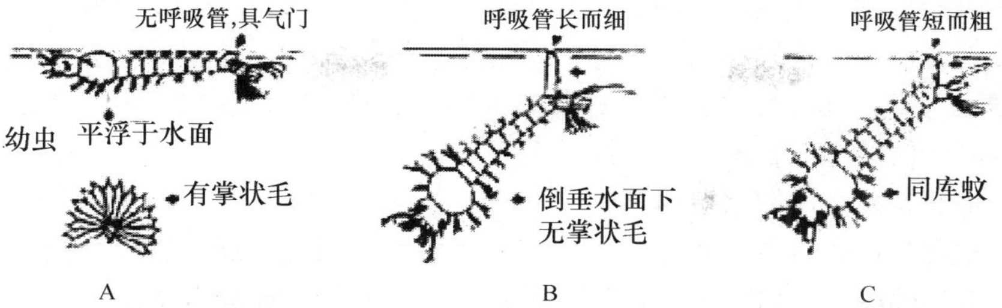

图 1-3-53 三种蚊幼虫结构

2）按蚊蛹：形似库蚊蛹，仅呼吸管短而粗似漏斗状，口阔，前方有裂隙。

3）伊蚊蛹：形似库蚊蛹，仅呼吸管短而宽，口三角形，前方无裂隙。

3. 示教 三属蚊虫的生活各期的形态。

参考资料

1. 几种常见蚊种检索表（雌性）

（1）下腭须与喙等长，腹部无鳞片，翅有暗鳞及淡鳞形成之斑……………………………2

下腭须较喙短，腹部有鳞片，翅暗色……………………………………………………………3

（2）翅前缘仅有两个白斑，下腭须有 4 个白环…………中华按蚊（*Anopheles sinensis*）

翅前缘至少有 4 个白斑，下腭须 3 个白环，体型较小…微小按蚊（*Anopheles minimus*）

（3）中胸背板黑色，具银白鳞片斑，跗节白环清晰……………………………………………4

中胸背板棕黄色，跗节白环不明显或无白环……………………………………………………5

（4）中胸背板中央具一条明显纵行白纹……………………白纹伊蚊（*Aedes Albopictus*）

中胸背板两侧具有 2 块大白斑…………………………仁川伊蚊（*Aedes chemulpoensis*）

（5）喙中部具有一白环，跗节有不明显的白环…三带喙库蚊（*Culex tritaeniorhynchus*）

喙中部无白环，跗节无白环…………………………………淡色库蚊（*Culex pipiens pallens*）

2. 蚊虫解剖 用乙醚使蚊虫麻醉，放在干净载玻片上，在解剖镜下用解剖针除去翅和足。再在蚊体上滴一滴生理盐水。

（1）涎腺的解剖：将蚊体侧放，背向左方，左手持解剖针，刺入蚊胸固定，右手持针压住蚊的头部，轻轻向下拖拉，涎腺可随头部的牵拉而被拖出。将拖出的涎腺移至另一载玻片上的生理盐水内。加盖玻片，置镜下检查有无子孢子。疟原虫子孢子在光镜下呈反光的镰刀状小体。如有疑问可用姬氏染色法鉴定。

（2）蚊胃的解剖：用解剖针在腹部倒数第二节之前切一小口，但不损伤肠道，用左手持针固定胸部，右手持针压在腹部尾端，慢慢向外拉即可将消化道拉出。将取出的消化道用解剖针从后肠处切断，除去尾节和马氏管，剥下蚊胃。将蚊胃移至另一滴生理盐水中，加上盖玻片，镜检胃壁可能找到疟原虫的卵囊。卵囊呈圆形，大小不一，直径 6～80μm，突出在胃壁之外呈小疣状。

（3）胸肌的解剖：将蚊虫的胸部，置于干净玻片上，加一滴生理盐水，用解剖针将胸肌撕碎，加盖玻片，镜检找丝虫幼虫（主要是腊肠期幼虫）。

3. 疟原虫（鸡疟）**在蚊体内发育过程的观察** 取若干白纹伊蚊，饥饿 2 天后，放入蚊笼内。将带配子体的鸡血置蚊笼内，用人工膜喂血。2 小时后把饱食的蚊虫取出，分别放入 1、2、3 号蚊笼内。用糖水喂养。

将 1 号蚊笼内吸血后的蚊虫进行解剖，撕破胃壁，取出血滴，做成薄血膜涂片，染色后检查有无出丝的雄配子体（出丝过程，因发生时间太短，常常不易看见）。

吸血后第 4 天，解剖 2 号蚊笼内的蚊虫，在蚊虫的胃壁的弹性纤维膜下寻找囊合子（即卵囊）。吸血后第 12 天，解剖 3 号蚊笼内的蚊虫，在蚊虫的涎腺内，寻找疟原虫的子孢子。

（1）囊合子：蚊虫吸入含有配子体的血液 3～4 天之后，取蚊虫解剖，可在蚊虫的马氏管内（注意人类的疟原虫应在蚊的胃壁弹性纤维膜下）找到球形的薄壁的囊合子。囊合子的大小不一，但随着发育而增大，通常成熟囊合子的直径可达 34μm，内含有无数的子孢子。

（2）子孢子：成熟子孢子逸出囊壁，最后聚集在蚊虫的涎腺内。

三、虱

【学习要点】 虱（Louse）属于虱目虱科，背腹扁平。分为体虱、头虱、阴虱三种。形态上体虱与头虱相似，头虱较黑、体小。阴虱似蟹状，活动较慢，足粗壮，胫节末端内侧有指状突起。跗节末端有一爪，两者构成握器，用其固定于毛发或纤维上。虱的生活史属不全变态，包括卵、若虫、成虫三期。成虫可传播流行性斑疹伤寒、回归热、战壕热等。

【目的要求】 认识虱的一般形态特征。

【项目与方法】

1. 自己观察

成虫包括体虱、头虱和阴虱。

（1）体虱玻片标本：用低倍镜观察。灰白色，背腹扁平。体分头、胸、腹三部分，无翅。雌虱体较大，雄虱较小（图 1-3-54A）。

1）头部：菱形，前端钝圆，有触角 1 对，分 5 节。复眼 1 对，位于头部两侧突出处。口器为刺吸式，平时缩入头内。

2）胸部：3 节融合，无翅。3 对足粗壮，大小相似，胫节末端内侧有指状突起与跗节末端弯曲的爪形成握器。

3）腹部：扁平，雄虱腹部末端呈“V”形，有一交尾刺。雌虱腹部尾端呈“W”形。

（2）头虱玻片标本：形态与体虱区别较小，体略小，体色较深（图 1-3-54B）。

（3）阴虱玻片标本：形似蟹，胸部较腹部宽，前足细小，中足及后足粗大，腹部宽大于长，两侧有管状突起 4 对（图 1-3-54C）。

2. 示教 生活史各期。

（1）卵（玻片标本）长圆形，乳白色，一端有盖，其上有气孔，粘在纤维或毛发上（图 1-3-55）。

（2）若虫玻片标本：形态与成虫相似，但体较小，生殖器官未发育成熟。

A. 体虱

B. 头虱

C. 耻阴虱

图 1-3-54　虱

【作业】

（1）绘一蚊翅（示脉序）。

（2）列表比较三属蚊种卵、幼虫、蛹、成蚊在形态上的主要区别。

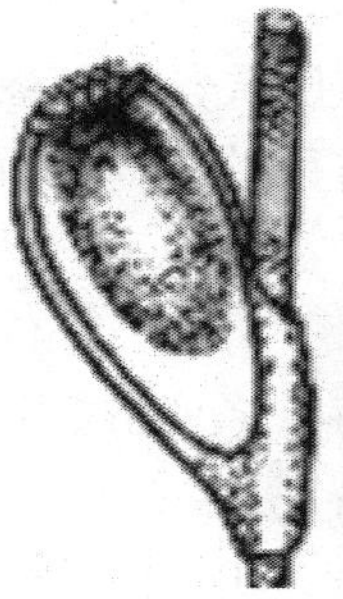

图 1-3-55　虱卵

【思考题】

（1）简述蚊虫的形态特征。

（2）三属蚊虫传播那些疾病?它们与病原体间有什么关系?

（3）城市蚊种与农村蚊种的分布有何不同?为什么?

（4）如果在墙壁上栖息着蚊虫，你可根据哪些特点把按蚊找出来?

（5）在稻田、污水及小型积水中各可以发现哪些蚊类的卵与幼虫？怎样鉴别?

（6）虱与传播疾病有关的生态习性有哪些?

（7）为什么人虱只能在人与人之间传播疾病?

实验十二　医学节肢动物（2）

一、蝇

【学习要点】　蝇（fly）是四害之一，传播疾病的范围较广，病原体包括细菌、病毒和寄生虫；引起消化道、呼吸道、神经系统和眼部的疾病。蝇的生活史属全变态。幼虫亦称蛆，有的蝇蛆还可引起蝇蛆病。幼虫孳生地类型很复杂，因种而异。蛹多在幼虫孳生地周围的泥土中。舐吸式口器的蝇为杂食性，足的爪垫能分泌黏液并长满细毛，有利于黏附病原体；蝇有边吃边吐边排便的习性。而刺吸式口器的蝇嗜吸人和动物血，可以传播锥虫病。应注意成蝇的形态结构和生态习性与传病的关系。

【目的要求】

（1）认识蝇类生活史各期的一般形态及常见蝇种。

（2）掌握蝇类形态结构与传病的关系。

【项目与方法】

1. 教学录像 《常见医学昆虫》。

2. 自己观察

（1）成蝇

1）针插标本：肉眼观察或用放大镜观察。

全身密生鬃毛，体分头、胸、腹三部分。

头部：有复眼 1 对，除麻蝇外，两复眼间的距离可区别雌雄，雌性两复眼距离较大，雄性两复眼相距较小。

胸部：腹侧有足 3 对。中胸发达，有翅 1 对。有的背部有黑色纵纹。

腹部：圆钝，分 10 节，外观上仅见 5 节，其余各节转化为外生殖器，平时缩在腹内。

2）玻片标本：在低倍镜下观察。

舍蝇头部：有复眼 1 对，由很多六角形单眼组成。头顶中央有 3 个单眼，呈倒品字排列。触角 1 对，位于复眼间面颊中央，各由 3 节组成，第三节基部有触角芒（毛），呈羽毛状。口器为舐吸式，由基喙、中喙和唇瓣组成。基喙末端有下腭须 1 对。唇瓣发达，分 2 叶，由对称排列的凹沟（似气管样的结构）组成。

蝇足部：满布鬃毛，分基、转、股、胫、跗五节；跗节末端有爪及爪垫各一对，爪垫上密布细毛。

蝇翅：有 6 条纵脉，均不分支，其第四纵脉的弯曲度及其末端与第三纵脉末端之距离远近是分类特征之一。

（2）幼虫（蛆）的后气孔玻片标本：幼虫腹部第八节后侧有后气孔（门）1 对，后气孔由气孔环，气孔钮及气孔裂等部分组成。幼虫的后气孔形态是蝇分类上的重要根据之一。

3. 示教

（1）国内常见蝇种形态（成蝇）

1）舍蝇（*Musca domestica vicina*）：又称家蝇，体中小型，灰黑色，触角芒的毛呈羽毛状分布，胸背部具有 4 条等长等宽的黑色纵纹，翅第四纵脉向上急弯曲成一角度，其末端与第三纵脉末端接近（图 1-3-56）。

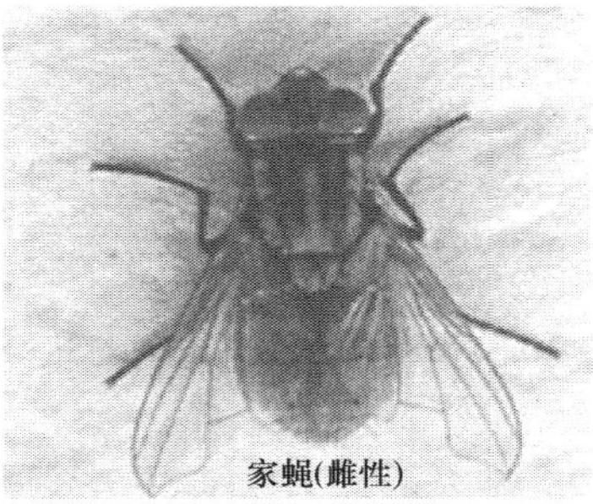

图 1-3-56 家蝇

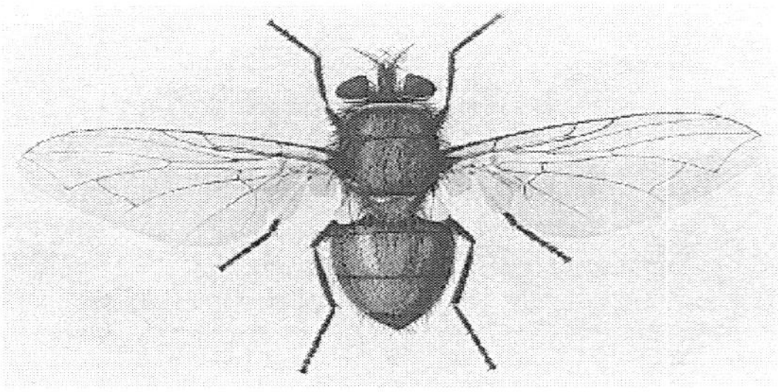

图 1-3-57 丝光绿蝇

2）丝光绿蝇（*Lucilia sericata*）：体中型，呈铜绿或蓝绿色金属光泽，颊部银白色，触角芒的毛呈羽毛状分布，翅的第四纵脉弯曲情况同舍蝇（图 1-3-57）。

3）大头金蝇（*Chrysomyia megacephala*）：体大型，具光亮金绿色金属光泽，复眼大而鲜红色，颊部橙黄色，触角芒的毛呈羽毛状分布，翅的第四纵脉弯曲情况同舍蝇(图 1-3-58)。

图 1-3-58 大头金蝇

4）巨尾阿丽蝇（*Aldrichina grahami*）：体大型，胸部灰黑色，具粗长的鬃毛，胸背部有 3 条黑色纵纹，触角芒的毛呈羽毛状分布，腹部背面有青蓝色的金属光泽，翅的第四纵脉弯曲情况同舍蝇（图 1-3-59）。

图 1-3-59 巨尾阿丽蝇

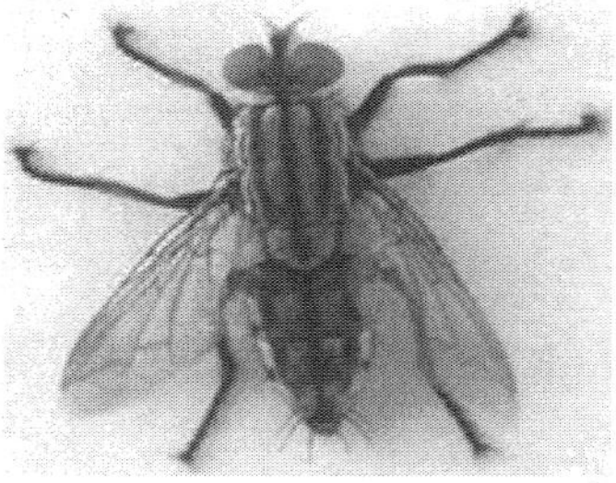

图 1-3-60 麻蝇

5）厩腐蝇（*Muscina stabulans*）：体中等，暗灰色，触角芒的毛呈羽毛状分布，中胸背面有 4 条黑色纵纹，两外侧纵纹有中断，翅的第四纵脉向前弯曲缓和，末端与第三纵脉末端距离较远。

6）厩螫蝇（*Stomoxys calcitrans*）：体中型，形似舍蝇，暗灰色，具刺吸式口器为其特点，触角芒仅一侧有细毛，胸背部的纵纹及第四翅脉弯曲情况似厩腐蝇。

7）黑尾麻蝇（*Bellieria melenura*）：体大型，灰色。触角芒末端无毛。中胸背面有 3 条直的黑色纵纹，第四翅脉弯曲情况和舍蝇相似，腹部背面有黑白相间的棋盘样斑块（图 1-3-60）。

8）夏厕蝇（*Fannia canicularis*）：体小型，暗灰色。触角芒上无毛。翅第四纵脉几乎与第三纵脉平行。

（2）蝇生活史各期一般形态：卵、幼虫（蛆）、蛹、成虫。

（3）常见蝇幼虫（蛆）的后气孔形态。

二、白　蛉

【学习要点】 白蛉（sandfly）是较小的吸血昆虫，体黄棕色，驼背，全身披毛，跳跃式飞行，生活史属全变态，分卵、幼虫、蛹和成虫，白蛉种类很多，传播黑热病的媒介是中华白蛉。主要掌握咽甲、受精囊及雄蛉外生殖器等与分类有关的形态特征。

【目的要求】

（1）认识白蛉生活史各期的一般形态。

（2）了解白蛉成虫与分类有关的形态结构。

（3）熟悉中华白蛉成蛉的主要形态特征。

【项目与方法】

1. 自己观察 中华白蛉（*Phlebotomus chinensis*）成虫、咽甲、受精囊玻片标本：腹背部第 2～6 节长有竖立型毛，口甲不发达，咽甲的前部和中部由“V”形小齿组成，基部有断续的横脊，雌蛉受精囊似玉米棒状，分节（13～14 节）；雄蛉外生殖器的上抱器第二节上有 5 根巨毛。

2. 示教 白蛉生活史各期的一般形态特征

（1）成虫玻片标本：约 3mm 长，全身丛生细毛，体分头、胸、腹三部（图 1-3-61）。

头部：有复眼 1 对，触角 1 对，刺吸式口器，较短，触须较口器为长，分为五节，自第四节起向上后方弯曲，触角更长，口腔内有口甲，咽部有咽甲。

胸部：向上隆起，形似驼背，中胸最发达，有翅 1 对，翅狭长而有毛，顶端尖，白蛉停落时两翅向上竖立，与身体成 45°角。翅脉分布：第一、三、六纵脉不分叉，第二、四、五纵脉分叉，第二纵脉分 3 支。第四、五纵脉各分 2 支。有足 3 对，细而长。

腹部：有 10 节，第 2～6 节背面有细长的毛，或竖立，或平卧，或两者混杂，因种而异，通常竖立毛者为传病蛉种。雄蛉腹部末端有雄性外生殖器，包括上钳 1 对（每一上钳又分上下两节），上钳第二节有巨毛，其数目与分布是分类依据之一。下钳 1 对，间中附器 1 对，阴茎 1 对，亚中尾须和生殖丝各 1 对。雌蛉腹部内有受精囊 1 对，其形状是分类依据之一。

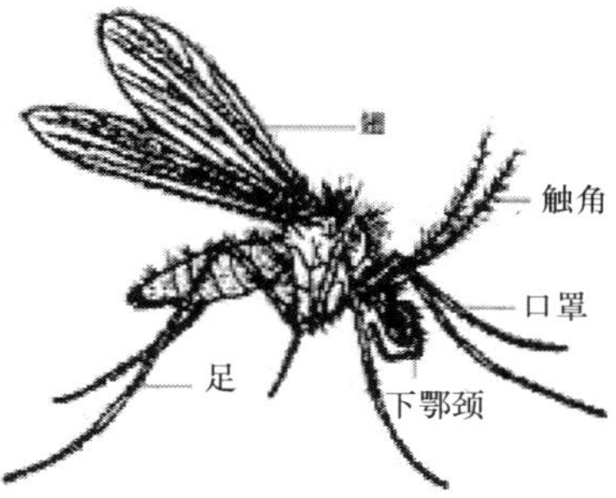

图 1-3-61 白蛉成虫结构

（2）卵玻片标本：长椭圆形，两端较钝，外壳上有网状花纹，呈深褐色。

（3）幼虫玻片标本：分四期，体分头、胸、腹三部分，无眼，口器为咀嚼式。第一期幼虫尾部有长刚毛 1 对，第 2～4 期幼虫尾部有长刚毛 2 对。

（4）蛹玻片标本：淡黄色，无茧，分头胸部和腹部，尾端有四龄幼虫蜕下的外皮，皮上的四根尾刚毛依然存在。

（5）蒙古白蛉（*Phlebtomus mongolensis*）：受精囊、咽甲及雄外生殖器玻片标本：注意与中华白蛉相比较。蒙古白蛉腹部第 2～6 节背面的毛为竖立，虽为竖立毛，但因吸血后胃内形成围食膜，故不传病。无口甲，咽甲上有碎石块状的图案，末端无横纹。雌蛉受精囊短小，分为四节；雄蛉外生殖器的上钳短而粗，有 4 根巨毛。

三、蚤

【学习要点】 蚤（flea）属昆虫纲蚤目。身体两侧扁平，头部呈三角形，足粗壮善跳跃。蚤的生活史属全变态，包括卵、幼虫、蛹和成虫四期。成虫前胃有几丁质齿，与传病有关。成虫对温度较敏感，耐饥力强。蚤兼吸动物和人血，可在动物和人之间传播疾病，鼠疫、地方性斑疹伤寒都是其传播的自然疫源性疾病。

【目的要求】

（1）认识蚤生活史各期的一般形态及主要分类特征。

（2）了解几种常见蚤类。

【项目与方法】

1. 自己观察

（1）成虫玻片标本：身体两侧扁平，无翅，分头、胸、腹三部分。

（2）头部：呈三角形，触角 1 对，分三节，位于头两侧的触角窝内。触角窝把头分为前头与后头两部分，前头上半部称额，下半部称颊。触角窝前有单眼一对，眼前方或下方有一鬃毛称眼刚毛。口器为刺吸式。颊栉的有无，以及眼刚毛位置是分类依据。

（3）胸部：分前、中、后胸三节，每一胸节由背片、腹片及侧片组成，前胸背片上有无胸栉及中胸侧片上有无几丁质杆是分类依据。无翅，有 3 对强壮的足。

（4）腹部：由十节组成，1～8 节各有气门 1 对，第八节上有一圆形臀片具有感觉功能。雌蚤尾端圆钝，透过腹片，清晰可见几丁质受精囊。受精囊的形态为分类依据。雄蚤交配器由上、下抱握器各 1 对组成，其具有分类意义。

注意：眼的有无，眼刚毛的位置，颊栉及胸栉的有无，受精囊及雄外生殖器的形态等，均为分类的依据。

2. 示教 生活史各期（玻片标本）。

（1）卵：椭圆形，无盖，大小为 0.5mm × 0.34mm。

（2）幼虫：乳白色，体细长，无足无眼，口器为咀嚼式。

（3）蛹：幼虫成熟后吐丝做茧，在茧内化为蛹。

（4）几种常见蚤类：

1）致痒蚤（*Pulex irritans*）：颊栉及前胸栉均无，眼刚毛位于眼的下方，中胸侧板无垂直的侧板杆，雌蚤受精囊呈葫芦形（图 1-3-62）。

2）印鼠客蚤（*Xenopsylla cheopis*）：颊栉及前胸栉均无，眼刚毛位于眼的前方，中胸侧板有垂直的侧板杆，雌蚤受精囊呈“C”字形（图 1-3-63）。

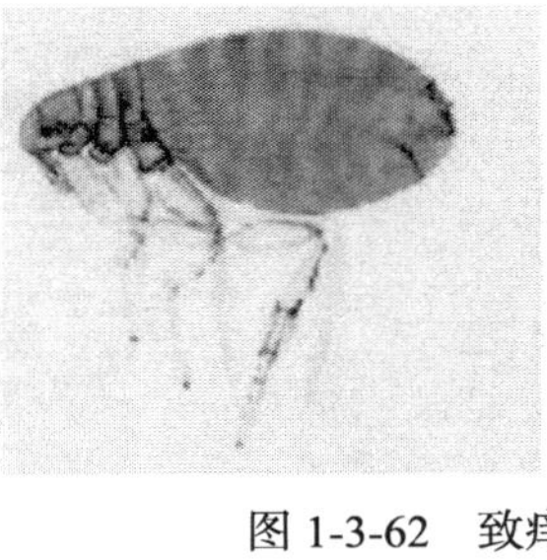

图 1-3-62 致痒蚤

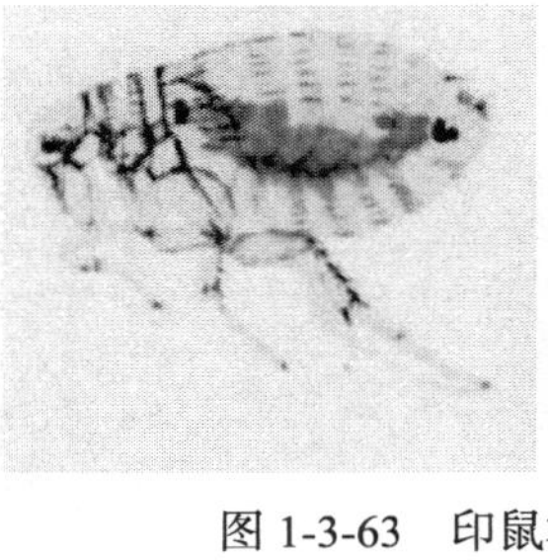

图 1-3-63 印鼠客蚤

3）方形黄鼠蚤松江亚种（*Citellophilus tesquorum sungaris*）：无颊栉，有前胸栉。雌蚤的受精囊头部呈椭圆形，尾部呈香蕉形。

4）猫蚤（*Ctenocephalides felis*）：颊栉及前胸栉均有，头长而尖。雌蚤受精囊呈“C”字形（图 1-3-64）。

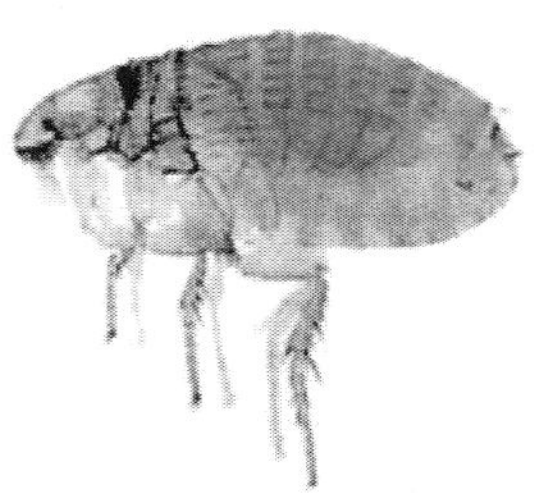

图 1-3-64　猫蚤

5）犬蚤（*Ctenocephalides canis*）：颊栉及前胸栉均有，头较短，额圆形，雌蚤受精囊呈“C”字形。

【作业】

绘图：①舍蝇足末端（示爪、爪间突及爪垫）。②舍蝇翅（示翅脉的特点）。

【思考题】

（1）蝇类哪些形态结构和习性与传染病有关？

（2）试设计某一自然村或一单位中防制苍蝇的计划。

（3）白蛉传播什么病？怎样防治？

（4）跳蚤的哪些形态结构和生态习性与传播鼠疫有关？

（5）为什么蚤能迅速地在人和动物之间传病？

实验十三　医学节肢动物（3）

一、蜱

【学习要点】　蜱（tick）类均营寄生生活，宿主范围很广，从两栖类到哺乳类。它是很多病原体的传播媒介和储存宿主，如病毒、细菌、立克次氏体和螺旋体等。并可将某些动物疾病传播给人类，在自然疫源性疾病的传播上起着重要作用。

【目的要求】

（1）了解蛛形纲的一般特征。

（2）了解硬蜱与软蜱的主要区别。

（3）了解蜱的生活史。

【项目与方法】

1. 教学录像　《蛛形纲》。

2. 示教　（玻片标本）

（1）硬蜱：躯体背面有一块硬的盾板，故称硬蜱。以全沟蜱为例，先用肉眼观察形状和大小，腭体的位置，足的形状及数目（图 1-3-65）。注意盾板大小，以区别雌雄。然后在低倍显微镜下观察其一般形态结构。

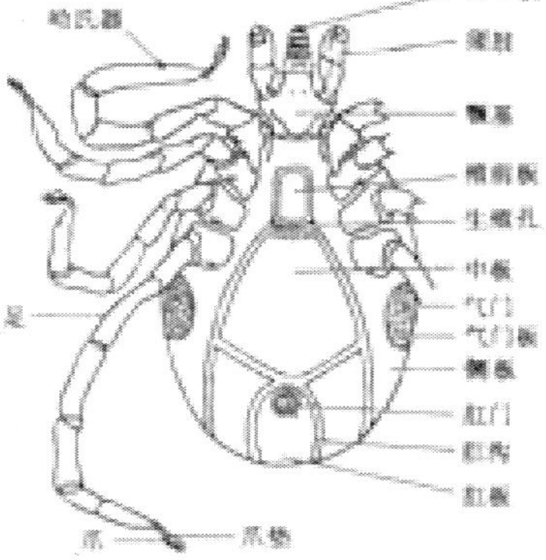

图 1-3-65　硬蜱的结构

1）颚体（假头）：嵌在躯体前端的凹缘中，由以下几部分组成。

螯肢：1 对，由颚基背部前方伸出，分为螯杆和螯趾，螯趾分为定趾和动趾，螯杆外包螯鞘，其功能为切割宿主皮肤吸血。

颚基：颚体的基部，后面与躯体相连，其背面形状与分类有关。

口下板：从颚基腹面正中伸出，腹面有左右对称的数行倒齿，吸血时借倒齿附着在宿主皮肤上。口下板位于螯肢的腹面，从背面不易看到。

须肢：1 对，由颚体前端两侧角伸出，在螯肢两侧，由四节组成，第四节极小位于第三节末端腹面。吸血时须肢主要起固定和支持作用（图 1-3-66）。

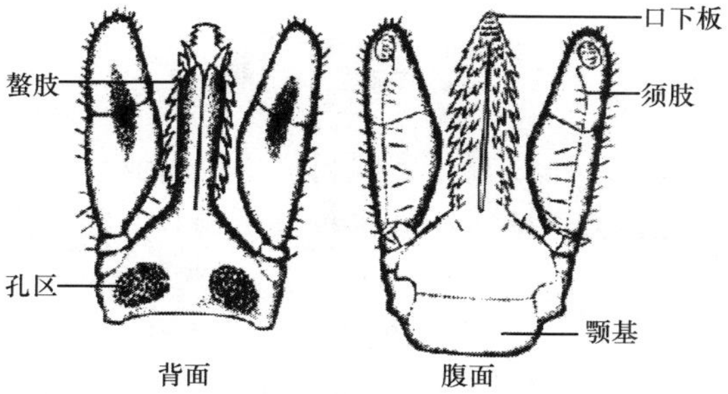

图 1-3-66 硬蜱的颚体结构

2）躯体：由头胸部及腹部融合而成，椭圆形，背腹扁平。表面革质弹性大。

背面：盾板 1 块，雌蜱的盾板较小，仅覆盖躯体前端一小部分（约 1/3）。雄蜱的盾板则覆盖整个背面（图 1-3-67）。

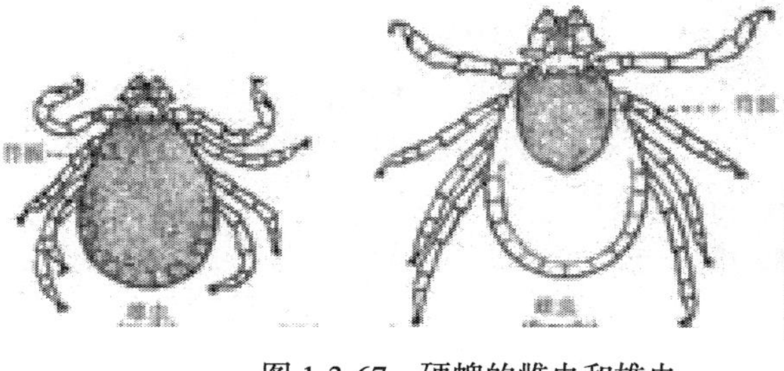

图 1-3-67 硬蜱的雌虫和雄虫

腹面：足 4 对，注意第一对足的跗节背面接近端部有哈氏器，具有感觉功能。

生殖孔：在躯体前 1/3 的正中，其开口是一横裂。

肛门：在躯体后 1/3 的正中，肛门前有弧形的沟称肛沟。

气门：在第四对足基节的后外侧，由气门板所围绕。雄蜱腹面尚有数块骨板。

（2）软蜱：用放大镜或解剖镜观察。棕褐色，基本形态与硬蜱相似（图 1-3-68），主要不同点如下：

1）颚体在躯体腹面的前部，从背面不能见到。

2）无盾板。

3）气门在第三及第四对足基节之间。

4）雌雄外形相似，不易识别，生殖孔雌性呈横沟状，雄性呈半月形。

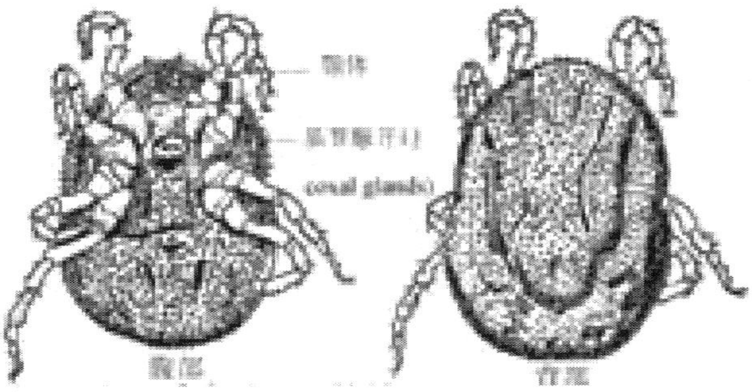

图 1-3-68 软蜱

二、革 螨

【学习要点】 革螨（*Gamasid*）属于寄螨目、中气门亚目、寄螨总科。寄生于脊椎动物的革螨有 600 多种，我国已知革螨有 160 多种。革螨对一些动物源疾病起着传播、储存和扩大疫区的作用。

革螨的生活史分为卵、幼虫、第一若虫、第二若虫和成虫五期，寄生性革螨的幼虫期不吸血。

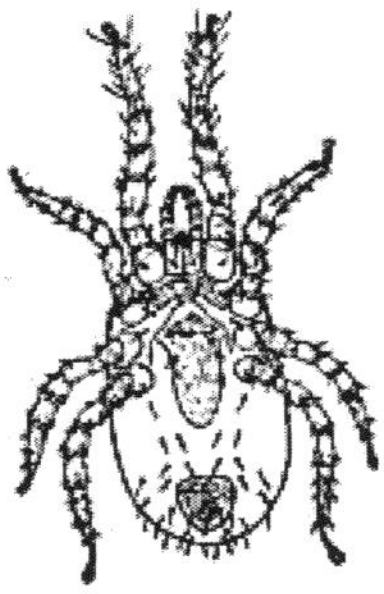

图 1-3-69 革螨

【目的要求】 认识革螨的一般形态。

【项目与方法】

1. 成虫形态 玻片标本示教：体圆形或卵圆形，黄色或褐色，大小 0.2～2.5mm，体表皮为膜质，由颚体和躯体两部分组成（图 1-3-69）。

（1）颚体

1）颚基：颈项状。

2）螯肢 1 对，由螯杆（基节）和螯钳（端节）构成，螯钳分为动趾和定趾；雌虫定趾上或有钳齿。

3）须肢：1 对，由颚基两侧伸出，呈指状，一般分为 5 节，其末节内侧有一粗壮的叉毛。

（2）躯体：背腹扁平。

1）背面：有 1～2 块背板。

2）腹面：雌虫在躯体腹面有胸板、生殖板、腹板和肛板等骨板；雄虫则往往愈合为一块称为全腹板。足 4 对，各分为 6 节（包括基、转、股、膝、胫和跗节）。气门 1 对位于第三、四对足基节间的外侧呈圆孔状。

2. 格氏血厉螨（*Haemolaelaps glasgowi*）（玻片标本示教） 雌虫胸板宽大于长，后缘内凹；生殖腹板呈舌状，远离肛板，板上只有 1 对刚毛。

3. 毒厉螨（*Laelaps echidninus*）（玻片标本示教） 雌虫胸板长宽略相等；生殖腹板后端特别膨大，后缘凹陷，几乎与肛板相接，板上有 4 对刚毛。

三、恙 螨

【学习要点】 恙螨（trombicule）体小，仅幼虫阶段营寄生生活。依靠宿主的组织液作为营养，体分颚体与躯体两部分，种类很多，分类主要依据躯体盾片形状，盾片上刚毛及感器的形状、位置、背刚毛排列及数目，足节数等。生活史包括卵、前幼虫、幼虫、若蛹、若虫、成蛹、成虫期。

【目的要求】 了解恙螨幼虫的一般形态及其分类上的鉴别要点。

【项目与方法】（玻片标本示教）

地里纤螨幼虫形态：恙螨幼虫为椭圆形，体长小于 1mm，活的幼虫鲜红色，封片后为灰白色，由颚体与躯体组成（图 1-3-70）。

图 1-3-70　地里纤恙螨幼虫

颚体位于躯体的前端，有螯肢 1 对，须肢 1 对。

躯体背侧前端有一盾片，长方形。盾片上有毛 5 根和感器 1 对，感器从隆起的感器基长出丝状，并列于中部。眼 1～2 对，在盾片两侧的眼片上。腹面有足 3 对。在盾片后方的躯体上有横列的 28 根背毛，其排列为 2—8—6—6—4—2=28。

四、疥　　螨

【学习要点】 疥螨（*Sarcoptes scabiei*）是一种永久性寄生螨，寄生于宿主的皮肤表皮层内，引起疥疮。寄生在人体的螨是人疥螨（*Sarcoptes scabiei hominis*）生活史分卵、幼虫、两期若虫和成虫五个时期。

【目的要求】 认识疥螨的一般形态。

【项目与方法】

1. 自己观察

（1）取兔的活疥螨，观察其外形及活动情况。

（2）观察疥螨玻片标本，先以肉眼观察，注意其大小，然后在显微镜下观察。

颚体：很小，在躯体前端，有螯肢，须肢各 1 对。

躯体：无眼，无气门。腹面有足 4 对，两对在前，两对在后。前两对足的末端雌雄均有带柄的吸垫；后两对足雌雄不同，雌虫各足的末端均有一根长毛，而雄螨第三对足末端是一根长毛，第四对足末端是带柄的吸垫。肛门位于虫体末端。雌疥螨的产卵孔在腹面中央，交配孔位于躯体末端（图 1-3-71）。雄疥螨外生殖器位于后两足之间。

2. 示教 疥螨幼虫玻片标本：与成虫相似，但只有 3 对足，前边足 2 对，末端各具吸垫，后边足 1 对，末端具 1 长毛。

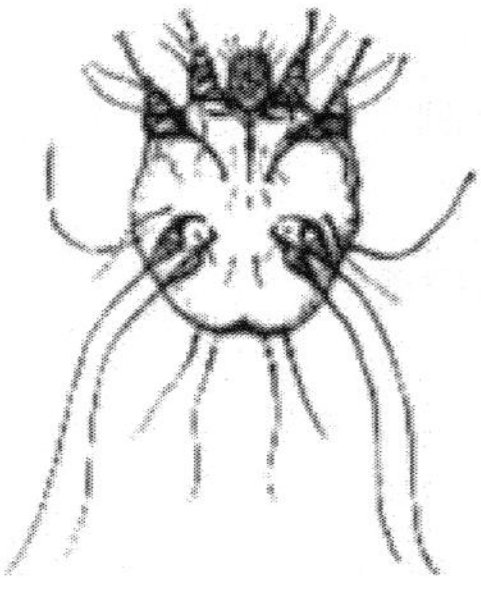

图 1-3-71　疥螨（雌性）

五、蠕　形　螨

【学习要点】 蠕形螨俗称毛囊虫，寄生在人和哺乳动物的毛囊和皮脂腺内，寄生在人体的有毛囊蠕形螨（*Demodex folliculorum*）和皮脂蠕形螨（*Demodex brevis*）两种，分别寄生于人的毛囊和皮脂腺内。体细长呈蠕虫状，乳白色，成虫体长 0.15～0.3mm。颚体梯形。躯体分足体（前部）和末体（后部）两部分。有足 4 对，足粗短呈芽突状。体表呈环状横纹。毛囊蠕形螨较长（0.1～0.4mm），末体占体长 2/3 以上，末端钝圆。雄螨的阳茎位于足体背面的第二对足之间，雌螨的生殖孔在其腹面第四对足之间。皮脂蠕形螨略短（0.1～0.2mm）。末体占体长 1/2，末端尖细，雌螨的生殖孔在其腹面第四对足之间稍后。

【目的要求】 认识蠕形螨一般形态。

【项目与方法】

1. 示教

（1）成虫：见学习要点。

（2）生活史各期：

1）卵：毛囊蠕形螨卵呈窄蘑菇状，长 80～100μm（图 1-3-72）。皮脂蠕形螨卵圆形，大小 30～60μm（图 1-3-73）。

2）幼虫：体小，有足 3 对。

3）前若虫和若虫：细长，杆状，不活动，生殖器官未发育成熟。

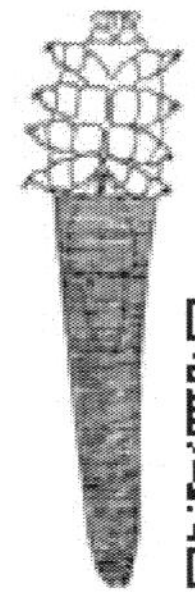

图 1-3-72　毛囊蠕形螨

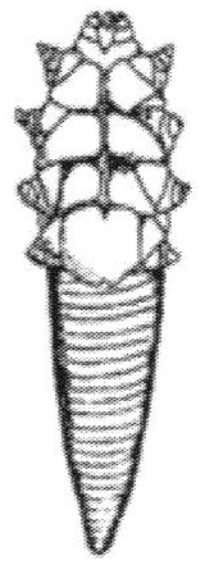

图 1-3-73　皮脂蠕形螨

2. 蠕形螨检查

（1）透明胶纸粘贴法：取一定大小的单面透明胶纸，在睡前贴在鼻尖、两侧的鼻翼、鼻唇沟等部位，次日起床后揭开，贴附在干净载玻片上，置镜下找螨虫。

（2）挤刮法：用刮片从受检者的额面部刮取皮脂少许，置载玻片上的液体石蜡中，用牙签充分搅拌后加盖玻片，用光学显微镜观察。

【作业】 写出蠕形螨检查实验报告。

【思考题】

（1）试述硬蜱与软蜱形态和生活史的主要区别，蜱与疾病的关系，蜱的防制。

（2）简述革螨一般形态特征，革螨与疾病的关系，革螨的防制。

（3）简述恙螨幼虫的一般形态特征，恙螨与疾病的关系，恙螨的防制。

（4）试述疥螨一般形态特征，传播与致病及疥疮的防治。

（5）蠕形螨的一般形态，如何区别毛囊蠕形螨和皮脂蠕形螨？怎样诊断蠕形螨感染？

第二篇　融合实验

实验一　小儿腹泻的病原体检测

小儿腹泻是一组由多病原、多因素引起的以大便次数增多和大便性状改变为特点的儿科常见病，多见于6个月至2岁婴幼儿。目前小儿腹泻从病因上可分为感染性和非感染性腹泻两大类。感染性腹泻分为肠道内感染和肠道外感染两种。肠道内感染主要分为病毒性感染（轮状病毒、杯状病毒、肠道腺病毒、星状病毒等）、细菌性感染（致病性大肠埃希菌、志贺菌、空肠弯曲菌、沙门菌）及肠道原虫感染；肠道外感染主要由上感、中耳炎、肺炎等引起。非感染性腹泻主要由饮食因素和气候因素构成。本实验分别以肠道致病菌、轮状病毒以及寄生虫感染的实验室检查为例，简述小儿腹泻的实验室检测方法。

一、肠道致病菌的微生物学检查

（一）常用培养基介绍

1. 麦康克培养基　含胆盐、乳糖、中性红指示剂等，呈淡红色。肠道非致病菌菌落呈红色，而致病菌菌落无色透明。

2. 伊红-亚甲蓝培养基　含伊红、亚甲蓝、乳糖等，呈紫红色。肠道非致病菌发酵乳糖产酸，菌落呈紫黑色，有金属光泽；而致病菌不发酵乳糖，菌落为无色透明小菌落。

3. 中国蓝琼脂平板　含乳糖、中国蓝、玫瑰红酸等，呈淡紫红色。肠道非致病菌菌落较大、蓝色、不透明；而致病菌菌落较小，淡红色，透明或半透明。

4. SS琼脂平板　含乳糖、胆盐、煌绿、硫代硫酸钠等，是分离沙门菌属及志贺菌属的强选择培养基。肠道非致病菌菌落较大，不透明，呈红色；而致病菌菌落较小，透明或半透明，无色或淡黄色。

5. 双糖铁培养基　下层为半固体，含葡萄糖；上层为固体，含乳糖和硫酸亚铁，指示剂为酚红。可观察细菌的下列指标：①利用葡萄糖和乳糖的情况；②有无动力；③是否产硫化氢；④增菌。

（二）肠道致病菌的分离鉴定

1. 标本采集　采集标本应注意病程。取粪便标本时宜取脓血或黏液部分，立即送检。若不能及时送检，应用30%甘油缓冲盐水保存。无法获得粪便时可采用肛拭子。

2. 分离培养　粪便标本或肛拭子可直接在选择培养基上划线分离培养，可在中国蓝琼脂平板、SS 琼脂平板、伊红-亚甲蓝琼脂平板中选择一种使用。血、骨髓、尿标本，可先经增菌培养基增菌培养后再取培养物在平板上划线分离培养。置37℃培养18～24小时。

3. 初步鉴定

（1）材料：双糖铁培养基、尿素培养基。

（2）方法：经平板划线分离培养，每份标本选取 3～5 个可疑菌落，每个菌落各接种 1 支双糖铁培养基，经 37℃培养 18～24 小时，观察结果。

（3）结果：根据表 2-1-1 做出初步鉴定。

表 2-1-1　可疑菌落初步鉴定结果

葡萄糖	乳糖	动力	H_2S	尿素	菌种
+	+	+/—	—	—	肠道非致病菌
+	—	—	—	—	志贺菌
+	—	+	+/—	—	伤寒沙门菌
+	—	+	++	—	甲、乙型副伤寒沙门菌
+	—	+	+	+	变形杆菌

4. 血清学鉴定

（1）材料

1）伤寒沙门菌、甲、乙型副伤寒沙门菌、志贺菌的诊断血清。

2）玻片、生理盐水。

3）双糖铁培养基斜面培养物。

（2）方法与结果：根据初步鉴定结果，用已知诊断血清做玻片凝集试验，若发生凝集，即可确定。若凝集反应阴性，应复查后再定。

5. 进一步鉴定——生化反应

（1）材料

1）五糖发酵管：葡萄糖、乳糖、麦芽糖、甘露糖、蔗糖。

2）蛋白胨水培养基、痢疾杆菌多价血清、玻片、生理盐水。

（2）方法与结果

1）将经初步鉴定的菌种接种于五管糖发酵管、蛋白胨水培养基。

2）置 37℃培养 24 小时后观察细菌生长后的反应（乳糖发酵管应培养 2～10 天）。

3）根据以上生化反应结果，参见表 2-1-2 常见肠道杆菌主要生化反应简明鉴定表做出判断。

4）先选用多价血清做玻片凝集试验，进而用因子血清做玻片凝集试验。据凝集反应结果做出报告。

附：分离鉴定步骤：

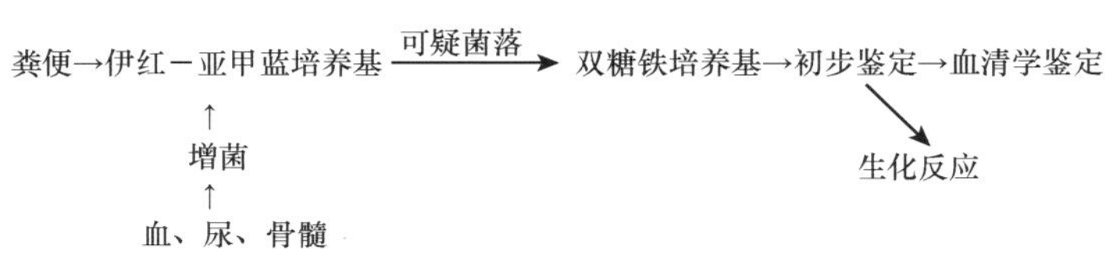

表 2-1-2　常见肠道杆菌主要生化反应简明鉴定表

菌种	双糖铁				葡萄糖	乳糖	麦芽糖	甘露糖	蔗糖	基质	尿素	枸橼酸盐
	上层	下层	H_2S	动力								
大肠埃希菌	+	⊕	—	+	⊕	⊕/+	⊕	⊕	⊕/—	+	—	—

续表

菌种	双糖铁				葡萄糖	乳糖	麦芽糖	甘露糖	蔗糖	基质	尿素	枸橼酸盐
	上层	下层	H_2S	动力								
产气杆菌	+	⊕	—	+	⊕	⊕/+	⊕	⊕	⊕/—	—	—	+
普通变形杆菌	—	⊕	+	+	⊕	—	⊕/-	—	⊕	+	+	+/—
肺炎克雷伯菌	+/—	⊕	—	-	⊕	⊕/+	⊕	⊕	⊕	—	—	+
伤寒沙门菌	—	+	+/—	+	+	+	+	+	—	—	—	+/—
甲型副伤寒沙门菌	—	⊕	+	+	⊕	+	+/⊕	⊕	—	—	—	—
乙型副伤寒沙门菌	—	⊕	++	+	⊕	+	+/⊕	⊕	—	—	—	+/—
痢疾志贺菌	—	+	—	—	+	+/迟	+/—	—	—	—	—	—
宋内志贺菌	—	+	—	—	+	+	+	⊕	—	—	—	—
福氏志贺菌	—	+	—	—	+	—	+	⊕	—	+	—	—

注：—：阴性；+：阳性；⊕：产酸产气；+/—：多数菌株为阴性

（三）肥达反应

用已知的伤寒沙门菌O、H抗原和甲、乙型副伤寒沙门菌H抗原，与患者血清做定量凝集试验，以测定患者血清中相应抗体的含量及其变化情况，称为肥达反应（widal test），作为伤寒、副伤寒诊断的参考。一般间隔5～7天重复采血检查，若抗体随病程进展而上升，即有诊断价值。

【材料】

（1）伤寒沙门菌O、H菌液，甲型、乙型副伤寒沙门菌H菌液，生理盐水，患者血清。

（2）华氏管、吸管、试管架、55℃水浴箱。

【方法】

1. 稀释血清

（1）取干燥清洁华氏管20支，以四排五列的次序摆放在试管架上。

（2）另取中试管1支，加入生理盐水3.8ml和被检血清0.2ml，将两液充分混匀，稀释成1∶20血清稀释液。

（3）取上述1∶20血清稀释液2ml，按每管0.5ml分别加于各排第1列管中。

（4）于上述中试管内再加生理盐水 2ml，混匀，吸取此稀释液（1∶40）2ml，按每管0.5ml分别加于各排第2列管中。

（5）如上继续重复操作，直至第4列各管中。

（6）向第5列各管内加生理盐水0.5ml，以作对照。

2. 加抗原诊断液（含菌量10万个/ml）

（1）向第1排5个试管中各加入伤寒沙门菌H菌液0.5ml。

（2）向第2排5个试管中各加入伤寒沙门菌O菌液0.5ml。

（3）向第3排5个试管中各加入甲型副伤寒沙门菌H菌液0.5ml。

（4）向第4排5个试管中各加入乙型副伤寒沙门菌H菌液0.5ml。

（5）振荡混匀，置55℃水浴中2～4小时或37℃温箱中8小时，然后取出放置冰箱或室温中，20～22 小时后观察结果（表 2-1-3）。

表 2-1-3　肥达反应操作程序表　　（单位：ml）

菌液	稀释的患者血清				
	0.5（1∶20）	0.5（1∶40）	0.5（1∶80）	0.5（1∶160）	0.5 盐水
伤寒沙门菌 H	0.5	0.5	0.5	0.5	0.5
伤寒沙门菌 O	0.5	0.5	0.5	0.5	0.5
甲型副伤寒沙门菌 H	0.5	0.5	0.5	0.5	0.5
乙型副伤寒沙门菌 H	0.5	0.5	0.5	0.5	0.5
血清最后稀释度	1∶40	1∶80	1∶160	1∶320	对照

【结果】

若血清中含有与该菌相应的抗体，则可发生凝集反应。凝集程度以“+”表示：

++++：最强，上液澄清，细菌全部凝集沉淀于管底。

+++：强，上液轻度混浊，细菌大部分凝集沉淀于管底。

++：中强，上液较混浊，细菌部分凝集。

+：弱，上液混浊，细菌少部分凝集。

–：不凝集，液体混浊度与对照相同。

效价判定：对照管均不发生凝集时，依此观察试验管。以凝集呈“++”反应的血清最高稀释度为凝集效价。例如，第 1 排各管的凝集程度为“+++”、“++”、“++”、“+”、“–”（对照），抗体的效价判定为 1∶160。

二、A 组轮状病毒感染的实验室检测

轮状病毒呈世界性分布，可分为 7 个组（A～G），A～C 组轮状病毒能引起人类和动物腹泻，D～G 组只引起动物腹泻。A 组轮状病毒最为常见，是引起 6 个月至 2 岁婴幼儿严重胃肠炎的主要病原体，占病毒性胃肠炎的 80%以上，是导致婴幼儿死亡的主要原因之一。

（一）ELISA 检测

ELISA 检测采用快速轮状病毒抗原酶标诊断试剂盒。试剂盒采用一步法原理，由 A 组轮状病毒单克隆抗体制成。反应全过程只需 30min，具有快速、特异、敏感、方法简单的特点。

【试剂盒组成】

（1）预包被板条 48 孔。

（2）取样塑料管 48 支。

（3）酶标志物。

（4）阳性对照。

（5）洗液。

（6）显示液 A、B。

（7）终止液。

【操作步骤】

（1）试剂盒放置室温平衡20～30分钟；浓缩洗涤液用蒸馏水10倍稀释备用。

（2）用取样塑管直接吸取待检粪便1滴（约50μl），滴于反应孔内，设阳性对照和空白对照各1孔。

（3）除空白对照外，每孔加1滴酶标志物，轻轻摇动混匀。

（4）置37℃ 20分钟后，用洗液洗4次，甩净拍干。

（5）每孔先后加入显示液A、B各1滴，室温暗处静置10分钟判定结果。

【结果判断】

1. 目测 待检样品孔显蓝色为阳性，不显色为阴性。

2. 酶标仪判断结果 每孔加入终止液1滴，以空白孔调零，450nm波长测定待检标本OD值≥0.15判为阳性，反之为阴性。

（二）RT-PCR检测

【材料和方法】

1. 标本的处理 制备10%的便悬液：将粪便标本加到1.5ml EP管中，加入标本处理液，振荡3次，每次10秒。然后静置10分钟，再以8000r/min离心5分钟。

2. 引物设计与合成 参考标准A组轮状病毒第9基因序列两个高保守区，在计算机辅助下设计一对组特异引物：

P1（+）：5′-GGTTAGCTCCTTTTAATGTATGGT-3′34～57bp；

P2（–）：5′-ACTGATCCTGTTGGCCATCC-3′378～398bp。

3. 轮状病毒RNA的提取

（1）取Hank液稀释的10%粪便上清300μl，加10%SDS 30μl。

（2）56℃水浴30分钟。

（3）加300μl Tris平衡酚，12 000r/min离心10分钟，取上清。

（4）加300μl氯仿：异戊醇（24∶1），12000r/min离心10分钟，取上清。

（5）加2倍体积的无水乙醇，–20℃放置30分钟，12 000r/min离心10分钟，取沉淀。

（6）用75%乙醇溶液洗一次，倒置放置在滤纸上干燥，溶于30μl去离子水中。

4. RT 以负链P2作反转录引物，进行cDNA的合成，反转录体积20μl。组成：

5×RT buffer	4μl
10mmol/L dNTPs	2μl
RNase	0.5μl（10U/μl）
25mmol/L $MgCl_2$	4μl
dsRNA（预先煮10分钟后，立即插入冰浴）	6μl
10μmol/L P2	2μl
AMV Rtase	0.5μl（10U/μl）
ddW	4μl

混匀，42℃60分钟。煮沸10分钟，终止反转录，–20℃保存。

5. PCR 反应体积30μl。组成：

10×PCR buffer	3μl
10mmol dNTPs	2.4μl

10μmol P1	1.3μl
10μmol P2	1.3μl
RT product	5μl
Taq polymerase	1μl（1U/μl）
ddW	16μl

上机程序：94℃ 40 秒，56℃ 55 秒，72℃ 60 秒，36 个循环，最后 72℃ 延伸 300 秒。

反应完毕，取 10μl 扩增产物跑 1.7%琼脂糖电泳，EB 染色，紫外灯下观察。

【结果判断】 应用设计合成的引物，扩增产物大小应为 362bp。上述 PCR 产物经琼脂糖电泳分离后，若出现 360bp 大小条带，则判为阳性，反之则判为阴性。

三、肠道腹泻原虫的实验室检测

（一）粪便直接涂片法查溶组织内阿米巴滋养体和蓝氏贾第鞭毛虫滋养体

滴一滴生理盐水于洁净的载玻片上，用竹签或牙签挑取绿豆大小的粪便块，在生理盐水中涂抹均匀，涂片的厚度以透过涂片隐约可辨认书上的字迹为宜。一般在低倍镜下检查，如用高倍镜观察，需加盖片。气温越接近体温，滋养体的活动越明显。必要时可用保温台保持温度。

（二）碘液染色查溶组织内阿米巴包囊和蓝氏贾第鞭毛虫包囊

直接涂片方法同上，以一滴碘液代替生理盐水。如碘液过多，可用吸水纸从盖片边缘吸去过多的液体。若同时需检查活滋养体，可在用生理盐水涂匀的粪滴附近滴一滴碘液，取少许粪便在碘液中涂匀，再盖上盖片。涂片染色的一半查包囊；未染色的一半查活滋养体。

碘液配方：碘化钾 4g，碘 2g，蒸馏水 100ml。

（三）抗酸染色法查隐孢子虫卵囊：

（1）以竹签挑取患者粪便少许，于载玻片上涂制成 2 分硬币大小的粪膜，自然干燥。

（2）滴加甲醇固定。

（3）置玻片于染色架上，滴加石炭酸复红染液盖满粪膜，染色 5 分钟。

（4）用水冲洗。

（5）用 10%硫酸溶液褪色约 2 分钟。

（6）用水冲洗。

（7）用 1∶10 孔雀绿工作液复染 1 分钟。

（8）用水冲洗，自然干燥。

（9）油镜检查。隐孢子虫卵囊染成玫瑰红色，背景蓝绿色。卵囊圆形或椭圆形，直径 3～5μm，内含 4 个月芽形子孢子，排列多不规则。残余体为暗黑色颗粒状，大小不等。

【染液配制】

1. 石炭酸复红染色液 碱性复红 4g，95%乙醇溶液 20ml，苯酚 8ml，蒸馏水 100ml。

2. 10%硫酸溶液 纯硫酸 10ml，蒸馏水 90ml。

3. 2%孔雀绿原液 孔雀绿 2g，蒸馏水 100ml。

实验二 化脓性球菌的分离鉴定

（一）化脓性球菌形态与染色观察

【材料】 葡萄球菌、链球菌、脑膜炎奈瑟菌、肺炎链球菌、淋病奈瑟菌的染色标本片。

【方法】 显微镜下观察各种标本片，注意其基本形态、染色性及排列特性。

（二）化脓性球菌培养物观察

【材料】 金黄色葡萄球菌、表皮葡萄球菌、甲型溶血性链球菌、乙型溶血性链球菌、肺炎链球菌血液琼脂平板培养物。

【方法】 观察各种细菌菌落形态，注意大小、表面、边缘、透明度、色素、溶血性，并分别将金黄色葡萄球菌与表皮葡萄球菌、甲型溶血性链球菌与乙型溶血性链球菌、肺炎链球菌与甲型溶血性链球菌进行对照观察。

（三）葡萄球菌血浆凝固酶试验

【原理】 血浆凝固酶是鉴别葡萄球菌有无致病性的重要标志，大多数金黄色葡萄球菌能产生此酶。血浆凝固酶并不直接作用于血浆纤维蛋白原，而是在凝固酶反应因子存在的条件下，与凝血酶形成稳定的复合物——葡萄球菌凝血酶。此复合物有凝血酶样活性，可使纤维蛋白原变成纤维蛋白，导致血浆凝固。兔或人血浆中均存在凝固酶反应因子，故金黄色葡萄球菌能致人或兔血浆凝固。血浆凝固酶分为结合于菌体的酶和游离的酶两种，可分别用玻片法和试管法测定。

玻片法

【材料】

（1）金黄色葡萄球菌、表皮葡萄球菌 18～24 小时斜面。

（2）兔（或人）血浆，生理盐水。

（3）玻片。

【方法】

（1）将玻片分成 3 格，用毛细吸管分别在第 3 格加 1 滴生理盐水，第 1 格及第 2 格各加 1 滴血浆。

（2）取金黄色葡萄球菌斜面培养物混悬于第 3 格及第 1 格内，第 2 格混悬表皮葡萄球菌，静置片刻，观察结果。

【结果】 第 3 格和第 2 格不凝集；第 1 格中金黄色葡萄球菌凝集成块，判定为血浆凝固酶阳性。

试管法

【材料】

（1）金黄色葡萄球菌、表皮葡萄球菌 18～24 小时肉汤培养物。

（2）兔（或人）血浆，生理盐水。

（3）试管。

【方法】 取试管 2 支，各加 1∶4 稀释的血浆 0.5ml，于其中 1 支试管加入 24 小时培养的金黄色葡萄球菌悬液 0.5ml，于另 1 支试管加入 24 小时培养的表皮葡萄球菌悬液 0.5ml。置 37℃水浴 30 分钟后观察结果。

【结果】 加金黄色葡萄球菌的试管中血浆凝固，为凝固酶阳性；加表皮葡萄球菌的试管中血浆不凝固，为阴性。

（四）葡萄球菌噬菌体分型

【原理】 金黄色葡萄球菌对噬菌体敏感，可用噬菌体将其分为Ⅰ、Ⅱ、Ⅲ、Ⅳ四群，30 多个型，在流行病学调查中有重要意义。

【材料】

（1）各型标准噬菌体液。

（2）待分型的葡萄球菌 6～8 小时肉汤培养物。

【方法】

（1）将琼脂平板分为两半，分别涂布金黄色葡萄球菌及表皮葡萄球菌。

（2）待菌液干后，用取菌环取各型噬菌体 1 滴，分别滴于细菌各涂布区的中央部。置 37℃培养 18～24 小时后观察结果。

【结果】 接种金黄色葡萄球菌的平板表面如出现无菌区，说明已培养的金黄色葡萄球菌是该型噬菌体相应的葡萄球菌。

（五）脓标本中化脓性球菌的分离鉴定

脓标本中化脓性球菌的分离鉴定程序见图 2-1-1。

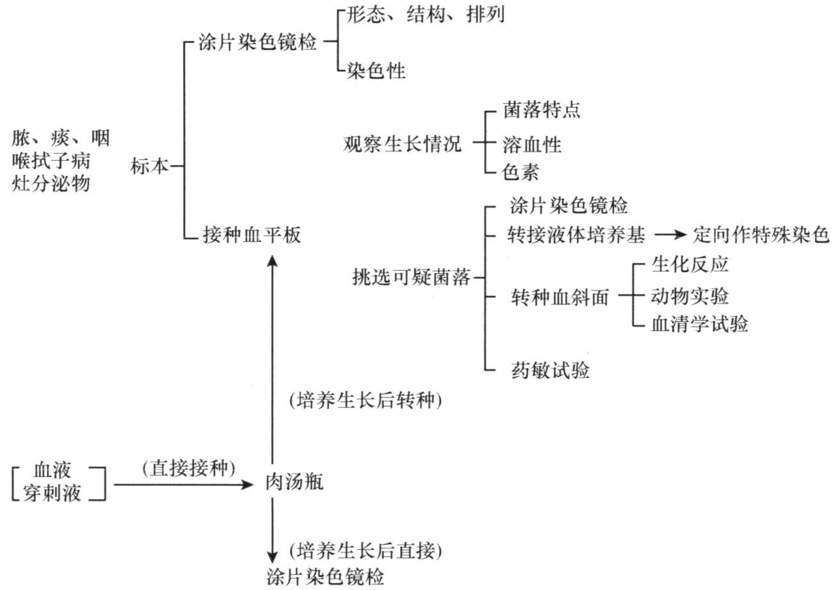

图 2-1-1 脓标本中化脓性球菌的分离鉴定程序

【原理】 从临床标本中，根据各种化脓性球菌不同的生物学特性，直接涂片镜检，分离培养，鉴定出未知的化脓性球菌，不仅可提供化脓性感染疾病临床诊断的依据，而且可进行药物敏感试验，为临床选用有效的抗菌药物提供参考。本实验主要是以葡萄球菌、链球菌、脑膜炎奈瑟菌、肺炎链球菌、淋病奈瑟菌为检查对象。

【材料与方法】

1. 标本的采集和处理

（1）脓标本：用无菌棉签蘸取患处深部脓液少许，置入无菌试管内，送检。

（2）痰标本：用无菌棉签挑取患者浓稠痰块，置入无菌试管内，送检。

（3）咽喉部标本：令患者张大口，用压舌板压住舌根部，用无菌棉签蘸取咽喉部分泌物，置入无菌试管内，送检。

（4）血标本：疑为化脓性球菌败血症患者，在严格无菌操作下，静脉采血5～6ml，床旁直接种入50ml的肉汤培养基内，立即摇匀，送检。

（5）脑脊液标本：需做脑脊液细菌检验的患者，在严格无菌操作下，做腰椎穿刺取脑脊液，送检。

2. 检验程序　根据检查的要求和目的，按所示程序进行检查。

【结果】　通过上述检查，得出标本中化脓性球菌的种类和细菌药物敏感试验的结果。

【注意事项】

（1）上述只表明一般的检查原则，在实际检查中，还需根据临床提供的初步诊断，做定向检查。

（2）若疑为流脑或淋病患者，其标本送检时，要注意保温，所用的培养基要提前放入孵箱预温。

（3）欲检查脑膜炎奈瑟菌或淋病奈瑟菌，其标本需做细菌培养时，要用巧克力琼脂平板。

实验三　病原性真菌的检查法

真菌是一类具有典型细胞核结构的真核细胞型微生物。真菌种类繁多，分布广泛，大多对人有益，仅有小部分真菌引起人类疾病。真菌病根据病变部位不同可分成浅部真菌病和深部真菌病两大类。浅部真菌病主要侵犯含有角质的组织，如皮肤、毛发和指甲等处，引起各种癣病，临床最多见的浅部真菌病有：体癣、股癣、手癣和足癣。深部真菌病侵犯皮肤深层和内脏，如肺、脑、消化道等器官，危害性较大，深部真菌常见的有念珠菌、隐球菌、组织胞浆菌、马尔尼菲青霉菌、曲霉菌、毛霉菌、孢子丝菌等。近年来由于广谱抗生素、肾上腺皮质激素和免疫抑制剂的大量应用，真菌感染病例数明显增长。

真菌引起的疾病称为真菌病。常规检查法主要包括：①形态学检查（直接镜检+染色镜检）；②培养检查；③组织病理学检查。

特殊检查主要包括：①血清学方法；②分子生物学方法。

一、形态学检查

1. 直接镜检　是最简单也是最有用的实验室诊断方法，常用的方法有：

（1）氢氧化钾/复方氢氧化钾法：标本置于载玻片上，加1滴0%～20%的KOH，盖上盖玻片，放置片刻或微加热，即在火焰上快速通过2～3次，不应使其沸腾，以免结晶，然后轻压盖玻片，驱逐气泡并将标本压薄，用棉拭或吸水纸吸去周围溢液，置于显微镜下检查。检查时应遮去强光，先在低倍镜下检查有无菌丝和孢子，然后用高倍镜观察孢子和菌丝的形态、特征、位置、大小和排列等。

（2）涂片染色检查法：在载玻片上滴 1 滴生理盐水，将所采集的标本均匀涂在载玻片上，自然干燥后，固定。选择适当的染色方法，染色后，以高倍镜或油镜观察。

2. 常见镜检染色方法

（1）革兰染色。所有真菌均为革兰染色阳性。

（2）乳酸酚棉蓝染色：用于各种真菌培养物的镜检。

（3）墨汁染色：用于检测脑脊液（CSF）中的新生隐球菌。

（4）瑞氏染色：用于组织胞质菌和马内菲青霉的检测。

（5）过碘酸锡夫染色（PAS）：用于体液渗出液和组织匀浆等。真菌胞壁中的多糖染色后呈红色，用于孢子丝菌等深部真菌检查。

（6）嗜银染色（GMS）：真菌可染成黑色，主要用于测定组织内真菌。

二、真 菌 培 养

从临床标本中进行真菌培养，可提高病原体检出的阳性率，进一步确定致病菌的种类。常规分离鉴定使用的培养基为沙保培养基，也可根据不同的需要选取不同的培养基和接种方法：①点植法，适用于皮屑、甲屑、毛发、痂皮、组织等有形固体标本，将标本直接与培养基表面点状接触。②划线法，适用于痰、分泌物、脓液、组织液、组织块的研磨液等液体标本，用接种针（环）划线接种在培养基表面。

培养方法有多种，按临床标本接种时间分为直接培养法和间接培养法；按培养方法分为试管法、平皿法（大培养）和玻片法（小培养）。

标本接种后，每周至少检查 2 次，观察以下指标：①菌落形态，生长速度、外观、大小、质地、颜色、边缘、高度和下沉现象、渗出物、变异等；②显微镜检查，小培养可置普通显微镜下直接观察，而试管和平皿培养的菌落则需挑起后做涂片检查。

三、组织病理学检查

真菌病的组织病理检查与直接镜检培养同样具有相当重要的价值，尤其对深部真菌病的诊断意义更大，如用特殊染色可提高阳性率。

真菌在组织内一般表现为：①孢子，酵母和双相型真菌在组织内表现为孢子。②菌丝，许多真菌在组织中只表现为菌丝。组织中发现无色分隔、分支的菌丝多为念珠菌和曲霉菌。粗大、不分隔少分支的菌丝为接合菌，多为毛霉、根霉、犁头霉等。粗大、少分支有隔的菌丝为蛙粪霉菌。棕色菌丝为暗色丝孢霉病，由暗色孢科真菌引起。③菌丝和孢子，主要见于念珠菌感染。④颗粒，为组织内由菌丝形成的团块。⑤球囊或内孢囊，球囊内含有内孢子，为球孢子菌或鼻孢子菌在组织内的特征性结构。

荚膜组织胞质菌、杜波伊斯组织胞质菌、副球孢子菌、皮炎芽生菌、链状芽生菌、粗球孢子菌、新生隐球菌和鼻孢子菌等真菌可根据其在组织病理片中的形态和染色而基本确定种名。

四、血清学方法

真菌的快速检查方法主要是血清学和分子生物学方法。引起深部真菌感染的病原菌如白色念珠菌、曲霉菌和隐球菌等，应用传统方法（血培养和组织活检）检测时，时间长，阳性率较低，使得这些方法所起的作用极为有限。

真菌的抗原、抗体及代谢产物的血清学检查用于深部真菌感染的实验室检测，可取得很好的效果。目前常用的免疫诊断方法有：①特异性抗原的检测，A.乳胶凝集试验（LA）；B.酶联免疫试验（EIA）；C.荧光免疫测定法（FA）。②特异性抗体检测，由于受检者都为免疫低下患者，因其致阳性率低，故现已少用。

五、分子生物学方法

近年来随着分子生物学的发展，已有聚合酶链反应（PCR）扩增、分子探针、限制性酶切片段长度多态性分析（RFLP）、DNA 指纹图谱、随机扩增 DNA 多态性（RAPD）等方法。用于深部真菌病的诊断和分型研究，形成了以 PCR 技术为基础的一系列分子诊断方法。从这些新技术对多种致病真菌鉴定的应用过程中发现，此类方法具有操作简便、省时省力、特异性、敏感性高的优点。特别是从分子水平对真菌从遗传进化角度阐明菌种间内在的分类学关系，真正达到人们追求已久的自然分类的目的。我们有理由相信，随着 PCR 及相关技术在临床的应用及更广泛深入的研究，将会对真菌感染的诊断和鉴定产生根本的影响。

实验四　流感病毒的分离、鉴定

流行性感冒病毒引起人类流行性感冒。由于传染性强、发病率高、流行范围大，流感在世界上仍属于对人类危害较大的一种传染病。流感病毒可分为甲、乙、丙三型，其中甲、乙两型是引起人群发病的最主要病原。最常见的甲型流感病毒，因经常发生抗原变异、传染性大、传播迅速，易引发人群中的流行。实验室流感病毒的分离培养和鉴定，不但能及时掌握流感的流行动态，对控制流行也起着很大作用。取发病 1～3 天内流感患者咽喉含漱液做病毒分离，流感病毒可在鸡胚尿囊、羊水囊或人胚肾细胞中生长，培养后可用血凝试验证实其存在，如血凝试验阳性，再用已知免疫血清进行血凝抑制试验，鉴定型别。流感病毒分离鉴定程序见图 2-1-2。

一、流感患者标本采集与处理

（1）发病 3 天内的急性期患者，用 15ml 肉汤或 Hank's 液反复漱口或咽漱 2～3 分钟，然后置入试管中，亦可经装有两层纱布的无菌小漏斗过滤入试管中。

（2）将咽漱液置于 4℃冰箱中约 20 分钟，待颗粒物质充分沉淀后，吸上清液约 2～5ml 置另一无菌试管，加入抗生素（每毫升标本中含青霉素 2 万 U、链霉素 2 万 U，简称双抗）。

（3）混匀后置 4℃冰箱内保存备用，24 小时内使用。

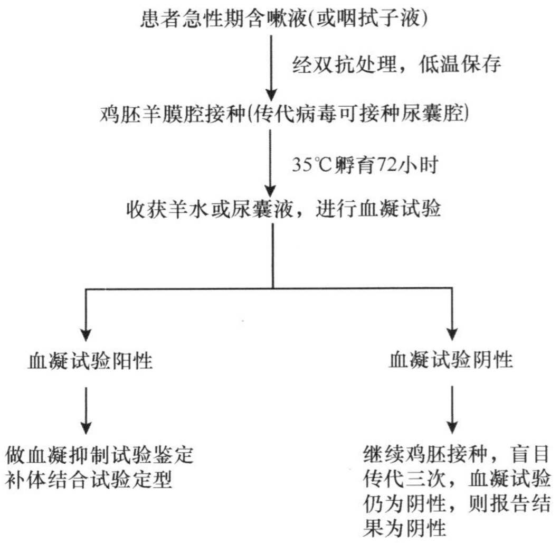

图 2-1-2　流感病毒分离鉴定程序

二、流感病毒的分离培养

流感病毒的初次分离培养应选用胚龄为 9～11 日的鸡胚羊膜腔接种，传代培养选用胚龄为 9～12 日的鸡胚尿囊腔接种（参见第一篇第二章实验十一）。

流感病毒鸡胚尿囊腔接种培养

【材料与设备】

（1）鸡胚：选培养 9～12 日龄鸡胚。

（2）病毒：流感病毒悬液（根据需要做适当稀释）。

（3）孵卵箱、检卵灯、卵盘、磨卵器。

（4）无菌 1ml 注射器、针头、吸管、剪刀、镊子、石蜡块、碘酒、乙醇、酒精灯等。

【方法】

（1）取 9～12 日龄鸡胚，标出气室与胚位，沿气室边缘上 0.5cm 处消毒打孔，针头垂直刺入，向胚位方向深入 1cm 左右，注入病毒液 0.1～0.2ml。

（2）用胶布封口（封口前胶布用碘酊消毒，并通过火焰烧去余碘），置 36℃培养，逐日观察，弃去 24 小时内死亡的鸡胚。余者培养 48～72 小时后放入 4℃冰箱（使鸡胚冻死，以减少收获时的出血）。注意鸡胚必须直立，令气室端朝上。

（3）收获尿液之前取出鸡胚，消毒气室端，用镊子击破气室卵壳，沿气室边缘打一缺口，再用小镊子撕去卵膜，在绒毛尿囊膜无大血管处穿破，最后用无菌毛细吸管吸取尿囊液（一般可得 4～6ml），储存于无菌小瓶并做无菌实验，4℃冰箱保存备用。

三、流感病毒滴度测定和型别鉴定——红细胞凝集试验与凝集抑制试验

【原理】　流感病毒表面的血凝素（HA）是糖蛋白成分，可同动物（鸡、豚鼠等）或人的红细胞表面受体结合，通过糖蛋白与相应受体的结合，可使流感病毒与红细胞互相吸附结合，从而发生红细胞凝集现象。流感病毒的血凝现象能被相应抗体所抑制，称血凝

抑制试验。其原理是相应的抗体与病毒结合后，阻抑了流感病毒表面的血凝素与红细胞的结合。

【材料】

（1）含流感病毒的鸡胚尿囊液。

（2）1%鸡红细胞悬液、生理盐水。

（3）甲型流感病毒亚型诊断血清：抗亚甲型（抗 A1）、抗亚洲甲型（抗 A2）、抗香港亚型（抗 A3）。

（4）塑料凹版、吸管等。

【方法与结果】

1. 血凝效价的滴定（红细胞凝集试验）

（1）取收获之鸡胚尿囊液，离心 25 000r/min 20min，取上清液，用生理盐水倍比稀释，每孔 0.2ml。然后各孔加 0.2ml 生理盐水及 0.2ml 1%鸡红细胞悬液，充分摇匀，置室温 30～45 分钟后，判断结果。对照管不加病毒，以 0.2ml 生理盐水代替。

（2）结果判断标准：观察结果时，切勿将板振摇，应轻拿，观察孔底。

—：红细胞沉于孔底成小圆点，四周光滑。

++++：红细胞均匀铺于孔底，边缘有卷起倾向者。

+++：基本同上，但边缘不整齐，有下垂倾向者。

++：红细胞于孔底形成一个环状，四周有小凝集块者。

+：红细胞于孔底形成一个小团，但边缘不光滑者。

以出现“++”的最高病毒稀释度作为效价，即一个血凝单位。

血凝试验阳性者，再用已知免疫血清进行血凝抑制试验并进行补体结合试验，鉴定型别。血凝试验阴性者，继续鸡胚接种，盲目传代 3 次，血凝试验仍未阴性，则报告结果为阴性。

2. 血凝抑制试验 基本实验中介绍过的血凝抑制实验（参见第一篇第二章实验十三）是利用已知病毒抗原检测患者血清的血凝抑制效价。相反，如果使用已知病毒的抗血清，则可鉴定病毒型及亚型。本实验利用分型诊断血清与血凝试验阳性的病毒液相互作用，其分型血清如能抑制病毒血凝的发生，证明待检病毒与该型诊断血清是属同型，因而可对分离病毒进行定型鉴定。

（1）在凹版上选 5 个孔，标记 1、2、3、4、5。

（2）5 个孔中分别加入 2 滴含 4 个血凝单位的新分离病毒液。

（3）孔 1、2、3 中对应加入 2 滴抗 A1、抗 A2、抗 A3，孔 4 中加鸡血清 2 滴，孔 5 中加生理盐水 2 滴，轻轻摇匀后，放置 5 分钟。

（4）5 个孔中分别加入 2 滴 1%鸡红细胞悬液，轻轻摇匀，静置 45～60 分钟，待红细胞完全下沉后观察结果。

结果中，出现明显血凝现象即全部或大部分红细胞凝集、下沉平铺孔底为血凝抑制阴性；未出现血凝现象的试验孔，其中加入的流感病毒与该孔所加入的诊断血清的亚型一致。

实验五　TORCH 感染的检测

【原理】　TORCH 指的是一组能引起胎儿及新生儿致病的感染因子，即弓形体（toxoplasma）、风疹病毒（rubella virus）、巨细胞病毒（cytomegalovirus，CMV）、单纯疱疹病毒（herpes Simplex Virus，HSV）。这些病原体可通过胎盘传给胎儿，引起宫内感染，是导致流产、死胎、先天畸形、智力障碍等不良妊娠结果的重要原因之一。TORCH 感染初期，受感染者体内产生特异性的 IgM 抗体并持续几周至数月。因此，加强育龄妇女及孕期妇女的 TORCH IgM 抗体的筛选诊断对人类优生优育，提高我国的人口素质具有重要的意义。

本实验中 TORCH 感染的检测拟采用深圳晶美生物工程有限公司生产的 TORCH IgM 抗体捕获 ELISA 试剂盒进行。

采用捕获 ELISA 法检测待检者血清内的弓形体（TO）、风疹病毒（R）、巨细胞病毒（C）、单纯疱疹病毒（H）的 IgM 抗体。

抗 μ 链抗体包被于酶标板；血清中各种 IgM 抗体与抗 μ 链抗体特异性结合；HRP 标记的 TORCH 抗原只与其对应的 IgM 抗体特异性结合；于 450nm 读取 OD 值，判定结果。

【材料】　TORCH IgM 抗体捕获 ELISA 试剂盒组成见表 2-5-1。

表 2-5-1　ELISA 试剂盒组成

羊抗人 IgM 包被的 96（48）孔酶标板		12×8 孔板条	6×8 孔板条
阳性对照血清	1 支	20μl	10μl
临界血清	1 支	20μl	10μl
阴性对照血清	1 支	20μl	10μl
标本稀释液	1 瓶	20ml	10ml
浓缩酶联物（50 倍）	1 支	300μl	150μl
酶联物稀释液	1 瓶	15ml	7.5ml
底物 A	1 瓶	6ml	6ml
底物 B	1 瓶	6ml	6ml
反应终止液（1mol/L H_2SO_4）	1 瓶	6ml	6ml
浓缩洗涤液（20 倍）	1 瓶	25ml	25ml
封板胶纸	2 张		

【方法】

（1）配制洗涤液：1 瓶浓缩洗涤液加 475ml 蒸馏水。配好的洗涤液短期内可置室温，长期可存放于 2～8℃。

（2）待试剂盒平衡至室温后，将待测标本、阳性、阴性对照血清及临界血清用标本稀释液按 1∶101 稀释。即取 2μl 血清与 200μl 标本稀释液混合。

（3）各加 100μl 已稀释阳性、阴性对照血清、临界血清及待测标本上清液于相应孔中，空白对照孔加 100μl 标本稀释液，贴上封板胶纸，室温避光孵育 60 分钟。

（4）配制酶联物：在孵育的最后 15 分钟将浓缩酶联物按 1∶51 倍稀释，即取 20μl 浓缩酶联物加酶联物稀释液1ml，未用完的丢弃。

（5）甩尽板中液体，每孔用200～300μl洗涤液洗5次，每次均需拍干。

（6）每孔加酶联物100μl，贴上封板胶纸，室温避光孵育60分钟。

（7）甩尽板中液体，洗5次，每次拍干。

（8）加底物A及B各1滴或各50μl，混匀，室温避光孵育15分钟。

（9）取出，加终止液1滴，用酶标仪于450nm波长测其OD值，若肉眼观察则不加终止液，判断结果。

【结果判断】

1. 实验结果的有效性判断

（1）阴性对照平均OD值须小于0.10。

（2）阳性对照与阴性对照平均OD值之比大于5。

（3）临界血清与阴性对照平均OD值之比大于或等于2，符合以上三种条件，本实验结果可信，否则重复实验。

2. 标本的结果判断 肉眼观察：若待测标本孔显色比临界血清孔深则判断为阳性，反之为阴性。使用酶标仪：标本OD/临界血清OD≥1.1，结果为阳性；标本OD/临界血清OD≤0.9，标本为阴性；0.9≤标本OD/临界血清OD≤1.1，为可疑，需重复实验或动态观察。

注意：本实验结果须结合临床表现、病史及其他诊断结果方可采取适当临床处理。由于任何IgM检测试剂盒都会存在一定的假阳性，因此，当标本多项检测结果为阳性时，考虑是交叉反应而导致的假阳性。

实验六 盲肠结扎穿孔术诱导多细菌性脓毒症小鼠模型的微生物学与免疫学分析

脓毒症是指由感染或严重创伤引起的全身炎症反应综合征，可发展为严重脓毒症和脓毒性休克，具有发生率高，病死率高的特点。严重脓毒症，是指脓毒症伴有器官功能障碍、组织灌注不良或低血压。脓毒性休克，是指严重脓毒症给予足量的液体复苏后仍然伴有无法纠正的持续性低血压。脓毒症的特点主要包括：全身炎症反应，严重感染，血培养有或无阳性结果；可出现在各种临床危重症疾病的过程中；一旦发生，即具有特别的病理生理过程和发展规律，与引发脓毒症的原发疾病无关；炎症介质过度释放、内皮细胞及凝血功能障碍，最终导致多器官衰竭。流行病学调查显示，脓毒症的病死率已经超过心肌梗死，成为重症监护病房内非心脏病患者死亡的主要原因。尽管抗感染治疗和器官功能支持技术取得了长足的进步，脓毒症的病死率仍高达30%～70%。脓毒症治疗花费高，医疗资源消耗大，严重影响人类的生活质量，已经对人类健康造成巨大威胁。

一、CLP小鼠模型的建立

【原理】 脓毒症可以由任何部位的感染引起，其病原微生物包括细菌、真菌、病毒及寄生虫等，临床上常见于肺炎、腹膜炎、胆管炎、泌尿系统感染、蜂窝织炎、脑膜炎、脓肿等。脓毒症常常发生在有严重疾病的患者中，如严重烧伤、多发伤、外科手术等，也常见于糖尿病、慢性阻塞性支气管、白血病、再生障碍性贫血和尿路结石等慢性疾病患者。盲肠结扎穿孔术（cecal ligation and puncture，CLP）诱导多细菌感染性脓毒症可模拟人类脓毒症的复杂性，在脓毒症研究领域广泛应用，用于人类脓毒症治疗手段的关键临床前试验，是目前脓毒症研究的金标准。

【材料】

（1）8～10 周雄性 C57BL/6 小鼠。

（2）麻醉剂、剃毛器、消毒剂。

（3）3 号和 4 号缝合线、25 号针头。

（4）手术剪、镊子。

（5）生理盐水、1ml 注射器等。

【方法】

（1）腹腔注射麻醉剂，待小鼠麻醉后腹部剃毛。

（2）腹部消毒，镊子提起腹部皮肤，用剪刀剪开 1cm 左右缺口，用镊子提起腹膜，剪开 0.5cm 左右缺口。

（3）用镊子取出盲肠，暴露于皮肤外。

（4）在距盲肠末端 1cm 处用镊子持 3 号缝合线结扎盲肠。

（5）用 25 号针头于盲肠结扎区中部贯穿穿刺 1～2 次，用镊子轻轻压迫盲肠，见内容物外溢。

（6）将盲肠放回腹腔，并使用 4 号缝合线依次缝合腹膜与皮肤。

（7）背部皮下注射无菌生理盐水（1ml），补充手术中的体液流失，将小鼠放入温箱至苏醒。

（8）假手术组仅做步骤（1）、（2）、（3）、（6）、（7）。

（9）1 周内，每 12 小时观察小鼠体征变化并计算生存率等。如有小鼠监测设备，可定期监测小鼠心率、血压、血氧、呼吸频率和体温等生理指标。

【结果】 假手术组小鼠体征正常，不出现死亡；CLP 小鼠出现蜷缩、竖毛、乏力、少食、体重减轻等体征变化，部分小鼠死亡。

二、样本的收集

【材料】

（1）麻醉剂、手术剪。

（2）玻璃毛细管。

（3）长头滴管、PBS、抗凝管、无菌 1.5ml 和 5ml 离心管。

（4）电子天平、组织研磨器。

（5）0.5% CTAB 溶液。

【方法】

（1）小鼠手术 6 小时和 24 小时后腹腔注射麻醉剂，待小鼠麻醉后收集样本。

（2）血浆、血清：使用玻璃毛细管内眦取血，收集 2～3 滴血样于无菌抗凝管中用于细菌涂布；其余血样收集于无菌 1.5ml 离心管静置 1 小时，3000r/min 离心 15 分钟，上清为血清，–80℃保存，用于细胞因子检测。

（3）腹膜灌洗液：注射过量麻醉剂处死小鼠，剪开腹膜（1cm），用长头滴管加入 3ml 无菌 PBS，于腹腔内左右两侧各冲洗 2 次，吸出灌洗液，用于细菌涂布或离心后分别取上清和沉淀，–80℃保存，用于细胞因子和髓过氧化物酶（MPO）检测。

（4）组织器官：解剖小鼠，取出肺、肝脏，剪取少量肺、肝组织称重，加入 0.5%CTAB 溶液（50mg：1ml），使用组织匀浆器研磨至组织块消失，回收组织悬液至 5ml 离心管，–80℃保存，备 MPO 检测。

三、CLP 小鼠病原学检查

【原理】 CLP 脓毒症模型主要的致病因素是盲肠穿孔造成肠道细菌外漏引起的内源性感染，以及盲肠结扎造成的组织坏死，其中肠道细菌外漏造成腹腔感染，并可入血引起系统性感染。早期发现并采取合理的方法进行治疗，可以大大提高患者的存活率。尽管并非所有的脓毒症患者都有引起感染的病原微生物的阳性血培养结果，但通过实验室检测查找致病菌并通过药物敏感性试验为临床明确诊断，以及提供合理用药方案是治疗脓毒症的关键。

【材料】

（1）脑心浸液琼脂平板、胰蛋白胨大豆琼脂平板。

（2）无菌 1.5ml 离心管、厌氧袋。

（3）三角刮刀、乙醇、移液器、无菌生理盐水。

（4）革兰染液、光学显微镜。

【方法】

（1）用无菌生理盐水对血浆和腹膜灌洗液样本进行 10 倍系列稀释。

（2）用移液器取稀释的样品 0.1ml，分别滴加至脑心浸液琼脂平板和胰蛋白胨大豆琼脂平板中央，三角刮刀蘸无水乙醇点燃灭菌，冷却后将样品涂布均匀。

（3）涂布后的脑心浸液琼脂平板放入厌氧袋中，打开还原剂，封闭厌氧袋。

（4）胰蛋白胨大豆琼脂平板与厌氧袋中的脑心浸液琼脂平板 37°倒置培养，至观察到菌落。

（5）腹膜灌洗液及外周血细菌正常及厌氧培养所得单菌落进行计数。

（6）观察单菌落的形态特征并描述。

（7）挑取单菌落制片，进行革兰染色，油镜观察。

【结果】 假手术组小鼠腹腔灌洗液和血样本细菌培养为阴性；CLP 小鼠腹腔灌洗液和血样本常规和厌氧培养为阳性。

四、CLP 小鼠炎症应答分析

【原理】 全身性炎症反应是脓毒症主要的特征之一，表现为白细胞异常、炎性细胞因子水平上升等，白细胞产生的髓过氧化物酶水平往往反映白细胞数量。因此，通过检测血清、组织和腹膜灌洗液中髓过氧化物酶水平和炎性细胞因子水平可反映脓毒症小鼠全身性和局部炎症反应的程度。

【材料】

（1）0.5% CTAB 溶液。

（2）无菌 1.5ml 离心管。

（3）TMB、终止液（2N 硫酸）。

（4）细胞因子 ELISA 试剂盒。

【方法】

1. MPO 检测

（1）样品处理：1ml 腹膜灌洗液 1500r/min 离心 5 分钟后，取沉淀加入 0.5% CTAB 溶液 0.5ml，–80℃保存；腹膜灌洗液沉淀，肺和肝脏匀浆从–80℃至室温融化，60℃水浴 2 小时。

（2）10 000r/min 离心 15 分钟，取上清于新 1.5ml 离心管中。

（3）用 0.5% CTAB 溶液稀释各样品，取 0.1ml 稀释样品加入 96 孔板，加入 0.1ml TMB，显色后使用酶标仪 650nm 波长检测，加入 0.05ml 终止液中止反应，使用检测波长 450nm 读板（参考波长为 570nm）。

2. 细胞因子检测

（1）稀释后的细胞因子标准品、血清、腹膜灌洗液上清分别加入已经包被捕获抗体的 96 孔板中，每孔 100μl，空白孔加入 100μl 稀释液。

（2）每孔加入 50μl 生物素标记的检测抗体，37℃孵育 90 分钟。

（3）弃去孔内液体，每孔加入 300μl 冲洗缓冲液，1 分钟后弃去孔内液体，重复 4 次。

（4）每孔加入 100μl 已稀释的 Streptavidin-hRP。盖上封板膜，37℃温育 30 分钟。

（5）重复步骤（3）。

（6）每孔加入 100μl TMB，37℃避光温育 5～30 分钟，根据孔内颜色的深浅判定终止反应。

（7）每孔加入 100μl 终止液终止反应。终止后 10 分钟内，使用检测波长 450nm 读板。

【结果】 CLP 小鼠血清、腹腔灌洗液炎性细胞因子水平和血清、肺与肝脏组织 MPO 水平均较假手术组明显上升。

实验七　白假丝酵母菌生物被膜形成实验

【原理】 生物被膜（biofilm）是一种黏附于非生物或生物表面的、包裹着细胞外基质的三维结构的微生物群落。是细菌、真菌在生长过程中为适应生存环境而形成的一种与浮游细胞相对应的保护性的生长模式。生物被膜可以由一种或几种微生物形成。近年来随着医学界对某些环境中常见细菌所致的一些慢性和顽固性疾病的深入了解，发现生物被膜是导致这些细菌性疾病难以根治的主要原因。

白假丝酵母菌是一种具有二态性的条件致病真菌，可以无症状地在 30%～70%的健康成年人的皮肤、胃肠道、口腔和阴道黏膜表面定植，其过度生长通常导致念珠菌病。白假丝酵母菌在体外普通培养条件下多呈酵母样单细胞，在营养丰富的条件下（如体内）则以菌丝相存在。菌丝是白假丝酵母菌生物被膜的典型特征，也是生物被膜结构的组成成分。生物被膜是白假丝酵母菌重要的毒力因子之一，可借此黏附在宿主组织、假体、植入物（如导管、心脏瓣膜等）的表面，利于白假丝酵母菌的定植。

【材料】

（1）培养基：1640 RPMI 培养基、YPD 培养基。

（2）培养板（皿）。

（3）移液器（200μl，1000μl）。

（4）结晶紫染液、玻片。

（5）白假丝酵母菌。

【方法】

（1）用 YPD 培养基培养白假丝酵母菌，37℃孵箱培养 18～24 小时，调整菌浓度至 1×10^{8}CFU/ml。

（2）结晶紫染色，镜下观察白假丝酵母菌形态。

（3）取 1.8mlYPD 培养液和 1.8ml 1640 培养液，分别加入 0.2ml 菌液（1×10^{8}CFU/ml），将稀释好的菌液加入培养板中。

（4）将培养板放入 37℃孵箱，培养 1.5 小时，显微镜下观察，记录菌生长形态。

（5）吸掉 1640 培养液孔的悬浮液，重新加入 1ml 1640 培养液，37℃培养 4 小时（或设定几个不同的培养时间点）。

（6）显微镜下观察，记录观察点菌生长形态。

（7）结晶紫染色，镜下观察不同培养条件下白假丝酵母菌的形态。

【结果】 YPD 培养基中，白假丝酵母菌以酵母相为主，可见芽孢子；1640 培养基中，白假丝酵母菌以菌丝相为主。

实验八 日本血吸虫家兔模型建立和鉴定

一、家兔人工感染日本血吸虫

把家兔固定好，将从阳性钉螺逸出的尾蚴 500～800 条置于盖玻片上，而后翻转覆盖于剪去毛浸湿的家兔腹部。放置 20 分钟后移去盖玻片。将家兔分笼饲养 45～60 天后，检查其粪便，对发现虫卵者进行解剖。

二、日本血吸虫家兔模型的鉴定

（一）免疫学诊断

Ⅰ. 间接免疫荧光实验

【原理】 间接免疫荧光实验（IFA）是敏感性高、特异性强、操作简便、所需反应物（抗原、抗体）量少的一种免疫学实验。IFA 系将已知抗原（组织切片）固定在玻片上，将待测抗体滴加到玻片上，如血清含有相应抗体，即可在特定部位与抗原起反应形成抗原抗体复合物，此种复合物再与荧光色素标记的抗体反应，形成带荧光的抗原抗体第二抗体的第二复合物，在荧光光源激发下，特异复合物呈现特异荧光。如待测血清无特异抗体，则不形成特异复合物而不显荧光；如抗体特异性不同，则形成特异复合物的位置不同，特异荧光可在组织切片不同部位显示出来。此法可用于诊断或抗原定位。

【材料】

（1）抗原：感染日本血吸虫尾蚴约 50 天的家兔，解剖后取出肝脏及门脉系统中的血吸虫虫体，洗净后置 Rossman's 液中过夜，取出，在 75%乙醇溶液中洗去残存 Rossman's 液并在 75%乙醇溶液中储存。按常规制成 5μm 切片，脱蜡后备用。

（2）第一抗体：感染日本血吸虫的家兔血清。

（3）第二抗体：异硫氰酸荧光素标记的羊抗兔 IgG。

（4）对比染色液：溶解 10mg 伊文思蓝于 10ml 磷酸盐缓冲液中，置冰箱待用。

（5）缓冲液：0.05mol/L pH7.8 磷酸盐缓冲液（PBS）。

（6）正常家兔血清：用作对照。

【方法】 用油性笔在玻片上组织切片周围划一小圈，加 10μl 第一抗体于切片上，置湿盒中在 37℃温箱下反应 30 分钟。另一组织切片滴加正常家兔血清做对照。

（1）用 0.05mol/L pH7.8PBS 轻轻彻底洗去第一抗体（注意切勿用力冲洗以免切片脱落），玻片自然干燥。

（2）预先用伊文思蓝液及 PBS 稀释第二抗体至工作浓度，使第二抗体工作液的伊文思蓝最终浓度为 2/10 000。加 10 μl 于切片上，置湿盒中 37℃反应 30 分钟。

（3）用 PBS 彻底洗去第二抗体，玻片自然干燥。

（4）用 0.lmol/L pH7.8 PBS lml 加甘油 9ml 制成缓冲甘油液。加 1 滴于切片上，加盖玻片。（注意勿使切片上残留小气泡，否则会影响观察）。

（5）置荧光显微镜下观察结果（用通过 BG12+BG38 滤光片产生的紫蓝光作激发光）。

【结果】 在紫蓝光的激发下，经荧光素标记第二抗体所形成的特异复合物的部位显现明亮的黄绿色荧光，不形成特异复合物的部位因伊文思蓝着色的关系，呈现暗红色荧光。依特异荧光的强弱及出现部位的不同，可对抗原的特异性和定位做出估计。与阳性血清起反应的抗原按感染进程出现的先后顺序依次为肠相关抗原（GAA）、膜相关抗原（MAA）、虫卵可溶性抗原（SEA）及体抗原（SA）。

（1）GAA：属诊断性抗原，定位于血吸虫成虫的肠上皮组织，有时在肠内容物中亦可见到。呈现明亮的黄绿色荧光。在感染过程中最早出现（尾蚴感染后 4～5 周），最迟消退。

（2）MAA：主要为保护性抗原，定位于成虫表膜，在感染尾蚴后 5～6 周出现，荧光较弱，反应不够稳定。MAA 在诱发血吸虫保护性免疫中具有重要作用。

（3）SEA：属诊断性抗原，定位于成熟虫卵的毛蚴、卵黄膜、卵内分泌物及虫卵结节环绕虫卵的部位，有时亦可见于宿主肝窦的星状细胞中，于尾蚴感染后的第 6 周出现，在卵内毛蚴（特别是头腺）及毛蚴周围出现明亮荧光。在急性虫卵结节内虫卵的周围呈现雾状光点，反应稳定。

（4）SA：定位于成虫的间质组织，在尾蚴感染后约第 7 周出现，呈大小不等亮度中等的点状荧光，显示虫体组织代谢物，是虫体抗原的重要来源。

Ⅱ. 血吸虫 CAg 的检测

检测 CAg 较检测 CAb 更具优点，CAg 是现症感染的依据，能反映感染虫荷，可用于考核疗效并可检测疫苗效果。从尿中检测血吸虫 CAg 可避免采血所致的肝炎、艾滋病传播的潜在危险。它的无创伤性、简单、方便的特点易于被患者接受，更适合现场应用。CAg 主要有三大类：①膜相关抗原（MAA）；②肠相关抗原（GAA），包括 CAA 和 CCA；③可溶性虫卵抗原（SEA）。

（1）检测 CAg 所用的抗体特性：MCAb 能识别血吸虫特有抗原，识别位点为血吸虫重复性表位，具有较高的亲和力。

（2）目前常用的血吸虫 CAg 的检测方法：反向间接血凝、直接斑点 ELISA、双抗体夹心 ELISA 及改良一步法等。常为血清和尿液联合检测，或单独尿液检测。

直接斑点 ELISA 具有操作简单、检测结果迅速、可肉眼观察、能长期保存、敏感性高等特点，具有诱人的现场应用前景。但由于直接用肉眼观察，对结果的判断有一定主观性。双抗体夹心 ELISA 具有较高敏感性和高度特异性，重现性好，使用酶标仪判读结果较为客观，但对实验条件的要求较高、操作反应过程长，不适合于现场应用。

（二）感染家兔的解剖

日本血吸虫病家兔的解剖 观察肠壁、肝脏、肺部虫卵肉芽肿病理变化及肠系膜静脉中寄生的成虫。

【材料】 血吸虫病兔、解剖台、手术剪、刀、镊、注射器等。

【操作方法】 将粪便检查日本血吸虫卵阳性的家兔固定于解剖台上，从耳静脉注射空气，将兔处死。以手术刀或剪刀自腹中线打开兔的腹腔及胸腔。首先检查肝脏有无虫卵结节（即肝表面上有许多小的白点）。若有，将肝摘出备用。再检查肠壁的病变。逐段检查肠管，浆膜层内可见散在的黄白色结节，系堆积的虫卵形成的结节。仔细检查该段肠系膜静脉，寻找成虫。铺开肠系膜后在静脉血管中可见到缓慢蠕动的雌雄合抱的虫体。雄虫白色较粗，容易发现。雌虫灰黑色较细。找到虫体后，用剪刀剪断血管，以镊子挤压血管，使虫体游离出来，挑入盛有生理盐水的小平皿中，观察其自然形态。检查病兔的肺组织，也能见到灰白色的虫卵结节。取肝、肠、肺组织内的虫卵结节部分，置载玻片上作压片观察。在低倍镜下可见到散在的或成堆的活的或变性的虫卵。在活卵中可见到毛蚴运动，由于虫卵死亡的时间不同，在组织中可看到各期的变性虫卵。将病兔的肝、肺和结肠固定处理后做成病理切片，HE 染色后显微镜下观察其病理变化。

实验九 食用猪肉和淡水鱼的寄生虫学检疫

猪肉中有可能含有猪肉绦虫的囊尾蚴和旋毛虫的幼虫囊包，如果食用未经检疫的猪肉就有可能感染猪肉绦虫病和旋毛虫病。淡水鱼是华支睾吸虫的第二中间宿主，鱼体内有可能含有华支睾吸虫的感染阶段囊蚴，如果生食就有感染华支睾吸虫的可能。所以猪肉和淡水鱼在出售前进行检疫是预防猪肉绦虫、旋毛虫病和华支睾吸虫病有效手段。

【实验材料】 新鲜猪肉、淡水鱼。

【操作方法】

1. 猪肉压片检查旋毛虫幼虫 用手术镊取猪横纹肌一块（绿豆粒大小）置于两张载玻片之间，用牙签蘸一滴甘油滴在肌肉上，稍用力夹紧两玻片，把肌肉压扁，玻片两端用棉线捆扎，放在低倍镜下检查，注意囊包的形状和囊内幼虫的形状。

2. 猪囊尾蚴压片检查 用镊子从鲜肉中取一粒囊尾蚴，用镊子将囊壁挑破，然后把囊尾蚴夹于两张载玻片之间，用力把虫体压扁，玻片两端用棉线捆扎，放在低倍镜下检查，注意虫头上有无吸盘和小钩。

3.鱼肉压片检查肝吸虫囊蚴 一条或一块鲤科淡水鱼放在洁净的器械盘中，用手术刀和镊子刮去脊背处的鱼鳞，撕去鱼皮，从鱼的背部镊取一小块肌肉（绿豆粒大小，绝大部分囊蚴分布在背部及肛区至尾鳍的基部）放在两张载玻片之间，用力压薄，用棉线扎紧玻片两端，放在低倍镜下检查。囊蚴呈椭圆形，可见囊壁和排泄囊，必要时要与其他吸虫的囊蚴（如猫后睾吸虫等）相区别。

实验十　肺孢子虫动物模型的建立

【原理】 一些寄生原虫在宿主体内通常处于隐性感染状态，当宿主免疫功能低下时，可出现大量增殖与致病力增强，引起严重后果。本实验系应用免疫抑制剂人为地降低实验动物（大鼠）的免疫力，以实验动物的体重和生理状态的改变、肺部病理变化和病原体检测为依据，观察机会致病原虫与机体免疫状态的关系。

【材料】

（1）实验动物：大白鼠。

（2）含肺孢子虫的肺组织匀浆。

（3）免疫抑制剂：地塞米松、乙酸可的松。

（4）营养：低蛋白饲养，饮水（加入四环素 1g/L，白糖 25g/L）。

【方法】

（1）实验组：大白鼠 6 只，用地塞米松 1mg/L 加入饮水中（每只大白鼠每天饮用 30ml），或乙酸可的松 12.5mg/100g 体重，每周 2 次皮下注射。2 周后取其中 3 只大白鼠经胸腔注射（或从气管内灌注）肺孢子虫肺组织匀浆 0.15ml，术后与其余 3 只大白鼠同等条件饲养，每天服用四环素（四环素 1g/L 水，已加入饮水中），或每周注射青霉素 4 万 U/只和链霉素 2 万 U/只。

（2）对照组：大白鼠 4 只，正常饲养 2 周后，取其中 2 只经胸腔注射（或从气管内灌注）含肺孢子虫的肺组织匀浆 0.15ml，术后与余下的 2 只大白鼠同等条件饲养。

（3）第 6 周停止使用免疫抑制剂，每组取 1～2 只大白鼠解剖，观察肺部病理变化，并印片、染色置镜下检查肺孢子虫。

（4）余留大白鼠继续饲养、观察，2 周后解剖检查，内容同（3）。

（5）每周称实验动物的体重和观察其生理表现 1 次，并做记录。

实验路线如图 2-10-1 所示。

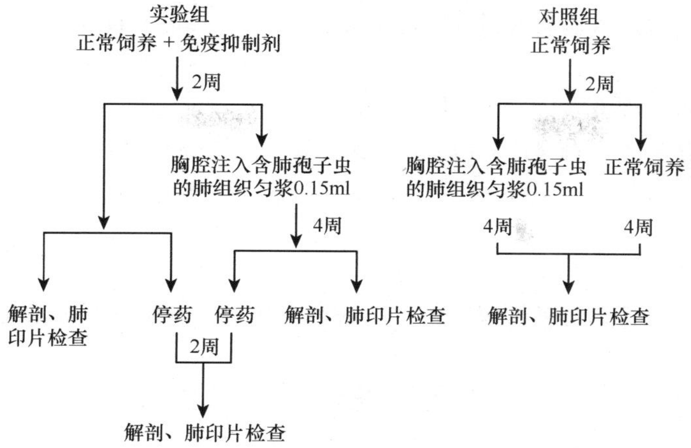

图 2-10-1 实验路线

实验十一 B 淋巴细胞免疫功能的检测

一、定量溶血分光光度计法

【原理】 用绵羊红细胞（SRBC）免疫小鼠，然后将免疫活性细胞（小鼠脾 B 淋巴细胞）、SRBC 和补体在液相介质中进行反应。SRBC 与抗体形成细胞所产生的 IgM 结合形成抗原抗体复合物，激活补体系统，裂解 SRBC 而释放出血红蛋白，以分光光度计定量测定。所测值反映了抗体形成细胞产生抗体的功能。

【材料】

1. SRBC 的制备 脱纤维防凝处理的 SRBC，以 NS 洗涤 2 次，每次 2000r/min 离心 5 分钟。弃上清，制成 SRBC 悬液，然后用血细胞计数板计数细胞，最后稀释成 1.5×10^8 RBC/ml。

2. 免疫小鼠脾细胞的制备 取上述稀释的 SRBC，经尾静脉或腹腔内注射免疫小鼠（鼠龄 8～10 周），每只 0.2ml。4 天后拉颈处死，取出脾脏用含 5%小牛血清的 Hank’s 液清洗，去除脂肪和结缔组织。在 200 目铜网上研磨，制备单个脾细胞悬液，取出滤液移至试管内。加入含 5%小牛血清的冷 Hank’s 液，2000r/min 离心 5 分钟，弃上清，沉淀中加入 4.5ml 蒸馏水，反复吹打约 45 秒以破坏红细胞，然后加入 9% NaCl 0.5ml 恢复等渗状态。用含有 5%小牛血清的 Hank’s 液洗涤 1 次，计数，用 Hank’s 液调整细胞浓度为 2×10^7/ml。

3. 补体 新鲜豚鼠血清，用前经 SRBC 吸收后，用 RPMI1640 稀释。吸收处理的目的是为了减少补体介质中非特异性溶血及不同豚鼠间的补体反应差别，因此使用前需要把豚鼠的血清进行处理。在新鲜的豚鼠血清中加入经洗涤 3 次的压积 SRBC，按血清与 SRBC 体积比为 5∶1 加入。4℃吸收 30 分钟后，3000r/min 离心 15 分钟，吸出的上清即为 RBC 吸收的豚鼠血清。临用前 1∶10 稀释。

【方法】

（1）在实验管中加入浓度为 2×10^7 个细胞/ml 的脾细胞悬液 1ml；对照管中加入 1ml pH7.2 的 Hank’s 液。

（2）两管中同时加入制备好的 SRBC 1ml，1∶10 稀释的补体 1ml，充分混匀，置 37℃水浴 1 小时。

（3）取出，3000r/min 离心 5 分钟。

（4）以 721 分光光度计 413nm 波长，测上清液中红细胞裂解释放出的 Hb 量（以 OD 表示）。

【注意事项】

（1）SRBC 要新鲜，无溶血。

（2）离体脾细胞的制备过程要迅速，以防细胞死亡，细胞计数应准确。

二、溶血空斑形成试验

【原理】 溶血空斑形成试验的基本原理是将经绵羊红细胞免疫小鼠的脾细胞与一定量的绵羊红细胞混合，在补体参与下，使抗体形成细胞周围那些受到抗体分子致敏的绵羊红细胞溶解，在琼脂介质中形成肉眼可见的溶血空斑。每一个空斑表示一个抗体形成细胞，空斑大小表示抗体生成细胞产生抗体的多少。这种直接法所测的细胞为 IgM 生成细胞，其他类型 Ig 由于溶血效应较低，不能直接检测，可用间接检测法，即在小鼠脾细胞和 SRBC 混合时，再加抗鼠 Ig 抗体（如兔抗鼠 Ig），使抗体生成细胞所产生的 IgG 或 IgA 与抗 Ig 抗体结合成复合物，此时能活化补体导致溶血，称间接空斑试验。下面介绍直接溶血空斑形成试验。

【材料】

（1）1.4%琼脂和 0.7%琼脂：用 pH7.4 PBS 配制。

（2）25%SRBC 盐水悬液。

（3）免疫小鼠脾细胞悬液制备：取 SRBC，经尾静脉或腹腔内注射免疫小鼠（鼠龄 8～10 周），每只 0.2ml。4 天后拉颈处死，取出脾脏用含 5%小牛血清的 Hank’s 液清洗，去除脂肪和结缔组织。在 200 目铜网上研磨，制备单个脾细胞悬液，取滤液至试管内，洗涤两次，调整细胞数为（3～8）×10^6/ml。台盼蓝染色查活细胞数应大于 90%。置 4℃冰箱备用。

（4）胎牛血清，56℃ 30 分钟灭活，并经 SRBC 吸收。

（5）补体：新鲜豚鼠血清，用前经 SRBC 吸收后，用 RPMI1640 稀释。

【方法】

（1）底层琼脂平皿的制备：将 1.4%琼脂加热融化后倾注于平皿内，每个平皿 6ml，凝固后置湿盒 37℃备用。

（2）0.7%琼脂加热融化后加入华氏管内，每管 2ml，47～49℃水浴保温备用。

（3）试验平皿的制备：依次将预温 40℃左右的 25%SRBC、经 SRBC 吸收的灭活胎牛血清，以及保存于 4℃的脾细胞悬液各 0.1ml 加入预热 47～49℃的含 0.7%琼脂的华氏管中，迅速混匀，立即倾注于铺有底层琼脂的平皿内，凝固后，置 37℃孵育 1 小时。

（4）加入 1∶5～1∶10 稀释的新鲜豚鼠血清 0.5～1.0ml，使其均匀覆盖表面，再置 37℃温育 30 分钟，即可用肉眼或借助于放大镜进行空斑计数。

【注意事项】

（1）0.7%琼脂必须置 47～49℃水浴融态保温。如温度过高会导致 SRBC 溶血或所加入脾细胞的死亡。温度过低则在操作过程中琼脂发生凝固，影响上层琼脂平板的制备。

（2）离体的脾细胞应置 4℃冰箱保存，防止抗体分泌和细胞死亡。

（3）在制备试验平皿时，对于所有玻璃器皿和各种试剂，均需预温。各种试剂与 0.7% 琼脂迅速充分混匀后，立即倾倒于底层琼脂上，并避免产生气泡。

（4）加入的补体应均匀覆盖于表层琼脂上。

实验十二　T 淋巴细胞免疫功能检测

测定淋巴细胞体外增殖反应是检测细胞免疫功能的常用方法。刺激淋巴细胞增殖的物质可分为两大类：①非特异性刺激物，如植物血凝素（PHA）、刀豆蛋白 A（ConA）等有丝分裂原；②特异性刺激物，如结核菌纯化蛋白衍生物（PPD）等。各种刺激物中，以 PHA 应用最广。因为仅在 T 淋巴细胞表面有 PHA 的受体，而 B 细胞上没有。因此根据 PHA 激活 T 淋巴细胞增殖反应的程度，可间接估计 T 细胞识别特异性抗原后的增殖反应，反映体内细胞免疫的功能。体外常用的测定淋巴细胞增殖反应的方法包括形态计数法、同位素掺入法。形态学方法简单，但主观因素较多，误差大。同位素掺入法敏感性高，准确，尽管有同位素的污染，但仍然是大家公认的方法。

将 T 淋巴细胞与 PHA 在体外共同培养时，T 淋巴细胞受到 PHA 的刺激后，胞内核酸和蛋白质合成增加，同时细胞形态可转化为淋巴母细胞，因此也称之为淋巴细胞转化实验。

一、形态学检测法

【原理】　在体外，将人外周血或分离的淋巴细胞与 PHA 共同培养一段时间后，取培养细胞涂片染色，镜下观察，可见转化后的淋巴细胞表现为体积较大的原始淋巴细胞或细胞分裂现象。因为仅 T 淋巴细胞表达 PHA 受体，所以 PHA 只激发 T 淋巴细胞转化，可计数 100～200 个淋巴细胞，计算其转化率，转化率的高低可反映人体的细胞免疫水平，因此常用为检测细胞免疫功能的指标之一。

【材料】

（1）PHA：终浓度为 50～100μg/ml。

（2）RPMI1640 培养液：临用时加入终浓度为 20%的新生牛血清（NCS），青霉素（100U/ml），链霉素（100μg/ml）。

（3）瑞氏染液。

（4）其他：温箱、离心机、显微镜、96 孔培养板等。

【方法】

（1）按实验一的方法分离外周血单个核细胞，用 RPMI 1640 培养液调整细胞浓度为 2×10^6 个/ml。每份样品加 6 孔，每孔加 100μl 细胞悬液，前 3 孔加 PHA 50μl（终浓度为 100μg/ml），后 3 孔不加 PHA 作对照，均用 1640 培养液补足体积至 200μl/孔。

（2）加盖，置 37℃ 5%CO_2 温箱内培养 72 小时。

（3）取 1 滴细胞涂片，晾干。经瑞氏染液染色 1～2 分钟后，自来水冲洗，吸干后在镜下观察。

【结果】　根据细胞大小、形态特征等进行判别。转化过程中，常见的细胞类型有以下几种：淋巴母细胞、过渡型淋巴母细胞、核分裂相细胞、成熟淋巴细胞等。

成熟淋巴细胞：直径 6～8μm，染色质很致密，无核仁、胞质少（图 2-12-1）。

过渡型淋巴细胞：体积增大，核质较疏松，有或无核仁，胞质增多（图 2-12-2）。

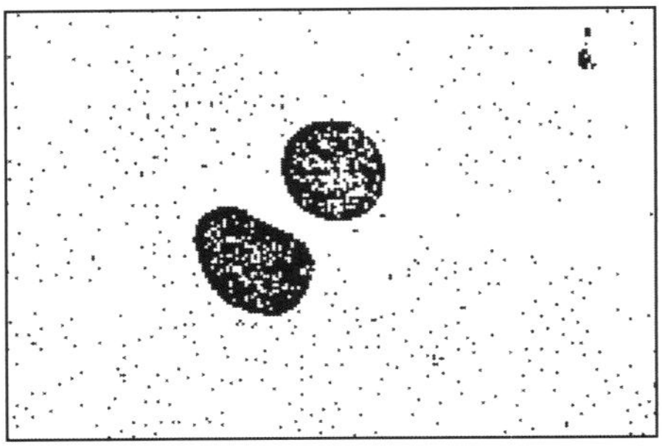

图 2-12-1　成熟淋巴细胞

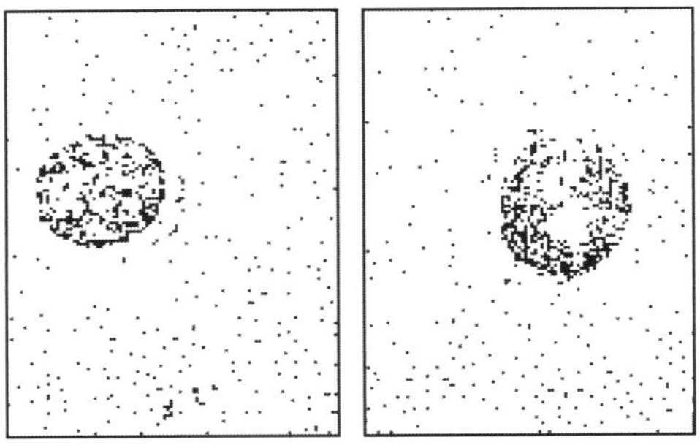

A　　B

图 2-12-2　过渡型淋巴细胞

淋巴母细胞：体积明显增大，为未成熟淋巴细胞的 3～4 倍。染色质疏松呈细网状，核膜清晰，核内见明显核仁 1～4 个。胞质丰富，有伪足样突出，胞质内有时可见空泡（图 2-12-3）

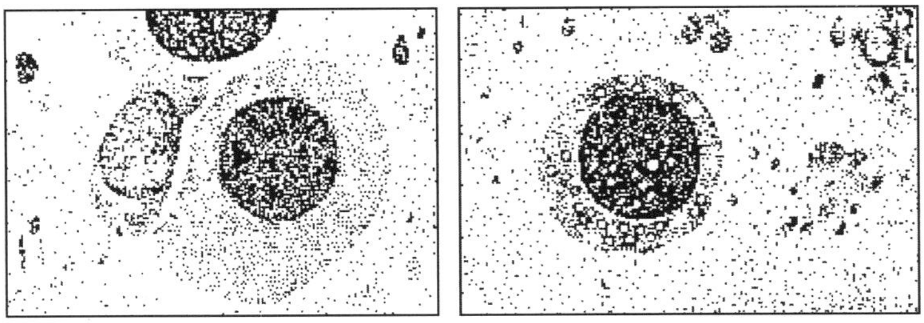

A　　B

图 2-12-3　淋巴母细胞

淋巴母细胞约为成熟型淋巴细胞 3～4 倍大，细胞嗜碱性强，但经常形成空泡，核显著增大，核染色质构造有反祖现象，可看到 1～2 个核仁

核分裂相细胞：核呈有丝分裂，可见成堆或散在的染色体。

计算时，以淋巴母细胞、过渡型淋巴细胞、核分裂相细胞作为转化细胞。计数 100～200 个淋巴细胞，计算其转化率。

$$\text{转化率}=\frac{\text{转化的淋巴细胞数}}{(\text{转化的}+\text{未转化的})\text{淋巴细胞总数}}\times 100\%$$

正常人外周血淋巴细胞转化率为 60%～80%，若 50%～60%为偏低，小于 50%为降低。

成熟淋巴细胞与末梢血中小淋巴细胞形态一致，过渡型淋巴细胞较成熟型淋巴细胞稍大，似大淋巴细胞，核染色质构造似成熟型淋巴细胞。

二、^{3}H-TdR 掺入法

【原理】　T 淋巴细胞受 PHA 刺激后，进入细胞周期进行有丝分裂。当进入细胞周期 S

期时细胞合成DNA量明显增加，在培养液中加入氚（^{3}H）标记的DNA前身物质胸腺嘧啶核苷（TdR），则^{3}H-TdR被作为合成DNA的原料摄入细胞，掺入到新合成的DNA中。掺入的同位素^{3}H可产生β射线，该射线经液体闪烁测量法测出，根据同位素掺入细胞的量可推测淋巴细胞对刺激的应答水平。

【材料】

（1）淋巴细胞分离液。

（2）RPMI 1640培养液（同前）。

（3）PHA（同前）。

（4）脂溶性闪烁液（配方见附录）。

（5）49型玻璃纤维滤纸。

（6）96孔细胞培养液。

（7）多头细胞收集器、闪烁杯、β液体闪烁计数仪等。

【方法】

（1）无菌操作分离淋巴细胞（见淋巴细胞分离技术）用 1640 培养液调整细胞浓度为1×10^6/ml。

（2）每份样本加6个孔，每孔100μl细胞悬液。

（3）前3个孔加PHA 50μl（最终浓度为50μg/mL），后3孔不加PHA作对照，均用1640培养液补足体积至200μl/孔。加盖，置37℃ 5% CO_2温箱内培养。

（4）56小时后，加^{3}H-TdR，每孔0.5～1μCi，继续培养至72小时。

（5）用多头细胞收集器将每孔培养物分别吸到49型玻璃纤维滤纸上。

（6）将滤纸置80℃烘干1小时后，分别将每片滤纸放闪烁杯中，每杯加5ml闪烁液。

（7）在β液体闪烁计数仪上测定每杯样品的放射性（cpm）。

【结果】 将PHA刺激组和对照组各自的平均cpm值，代入下面的公式计算PHA刺激指数（SI）：

$$SI=\frac{\text{PHA刺激管的cpm均值}}{\text{对照管的cpm均值}}$$

【注意事项】

（1）操作中应注意无菌，以免细胞污染影响结果。

（2）增殖反应的细胞应保持高活性。此外增殖细胞的浓度要适宜，过高或过低均不利于细胞生长。

（3）^{3}H-TdR为放射性同位素，操作时要注意防护。

三、流式细胞术检测T淋巴细胞增殖——CFSE染色法

【实验原理】 羟基荧光素二醋酸盐琥珀酰亚胺脂（carboxyfluorescein，diacetate succinimidyl ester，CFSE）无色无味，且完整分子不发荧光，可顺着浓度梯度扩散入细胞。细胞内酯酶裂解CFSE分子产生强荧光物质羧基荧光素乙酰乙酸酯，可以不可逆地与细胞内蛋白质氨基结合而偶联到蛋白质上，形成稳定荧光复合物，可以在细胞内存在数周之久，并且复合物不影响细胞的增殖能力。当细胞分裂时，CFSE标记荧光物质可平均分配至两个

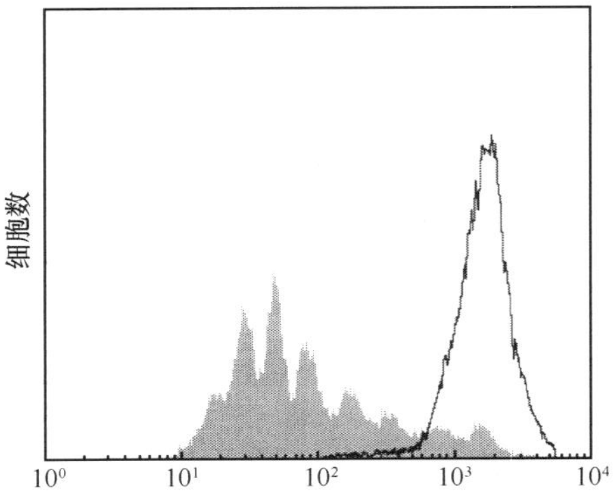

图 2-12-4　分析结果

子代细胞中，且其荧光强度是亲代细胞的一半，各连续子代细胞的荧光强度依次递减。用 488nm 激光激发，流式细胞仪检测荧光强度（517nm），分析细胞增殖情况。分析结果如图 2-13-4 所示，阴影图形代表细胞增殖后细胞荧光强度，实线矩形图为没有刺激的细胞荧光强度。此方法操作简单，且不用放射性同位素，不存在安全隐患，可以更快速、更准确和更安全地得到想要的实验数据。

流式细胞术是应用流式细胞仪对高速流动状态中的细胞或生物颗粒进行多参数、快速定量分析或分选的技术。流式细胞仪工作原理如图 2-12-5 所示，一束激光扫描高速流动的单细胞流可以同时获得散射光信号和荧光信号。其中散射光信号包括前向角散射光（与细胞大小有关）和侧向角散射光（与细胞内精细结构和颗粒度有关）；荧光信号主要由与特异标记细胞分子偶联的荧光素发出，然后通过各种滤光片的滤过或反射作用，将荧光信号送至特定光电倍增管，最后由电脑软件对荧光信号进行分析。

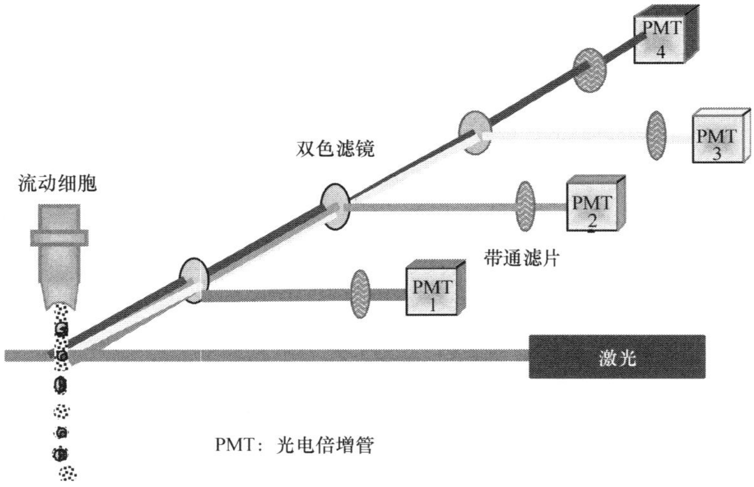

图 2-12-5　流式细胞仪工作原理示意图

【实验材料】

（1）淋巴细胞分离液。

（2）PHA：使用浓度为 50～100μg/ml。

（3）RPMI1640 细胞培养液：含 10%胎牛血清，双抗同前。

（4）CFSE：5mmol/L 储存液。

（5）流式细胞仪。

（6）其他：PBS（含 0.1%BSA）、离心机、6 孔细胞培养板及微量移液器等。

【实验方法】

（1）无菌操作分离外周血单个核细胞（方法同前），并记数。

（2）用 37℃预热的 PBS 重悬细胞，并调整浓度为 1×10^6/ml。

（3）取适量上述细胞悬液，加入 CFSE 储存液，终浓度为 25μmol/L，37℃孵育 15 分钟。

（4）1000r/min 离心 10 分钟，弃上清，用预热的 PRMI1640 培养液重悬细胞。

（5）细胞 37℃孵育 30 分钟，1000r/min 离心 10 分钟，弃上清。用 PRMI1640 培养液重悬细胞，使细胞浓度为 1×10^6/ml。

（6）种板：取上述细胞和 1640 培养液各 1ml 加入六孔板，一孔为对照，一孔加 PHA（终浓度 100μg/ml）。

（7）细胞培养箱中 37℃，5%CO_2 培养 72 小时。

（8）流式细胞术检测分析。

【注意事项】

（1）无菌操作。

（2）PBS 应含 0.1%BSA，操作要快，尽量保持细胞活性。

（3）CFSE 染色时，所有实验用细胞应在同一容器中染色，保证所有细胞染色均一。

实验十三 NK 细胞功能检测

NK 细胞发源于骨髓干细胞，它的发育、成熟依赖于骨髓的微环境。它主要存在于外周血和脾脏，占外周血淋巴细胞的 5%～15%。在淋巴结以及其他组织内也有少量 NK 细胞存在。细胞表面有杀伤活化受体（KAR）和杀伤抑制受体（KIR），主要功能是非特异地杀伤肿瘤细胞和病毒感染的细胞，不依赖抗体、补体的参与，不受 MHC 分子的限制，在机体抗肿瘤免疫及抗感染免疫中具有重要作用。

NK 细胞杀伤活性的测定方法有多种，包括形态法、MTT 法、^{51}Cr 特异释放法等，下面介绍后两种。

一、MTT 法

【原理】

将 NK 细胞敏感的 YAC-1 细胞与 NK 细胞共同培养 24 小时，NK 细胞可杀伤靶细胞，此时加入 MTT（四甲基偶氮唑盐），未被杀伤的 YAC-1 细胞内的线粒体氧化酶可使淡黄色的 MTT 还原为紫黑色的颗粒。该颗粒溶解后，其液体的光密度值与活细胞数及代谢活性呈正相关。与 NK 细胞杀伤活性呈负相关，因此可以推论出待测标本中的 NK 细胞杀伤活性。

【材料】

（1）YAC-1 细胞系（小鼠淋巴细胞瘤细胞）。

（2）C_{57}BL/6 小鼠，雌性，体重（18±2）g。

（3）MTT（四甲基偶氮唑盐）配成 5mg/ml。

（4）DMSO（二甲基亚砜）。

（5）酶联免疫吸附测定仪。

【方法】

1. 效应细胞的制备

（1）拉颈处死 8～10 周龄小鼠，于 70%乙醇溶液中浸泡 10 分钟，由后背左侧切开皮肤，取出脾脏，用含有 5%小牛血清的 Hank's 液漂洗。

（2）200 目铜网上研磨，制备单个脾细胞悬液，取滤液至试管内。加入含 5%小牛血清的冷 Hank's 液，2000r/min 离心 5 分钟，弃上清，沉淀中加入 4.5ml 蒸馏水，反复吹打约 45 秒以破坏红细胞，然后加入 9% NaCl 0.5ml 恢复等渗状态。用 RPMI 1640 细胞培养液洗涤一次，计数，用含有 10%小牛血清的 RPMI 1640 培养液调整细胞浓度为 5×10^6/ml。

2. 靶细胞的制备 取生长旺盛的 YAC-1 细胞，用含 10%小牛血清的 RPMI1640 液洗涤后，调整浓度至 2×10^5/ml。

3. 细胞毒试验

（1）实验分组：取 96 孔细胞培养板。实验组：在实验孔中分别加入效应细胞和靶细胞各 100μL，效靶比例为 50：1；效应细胞对照组：加入效应细胞 100μl 和 RPMI 1640 液各 100μl；靶细胞对照组：加入靶细胞 100μl 和 RPMI 1640 液各 100μl；每实验组均设 3 个复孔。

混匀，37℃，5%CO_2 条件下培养 18～24 小时，然后加入 MTT，20μl/孔，继续培养 4 小时。

（2）吸去部分上清，100μl/孔，各孔加入 DMSO 100μl/孔，轻轻振荡至完全溶解，在酶联免疫吸附测定仪上，测波长为 570nm 处的 OD 值。

【结果】 根据下列公式，计算待测样本中 NK 细胞杀伤活性：

$$\text{NK 细胞杀伤活性（\%）}=\left(1-\frac{OD_{E+T}-CD_E}{OD_T}\right)\times100\%$$

其中 OD_{E+T} 实验孔的平均 OD 值，OD_E 是效应细胞对照孔的平均 OD 值，OD_T 是靶细胞对照孔的平均 OD 值。

二、^{51}Cr 特异释放法

【原理】 用放射性同位素 ^{51}Cr 标记对 NK 细胞敏感的靶细胞，并与效应细胞（NK 细胞）在体外共同培养，NK 细胞可有效杀伤靶细胞，使之释放出 ^{51}Cr。其释放量与 NK 活性呈正相关。因此，测定上清中的 ^{51}Cr 的放射性，即可了解 NK 细胞杀伤活性的强弱。

【材料】

（1）YAC-1 细胞（小鼠淋巴细胞瘤细胞系）。

（2）C_{57}BL/6 小鼠，雌性，体重（18±）2g。

（3）$Na_2{}^{51}CrO_4$（铬酸钠）比放射性 100～150μCi/μg，放射性强度 1～2mCi/ml。

（4）1% TritonX-100（V/V），双蒸水配制。

（5）γ-计数器。

【方法】

1. 效应细胞（NK 细胞）的制备 见 MTT 法。

2. 靶细胞制备 取生长状态良好的 YAC-1 细胞 1×10^6/ml，用 200μCi$Na_2{}^{51}CrO_4$ 标记，置 37℃水浴 1 小时，洗涤 2 次后，稀释至 1×10^5/ml。

3. 细胞毒试验 取 40 孔培养板，分三组进行试验。

（1）实验组：在孔中分别加入效应细胞及靶细胞各 100μl/孔（效靶比例 100∶1）。

（2）自发释放组（阴性对照组）：靶细胞 100μl，RPMI-1640 培养液 100μl。

（3）最大释放组：靶细胞 100μl，1%TritonX-100 100μl，每组均设 3 个复孔，混匀后，37℃，5% CO_2培养 4 小时。然后 2000r/min 离心 15 分钟，取上清，用γ计数器测放射性（cpm）。

【结果】 根据下式计算出 NK 细胞杀伤活性：

$$\text{NK 细胞杀伤活性（\%）}=\frac{\text{实验组cpm}-\text{自发释放组cpm}}{\text{最大释放组cpm}-\text{自发释放组cpm}}\times 100\%$$

【注意事项】

（1）效靶比对试验结果影响很大，应据具体情况选择一个最佳效靶比，通常为 1∶100～1∶50。

（2）标记靶细胞后要充分洗涤，去除未结合的同位素，否则对结果影响比较大。

（3）只适用于短期培养，通常 4～6 小时，如孵育时间过长，标记的靶细胞自发释放率增加而影响结果。

实验十四　多克隆抗体的制备与检测

【原理】 特异性体液免疫应答中，抗原可刺激机体产生特异性抗体。每个抗原分子表面常带有多种不同的抗原决定簇（表位），可被机体内不同特异性的 B 细胞克隆识别并产生不同特异性的抗体。因此，以抗原免疫动物所产生的免疫血清实际上是针对该抗原表面不同表位的多种抗体的混合物，又称为多克隆抗体。

用纯化抗原免疫动物是制备多克隆抗体的常用方法。免疫血清的效价和特异性主要取决于抗原和实验动物两方面的因素。欲获得高效价的免疫血清，需同时加用佐剂以增强抗原的免疫原性；并给予适时的加强免疫以诱导机体的再次应答。欲获得高特异性的免疫血清，则必须保证抗原的纯度，在条件许可的范围内应对抗原进行最大限度地纯化。此外，抗原的剂量、免疫途径、免疫时间及动物和佐剂的选择等，都是影响免疫血清效价和特异性的重要因素。

【材料】

（1）动物：昆明鼠，鼠龄 8～10 周，雄性，体重（18±2）g。

（2）试剂：25% SRBC、40% SRBC，补体（1∶30）

（3）器材：镊子、注射器（附针头）、离心机、动物固定架等。

【方法】

1. SRBC 的制备 脱纤维防凝处理的绵羊血，加入适量生理盐水混匀，2000r/min 离心 5 分钟，弃上清，再加入适量生理盐水混匀，2000r/min 离心 5 分钟，弃上清，利用生理盐水分别配制成 25% SRBC、40% SRBC。

2. 免疫小鼠 利用上述不同浓度的 SRBC 悬液免疫小鼠，腹股沟皮下注射，每周 1 次，连续 3 周，每次 0.1ml。注意做好标记。

3. 免疫小鼠血清的制备

（1）第 4 周，将免疫小鼠麻醉后摘眼球取血，将血置于 4°C 冰箱内 5～10 分钟。

（2）3000r/min 离心 5 分钟后取上清备用。

4. 溶血素的检测

（1）利用间接法 ELISA 检测小鼠血清中的溶血素（方法见实验五）。

（2）或采用表 2-14-1 方法进行实验。

表 2-14-1　溶血素检测

管号	溶血素（稀释度）	补体（1∶30）	生理盐水	2%SRBC	结果
1	0.2（原液）	0.2	0.4	0.2	—
2	0.2（1∶5）	0.2	0.4	0.2	—
3	0.2（1∶10）	0.2	0.4	0.2	—
4	0.2（1∶20）	0.2	0.4	0.2	—
5	0.2（1∶40）	0.2	0.4	0.2	—
6	0.2（1∶80）	0.2	0.4	0.2	—
7	—	0.2	0.6	0.2	不溶血

全部加完后混匀，置于 37℃水浴中 30 分钟。

【结果判定】　首先判定第 7 管，出现不溶血现象，说明对照正确。然后判定 1～6 管如果出现溶血，说明实验成功，血清里含有溶血素。若未出现溶血则说明血清里不含有溶血素或含量太低未检测出来。

【注意事项】

（1）羊血用前轻轻摇匀，避免剧烈振荡引起溶血。

（2）各种试剂的吸管不要混用。

（3）补体性质较不稳定，低温保存，加样时再从冰箱取出。

（4）水浴时避免水滴进试管。

（5）本试验影响因素很多，对照管的反应情况是否正常是判断试验可信的参照。

实验十五　伤寒沙门菌感染小鼠后 T 细胞亚群的检测

一、抗原制备：伤寒沙门菌菌种纯化、培养、菌体抗原制备

【原理】　利用平板分区划线接种的方法分离纯化伤寒沙门菌，平板划线分离方法可将混杂的细菌分离，经过培养，单个细菌形成菌落，挑取单个菌落可获得纯菌种。将琼脂平板培养基的单菌落转移到液体培养基中，获得伤寒沙门菌的纯培养。

【材料】　变形杆菌、琼脂平板、LB 液体培养基、接种环、试管等。

【方法】

（1）左手持菌种管下端，右手持接种环烧灼灭菌。

（2）以右手的手掌、小指、无名指夹住试管帽，在火焰旁取下，并将管口通过火焰 3 次以灭菌。

（3）用烧灼过的接种环挑取菌种管仲的细菌，取完后，关口通过火焰灭菌，盖上试管帽，放回试管架。左手持琼脂平板，在火焰旁打开成 45°角，将接种环上的细菌在平板的一侧边缘涂开。

（4）分区划线时，可将分为 3～4 个区，每划完一区后烧掉残菌，从前一区域中拉出一

条培养线，继续划下一区域。

（5）划线完毕，盖好平皿，烧灼接种环灭菌。

（6）做好标记，置 37℃培养箱，倒置培养。

（7）次日取单克隆转入 1ml LB 液体培养基中，37℃摇床过夜，再转入 10ml LB 液体培养基中，37℃摇床振荡培养 4～6 小时。

二、伤寒沙门菌感染小鼠后 T 细胞亚群的检测

【原理】 伤寒沙门菌为胞内感染菌。当机体感染伤寒沙门菌后，血液中的病菌很快被全身单核吞噬细胞系统，如肝、脾、骨髓和淋巴结中的巨噬细胞吞噬，但并不能被清除，而是在其中进一步大量繁殖。因而机体清除伤寒沙门菌主要依靠 $CD4^+$T 细胞介导的细胞免疫。巨噬细胞通过 MHC-II 类分子途径递呈抗原给 $CD4^+$T 细胞，并激活 $CD4^+$T 细胞，使其分泌 IFN-γ 等细胞因子，IFN-γ 是重要的巨噬细胞激活剂。激活后的巨噬细胞即可通过氧依赖性及氧非依赖性机制杀伤胞内感染的伤寒沙门菌。在本实验中，利用灭活的伤寒沙门菌菌液免疫小鼠，经 3 次免疫后，处死小鼠，获得脾，从而获得单个脾细胞，经荧光标记的 CD4 及 CD8 抗体作用后，利用流式细胞术检测 $CD4^+$及 $CD8^+$T 细胞所占的比例。

【实验材料】

（1）动物：昆明种小鼠，体重 18～22g。

（2）试剂：灭活的伤寒沙门菌液、含 5%小牛血清的 Hank's 液、Tris-NH_4Cl 等

（3）器材：针栓、200 目铜网、平皿、吸管等。

【实验方法】

（1）免疫动物：将制备好的伤寒沙门菌灭活后感染小鼠，每只小鼠腹腔注射 0.5ml，每间隔 1 周同样剂量加强注射 1 次，共 3 次。

（2）3 周后，拉颈处死，取出脾用含 5%小牛血清的 Hank's 液清洗，去除脂肪和结缔组织。在 200 目铜网上研磨，制备单个脾细胞悬液，取滤液至试管内。

（3）加入含 5%小牛血清的冷 Hank's 液，2000r/min 离心 5 分钟，弃上清，沉淀中加入 Tris-NH_4Cl 以破坏红细胞，置于 CO_2 孵箱内 10 分钟。用含有 5%小牛血清的 Hank's 液洗涤一次，计数，用 Hank's 液调整细胞浓度为 1×10^6/ml。

（4）取 1×10^6 细胞，1000r/min 离心 5 分钟，弃上清，加入 PBS 100μl，重悬细胞加入荧光素标记抗体 CD4（PE-CY5）0.5μl、CD8（FITC）各 1μl，漩涡混合器混匀室温避光静置 30 分钟，加入 500μl PBS，用流式细胞仪检测。

【注意事项】

（1）在沉淀中加入 Tris-NH_4Cl 破坏红细胞时，一定要混匀。

（2）利用荧光标记 CD4 及 CD8 抗体标记时一定要避光。

实验十六 肿瘤坏死因子的诱生及活性测定

肿瘤坏死因子（tumor necrosis factor，TNF）是一类可直接杀死肿瘤细胞或抑制其增殖的细胞因子。根据其来源和结构可分为两种，即 TNF-α 和 TNF-β。前者主要由单核巨噬细

胞产生；后者由活化的 T 细胞产生，又称淋巴毒素。两种 TNF 可结合相同的 TNF 受体，发挥生物学效应。

【原理】 以 TNF 敏感的、经放线菌素 D 处理的小鼠 L929 纤维母细胞作为靶细胞，在靶细胞培养物中加入待测 TNF 标本，然后加入四甲基偶氮唑盐（MTT）。TNF 可有效杀伤 L929 细胞，而未被杀伤的活细胞内的线粒体氧化酶可将淡黄色的 MTT 还原为紫黑色的甲替颗粒。该颗粒溶解后，其液体的光密度值与活细胞数及代谢活性呈正相关，从而可间接反映待测标本中的 TNF 活性。

MTT 法是应用生化技术检测细胞内的代谢变化，从而推出靶细胞功能变化及死亡情况，它快速、简便，是目前最常用的生物学检测方法。

【材料及设备】

（1）TNF 敏感的 L929 纤维母细胞。

（2）TNF 的标准品。

（3）放线菌素 D：1mg 溶于无水乙醇，用 RPMI1640 液稀释后，过滤除菌，分装后–20℃冻存，临用前用 RPMI1640 液稀释至 5mg/ml，4℃保存。放线菌素 D 可提高靶细胞对 TNF 的敏感性。

（4）四甲基偶氮唑盐（MTT）以生理盐水配至 5mg/ml，4℃保存。

（5）24 孔及 96 孔细胞培养板。

（6）酶联免疫吸附测定仪。

【方法】

1. TNF 的诱生

（1）TNF-α 的诱生：将小鼠腹腔巨噬细胞（2×10^6/ml）用细菌脂多糖（LPS，终浓度为 10～40μg/ml）刺激，加入 24 孔培养板中，1ml/孔，将培养板置 37℃ 5%CO_2 培养箱中培养 12～48 小时，于不同时间分别离心（2000r/min，10 分钟）收获上清，置-20℃冻存。

（2）TNF-β 的诱生：将小鼠腹腔巨噬细胞（2.5×10^6/ml）用刀豆蛋白（conA，终浓度为 2.5～5 μg/ml）刺激，加入 24 孔培养板中，1ml/孔，将培养板置 37℃，5%CO_2 培养箱中培养 12～48 小时，与不同时间分别收获上清，离心，置–20℃冻存。

2. L929 细胞的培养 取对数生长期的 L929 细胞，加入预温的 0.25%胰酶 4ml，37℃消化 1～2 分钟，镜下观察细胞固缩、轻摇即脱落时，加入 15ml RPMI1640 培养液，终止胰酶作用。然后轻轻吹打数次，将细胞悬液吸入离心管中，1000r/min 离心 10 分钟，弃上清，加入 10ml RPMI1640 培养液，混匀后，调整细胞浓度至 2×10^5/ml。

3. TNF 的生物学活性的检测 在 96 孔平底培养板中，加入 L929 细胞 100μl/孔，将培养板置 37℃，5% CO_2 条件下培养 24 小时至细胞铺满孔底。弃上清，从 A 排至 G 排，按各孔对应关系将倍比稀释的标准 TNF 和待测上清（1∶2～1∶1024）加入 96 孔板，100μl/孔，在 H 排设立阳性对照（加入 1%SDS 100μl）及阴性对照（加入 RPMI1640 液 100μl）及空白对照。各孔在分别加入 50μl 放线菌素 D 溶液，37℃ 5%CO_2 条件下培养 18～24 小时。

将 96 孔板，每孔弃上清 100μl，空白对照孔弃 150μl，每孔加入 5mg/ml MTT 10μl，空白对照孔再加入 10%酸化 SDS100μl，然后置 37℃孵箱过夜，在酶联免疫吸附仪上，波长为 570nm 时，检测各孔 OD 值。

【结果】 空白对照孔显示最大的细胞溶解率，染色最浅；而阴性对照孔细胞溶解率最小，染色最深，OD 值最大。根据下列公式可计算出各孔细胞溶解率。

细胞溶解率(%)=(1–各稀释度平行孔的平均 OD 值/阴性对照孔的平均 OD 值)×100%，以各样品稀释度对数值为横坐标，以对应空的细胞溶解率为纵坐标，制作标准曲线及每个样品的剂量反应曲线，通过线形回归，分别计算出标准 TNF 及待测样品 50%细胞溶解率对应的稀释度，样品的该稀释度的倒数即为该样品的实验室单位（Lu），按下式可计算出样品中的 TNF 活性。

样品 TNF 活性（U/ml）=样品 50%细胞溶解率所对应的稀释度/标准品 50%细胞溶解率所对应的稀释度×标准品浓度

【注意事项】

（1）应选择对 TNF 敏感的 L929 细胞株，使用浓度控制在（1.5～2.5）$\times 10^5$/ml，过高或过低均影响结果。

（2）此实验对温度敏感，以 30～37℃为宜。

（3）操作失误将吸头刺入 L929 细胞层。

第三篇　创新实验

实验一　运用你所掌握的实验技术检测环境及人体中细菌、真菌的分布及种类

【导言】 微生物由于结构简单、繁殖快、代谢强等特点，它们在地球上的分布远比动植物要广泛。不论是土壤、水源、空气中到处都有其踪迹，在人和动植物体表及人畜与外界相通的腔道也有各种各样的微生物栖息，微生物的分布与其他生物一样，具有一定的规律性。认识这种规律性，对于我们认识和利用微生物资源、服务人类是至关重要的。

一、自然环境中微生物的分布

（一）土壤中的微生物

土壤具有微生物生命活动必需的一切营养物质和适宜的生活条件，是微生物的大本营。土壤中微生物的种类、数量因土壤类型、土层深度和季节的不同而异。疏松的土壤中多是好氧性微生物，而团粒结构紧密的土壤中厌氧性微生物较多；土壤表面由于日光照射和干燥，微生物不易生存，深层土壤有机质含量少、缺氧，故微生物数量随土壤深度增加而减少，通常地表 10～30cm 的土层中微生物种类最多，其中细菌最多。

（二）水中的微生物

水中的微生物主要来源于土壤，以及人类与动物的排泄物的污染。自然界的江、河、湖、海等各种淡水和咸水水域中都存在着相应的微生物，由于不同水域的有机和无机物种类含量不同，光照、酸碱度、渗透压、温度、氧含量等有很大差异，所以不同类型水域中的微生物种类和数量差异明显。

（三）空气中的微生物

空气中缺乏微生物生活必需的营养物质，日光对微生物也具有很强的杀伤作用，因此空气不是微生物良好的生存环境。空气中的微生物主要来源于带有微生物菌体、芽胞或孢子的灰尘，以及人和动物呼吸道排出的微生物，其中也包含病原微生物，悬浮在空气中。

空气中含微生物的气溶胶与病原微生物的传播、工业发酵生产中的污染及工农业产品的霉变等有重要的关系。

（四）其他环境中的微生物

大量工业产品都是利用自然资源如动植物产品作为原料制造，往往含有微生物所需的丰富营养，农业产品和食品本身就是优质的天然培养基，因此工农业产品上常携带大量的、种类多样的微生物。这些微生物可以分解和利用这些营养物质（甚至塑料、涂料等人工合

成有机物和玻璃、金属等无机材料均能被特殊的微生物分解），造成工农业产品的霉变、腐朽、腐烂、腐蚀、变质等劣化现象。

在自然界一些绝大多数微生物不能生长的高温、低温、强酸、强碱、高盐、高压或高辐射等极端环境中仍然有些微生物可以生存，这些微生物称为极端环境微生物。它们有不同于一般微生物的遗传特性、细胞结构和生理功能，在工农业生产和科研领域具有重要的作用和巨大的潜在应用价值。

二、人体内外的正常菌群

在人类的皮肤、黏膜及一切与外界环境相通的腔道，如口腔、鼻咽腔、消化道和泌尿生殖道中经常有大量的微生物存在。人体携带的微生物相当于人体细胞的10倍以上。这些微生物在长期的进化过程中和人形成共生关系。许多微生物对人体无害，而且有益。常把这些在人体各部位经常寄居而对人体无害的微生物称为正常微生物群或正常菌群。人体各部位的正常菌群均各有特点，如肠道中以厌氧菌为主，约占总数的95%；耐酸的乳酸菌可分布在胃的没有腺体分泌的部位等。

【实验内容】

（1）要求学生介绍各种环境下微生物的分布。

（2）要求学生设计分离、鉴定自然界中及人体表、体内微生物的试验方法。

（3）各组分别派一名同学向全体同学汇报本组讨论情况和设计方案。

（4）自由发言，讨论。

【教师点评】 教师对学生的讨论情况和设计方案进行点评。

【学生作业】 以小组为单位写出实验设计方案及预测的实验结果。通过本实验认识微生物分布的广泛性、各种环境中微生物的种群特点及无菌操作的重要性。

实验二 如何确定一个中华支睾吸虫（肝吸虫）病的流行区

【导言】 中华分支睾吸虫寄生于人及保虫宿主狗、猫等动物的肝胆管内。虫卵随胆汁排入肠腔，再随粪便排到体外。虫卵入水后被第一中间宿主豆螺、沼螺或涵螺食入，毛蚴在螺体内孵出，经无性增殖（胞蚴、雷蚴、尾蚴）后，尾蚴自螺体逸出，再入侵第二中间宿主鲤科淡水鱼类，在鱼体内发育成感染期囊蚴。人因生食或半生食这样的鱼而被感染。严重感染者，因虫体阻塞、刺激胆管而致胆汁性肝硬化。肝吸虫病的流行与传播不仅与自然因素（地理和生态环境，中间宿主与保虫宿主的存在）有关，而且受到社会因素的影响（饮食习惯、生产方式、卫生意识、医疗保健制度、卫生状况）。一个自然区域，如果其自然环境适合肝吸虫生存，社会环境为肝吸虫病的流行提供了方便，如果传染源、传播途径和易感人群同时存在，该区域就可能是肝吸虫病的流行区。

该实验是一次理论与实践相结合，病原生物学、流行病学和预防医学相结合的综合实验。学生不仅要在实验室里识别病原体，还要走出课堂，切身体会肝吸虫的生存环境、生活史过程和传播途径。让学生用切身的体会写出识别病原体、控制传染源、切断传播途径和保护易感人群的调查报告和防治方案。

【实验内容】

（1）学生自行设计试验方案。

（2）小组讨论，各组组长向全体同学汇报本组讨论情况和设计方案。

（3）自由发言

【教师点评】 教师对学生的讨论情况和设计方案进行点评。

【课后作业】

写出实验报告（实验报告内容要求）：

（1）肝吸虫病流行的自然因素。

（2）肝吸虫病流行的社会因素。

（3）拟定一个肝吸虫病的防治方案，包括如何消灭或控制传染源；如何切断传播途径。

实验三　暴发性腹泻的流行病学调查和控制方案

【导言】 如果某个区域内发生了腹泻暴发流行。你作为一名医生应如何确定传染的源头、病原体的种类并且制定出合理的防治方案？引起腹泻的常见病原体有：痢疾杆菌、霍乱弧菌、溶组织内阿米巴、兰氏贾第鞭毛虫、隐孢子虫和腹泻轮状病毒。暴发流行的原因一般是水源的污染。

【实验内容】

（1）学生独立思考、分析暴发性腹泻发生的可能原因。

（2）如何取标本？如何进行病原体的分离鉴定？

（3）各组组长向全体同学汇报本组讨论情况和设计方案。

（4）自由发言。

【教师点评】 教师对学生的讨论情况和设计方案进行点评。

【课后作业】 要求学生根据讨论的结果，设计一套控制病原体感染的方案。

实验四　“蜱咬性发热伴血小板减少综合征”传播媒介调查和控制方案

【导言】 从 2006 年安徽确诊 4 例蜱虫叮咬所致无形体病到 2010 年全国已有湖北、河南、山东、黑龙江、内蒙古、新疆、天津、海南、云南、四川、江苏等相继发现并报告被蜱虫叮咬后以发热伴血小板减少为主要表现的临床病例，33 名患者因多脏器损害，救治无效死亡。曾一度引起民众恐慌。2010 年 09 月 12 日，中国疾控中心有关部门已经从患者身上分离出一种“新型布尼亚病毒（new Bunia virus）”。“蜱虫叮咬事件”的元凶或将锁定为一种新型的布尼亚病毒，属于布尼亚病毒科白蛉病毒属，而“新型布尼亚病毒”可能会被认定为一种新病毒。但这种疾病的真正病原体、传播媒介及转播过程还没有完全确定，需要进一步探讨。

【实验内容】 学生自行设计。

【教师点评】 教师对学生的讨论情况和设计方案进行点评。

【课后作业】

（1）设计一个传播媒介孳生地调查方案。

（2）设计一个控制病原体传播的方案。

实验五 庭院蚊虫的调查和控制方案

【导言】 蚊子是多种传染病的传播媒介，如疟疾、丝虫病、乙型脑炎、登革热、黄热病等。蚊子除了传播疾病，它对人的吸血骚扰作用也不容忽视。各国都将蚊子的控制作为公共卫生重要内容。我们校园内也存在不同颜色的蚊子，有的在室外叮人吸血，有的在室内叮人吸血。

【实验内容】 学生自行设计。

【教师点评】 教师对学生的讨论情况和设计方案进行点评。

【课后作业】

（1）设计一个庭院蚊虫孳生地的调查方案，弄清楚各种孳生地孳生的蚊虫种类。

（2）设计一个校内安全有效的防蚊、灭蚊方案。

实验六 人体蠕形螨感染的检查

【导言】 人体蠕形螨寄生在毛囊、皮脂腺内，可能引起毛孔扩张、皮肤粗糙、毛囊炎、皮脂腺囊肿、痤疮、酒渣鼻、脂溢脱发、睑缘炎等症，临床上称蠕形螨病。由于其寄生部位的特殊性，临床上取螨诊断尚无通用的检查方法，我们自己发明的取螨器和检查方法简便易行，可用于教学及临床。

【实验内容】 学生自行设计。

【教师点评】 几种检螨方法的优、缺点及操作要领。

【课后作业】

（1）两种人体蠕形螨分别寄生于什么部位，其危害是什么？

（2）你认为取螨器检查法是否简便可行？

（3）你能从形态上区别毛囊蠕形螨和皮脂蠕形螨吗？

实验七 流式细胞术检测 Th1 淋巴细胞功能

【导言】 以往检测 Th1 细胞（表型为 $CD4^{+}IFN\text{-}\gamma^{+}$）功能主要通过检测其分泌的细胞因子 IFN-γ 间接实现的，对 IFN-γ 的检测通常用 ELISA 方法。但是 ELISA 方法繁琐，对操作技术要求比较高，实验结果偏差也较大，所以每一样品至少要重复 3 次，导致样品需要量比较多。实验室操作样品量可以保障，但临床研究中样品非常宝贵，这种方法的缺点就显得尤其突出。而且 ELISA 方法只能对液体中分泌蛋白的总量进行定量，很难对分泌该蛋白的细胞群体进行准确分析。

随着新的流式细胞术染色技术开发和应用，现在流式细胞术不仅能检测细胞表面分子，还能检测细胞质和细胞核中物质，使细胞表面分子和胞内分子同时检测成为现实，本实验就是应用此技术分析人外周血 Th1 细胞水平和功能状况。

【实验内容】

（1）教师介绍流式细胞仪工作原理，胞内分子的检测原理及技术进展。

（2）学生在检索文献后分组讨论：

1）本实验的试剂比较多，所以首先让学生了解所用的试剂。

2）人 PBMC 的刺激时间选择。

3）荧光抗体标记细胞时的注意事项，并完成实验方案的总体设计。

（3）自由发言，讨论。

【教师点评】 教师对学生讨论情况和设计方案进行点评。

【学生作业】 各小组依据讨论结果以组为单位写出完整实验方案、预测实验结果并进行分析。

实验八 如何利用实验方法检测 T 细胞亚群

【导言】 $CD4^+$ Th 细胞在免疫应答的启动中发挥重要作用，它可以为多种细胞提供辅助，并在免疫反应中发挥多种功能。一旦经抗原刺激后，初始 $CD4^+$ T 细胞活化增殖并分化成不同亚群的效应 T 细胞，包括 Th1、Th2、Th9、Th17、Th22 及 Treg 细胞等，这些细胞通常是由其产生的细胞因子及效应功能不同来确定的。Th1 细胞主要分泌 IFN-γ、IL-2 等，参与巨噬细胞的活化，促进 Th1 和 CTL 的活化及 B 细胞抗体类别的转换；Th2 细胞主要分泌 IL-4、IL-5 等，促进 B 细胞的活化增殖与分化，抑制巨噬细胞的活化及诱导嗜酸粒细胞及肥大细胞浸润为主的炎症反应；Th9 细胞主要分泌 IL-9，在抗寄生虫免疫及变应性炎症中发挥重要作用；Th17 细胞主要分泌 IL-17，在自身免疫性疾病和感染性疾病中发挥重要的调节作用；Th22 细胞主要分泌 IL-22、IL-13、TNF-α 等，同样参与炎症性疾病的病理过程；Treg 细胞主要分泌 TGF-β、IL-10 等，其主要通过细胞与细胞直接接触和分泌 IL-10 发挥免疫抑制作用。

【实验内容】

（1）由教师首先讲解有关 T 淋巴细胞亚群的基础知识及临床意义，并引导学生分析如何检测 T 亚群。

（2）学生分组讨论下列问题：

1）检测 T 亚群的临床意义。

2）通过何种方法可以检测 T 亚群，其共同的原理是什么。

3）设计一个检测 T 亚群的实验研究方案。

（3）各组组长向全体同学汇报本组讨论情况和设计方案。

（4）自由发言。

【教师点评】 教师对学生的讨论情况和设计方案进行点评。

【学生作业】 用一种免疫学方法设计一个检测 T 亚群的实验研究方案。

实验九 如何进行骨髓移植前的 HLA 配型

【导言】

骨髓移植成败的关键之一是 HLA（人类白细胞抗原）配型问题，如果骨髓供者与患者

（受者）的 HLA 不同，便会发生严重的排斥反应，甚至危及患者的生命。HLA 也称组织相容性抗原，是人类的白细胞抗原。经典的 HLA 基因座位有 A、B、C、DR、DQ、DP。在移植方面，主要进行 HLA-A、HLA-B 和 HLA-DR 三对位点的配型，只有两个个体的 HLA 配型完全相同才能进行造血干细胞移植，否则可能会发生两种情况，一是患者体内的免疫细胞把植入的供体细胞当作“异物”或“入侵者”进行攻击，称为“移植排斥反应”，其结果是移植失败，“种子”不能在患者体内植活。另一种可能是供体的造血细胞在患者体内植活，产生大量的免疫活性细胞，这些细胞“反客为主”把患者的组织和细胞当作“异物”和“入侵者”进行攻击，最容易受攻击的组织和器官是皮肤、肝脏和肠道，发生皮疹、黄疸、转氨酶升高和腹泻不止甚至血便，称为移植物抗宿主病（GVHD），严重者可致命。

HLA 由遗传决定。我们知道，人类有 23 对染色体，来自于父母各 23 条，HLA 位于第六对染色体的短臂上。理论上说，同胞兄弟姐妹中有 1/4 的机会 HLA 配型完全相合；子女与父母之间只有一半 HLA 抗原相同，医学上称为半相合。通常不能相互移植。所以骨髓移植最初主要在同胞兄弟姐妹之间进行。

HLA 分型有常见、少见、罕见之分，常见的 HLA 分型，在 300～500 人就可以找到相同者，少见的 HLA 分型可能是万分之一的概率，而罕见的就要到几万甚至几十万的人群中寻找。不同人种的 HLA 分型有很大的差异，白人、黑人的骨髓不适合中国人，成立一个完全属于中国人的中华骨髓库，不仅可以为中国公民提供帮助，还可以为分布在世界各地的炎黄子孙服务。

【实验内容】

（1）由教师讲授有关 HLA 的基础知识、遗传特点及在临床上进行 HLA 配型的临床意义。

（2）学生分组讨论下列问题：

1）HLA 配型的临床意义。

2）HLA 配型的原理。

3）用何种方法可以进行 HLA 配型，并设计一个 HLA 配型的实验研究方案。

（3）各组组长向全体同学汇报本组讨论情况和设计方案。

（4）自由发言。

【教师点评】 教师对学生的讨论情况和设计方案进行点评。

【学生作业】 用一种方法设计一个 HLA 配型的实验研究方案。

实验十 DC 的诱生与鉴定

【导言】

树突状细胞（dendritic cell，DC）是目前发现的功能最强的专职抗原提呈细胞（antigen-presenting cells，APC），其抗原递呈能力是巨噬细胞的 10～100 倍，可启动和诱导 T 细胞分化产生免疫反应或直接激活 B 细胞及产生免疫记忆，尤为重要的是它能激活静息型 T 细胞，从而启动、调控和维持机体免疫反应。成熟活化的 DC 除了与初始型 T 细胞相互作用诱导抗原特异性细胞毒性 T 淋巴细胞外，还可通过直接或间接方式影响 B 细胞的增殖，活化体液免疫应答；与记忆 T 细胞相互作用诱发再次免疫应答；与自然杀伤细胞作用促进机体建立非特异性、天然免疫应答，因此 DC 是免疫应答的启动者。

DC 最先由 Steinman 和 Cohn 在 1973 年描述，因其成熟时伸出许多树突状或伪足样突起而得名。DC 共同的生物学特征是细胞表面有许多树枝状突起，胞内具有丰富的线粒体，但粗面内质网、溶酶体与核糖体不发达，细胞表面无绵羊红细胞受体及 SmIg，一般认为 DC 无吞噬功能，但由于其表面表达较高密度的 MHC-Ⅱ分子，且具有树突状突起，表面积较巨噬细胞更大。DC 广泛分布于全身各脏器，数量极微，约占外周血白细胞总数的 1%，DC 的前体细胞由骨髓进入外周血，再分布到全身各组织。1993 年，Inaba 等用 GM-CSF 体外扩增的方法获得成功，这一研究克服了以往由于 DC 在组织中含量很少、难以获取的困难，使有关 DC 的体外研究取得了许多突破性进展，为人们探索新的疾病防治手段提供了新的技术平台。

目前一致认为，凡具有典型的树突状形态，膜表面高表达 MHC-Ⅱ类分子，能移行至淋巴器官和刺激初始型 T 细胞增殖活化，并具有一些相对特异性表面标志的一类细胞，方能称之为 DC。目前，有关人 DC 大量培养和扩增的方法日益成熟，人 DC 有三个来源：骨髓、外周血和新生儿脐带血。从骨髓中分离获得树突状细胞的 $CD34^+$的祖系细胞，或从外周血或新生儿脐带血于体外经 14 天培养分化（在 GM-CSF 和 TNF-α 存在的情况下）成为成熟的 $CD1a^+$、$CD83^+$、$HLA\text{-}DR^+$的树突状细胞；或者用外周血纯化的 $CD14^+$单核细胞或黏附单核细胞在两种细胞因子（GM-CSF 和 IL-4 或 IL-13）的培养刺激下成为 $CD1a^+$、$CD83^+$的未成熟树突状细胞，再经 TNF-α 或（和）CD40L 刺激形成成熟的树突状细胞。小鼠 DC 可来源于骨髓、脾脏、外周血、淋巴结及胸腺等，其中骨髓是最丰富的来源，且分布广泛。骨髓中造血干细胞在 GM-CSF、IL-4 的作用下能向 DC 方向分化，在 TNF-α 或 LPS 的刺激下，经历一个由未成熟向成熟 DC 发育的过程。早期未成熟 DC 的突起少，摄取抗原的能力强，MHC 分子及共刺激分子 B7-1、B7-2 的表达非常低，无刺激 T 细胞增殖的能力。成熟后，细胞突起增多，摄取抗原的能力减弱，MHC 分子及共刺激分子的表达明显升高，能强烈刺激 T 细胞的增殖。

鉴于 DC 功能的特殊性，DC 功能或数目受损可导致多种疾病的发生，如肿瘤、病毒感染性疾病等。以 DC 为基础的抗肿瘤免疫，是近年来肿瘤生物治疗领域中发展最迅速的分支，但 DC 来源及数量仍然是限制其临床应用的瓶颈问题。因此，建立经济有效地 DC 分离培养方法，深入探讨 DC 成熟、活化的调控机制，对于相关疾病的诊断、治疗及预后具有良好的应用价值，对于安全高效的 DC 疫苗的开发研制奠定良好的基础。

【实验内容】

（1）教师讲解未成熟 DC 诱导耐受和成熟 DC 诱导初始 T 细胞增殖的机制，介绍目前 DC 常规的分离培养方法及在临床应用中的研究进展。

（2）分组讨论下述问题：

1）根据未成熟 DC 和成熟 DC 的特点，展望其在临床应用中的价值。

2）如果一种疾病的发生与 DC 有关，检测哪些指标可反映 DC 受损？

2）在以 DC 为基础的抗肿瘤免疫中，可通过哪些方法制备 DC 肿瘤疫苗？

（3）各组代表报告本组讨论结果，其他组成员提问。

（4）各组成员自由发言，并提出相关问题。

【教师点评】 教师根据各小组的发言情况进行总结点评，并对同学提出的问题集中解答，然后深入讲解 DC 形态、膜分子的表达与功能的关系，阐明制备 DC 疫苗的基本原理。

【学生作业】　每人设计一份从人外周血或小鼠骨髓分离培养、扩增 DC 的实验方案，并提供相应的鉴定方法。

实验十一　巨噬细胞活性测定

【导言】　巨噬细胞（macrophage，MΦ）作为一种专职的抗原提呈细胞，在体内数量多，吞噬作用强，在机体先天性免疫防御和获得性免疫应答中有不可替代的重要地位。单核-巨噬细胞包括存在血液中的单核细胞和组织中的巨噬细胞。单核细胞在血液中仅存留数小时至数日，然后移行至全身各组织并发育成熟为巨噬细胞，巨噬细胞寿命可长达数月以上。巨噬细胞中富含溶酶体，在免疫应答、效应及调节过程中起重要作用：激活的巨噬细胞通过吞噬作用、细胞毒作用、生物活性物质的分泌以及抗原提呈作用等发挥其功能。

1. 具有很强的吞噬功能　能杀伤侵入胞内的细菌、真菌、寄生虫、病毒等病原体及衰老的细胞，在机体非特异性免疫中起着重要的作用。特别是结合了抗体或补体的病原微生物更容易被巨噬细胞吞噬。被免疫活性因子（TNF、IFN、IL-2）激活的巨噬细胞则能杀伤细胞内寄生菌和肿瘤细胞，成为细胞免疫的重要效应细胞。

2. 抗原提呈作用　巨噬细胞是体内重要的专职性抗原提呈细胞，外来抗原、异物经巨噬细胞摄取、加工、处理后以抗原肽-MHCII 类分子复合物形式提呈给 Th 细胞，并激活 Th 细胞、启动特异性免疫应答。

3. 分泌功能　巨噬细胞能分泌 IL-1、IL-6、IL-8、IL-10、IFN 等免疫活性因子，产生 C1～C9、B、D、H 和 I 因子等补体系统分子，生成各种溶酶体酶、溶菌酶、过氧化物酶、前列腺素及活性氧等。

4. 免疫调节作用　巨噬细胞可通过抗原提呈作用及分泌 IL-1β、TNF-α 等具有免疫增强活性的因子促进免疫细胞活化、增殖而促进或增强免疫应答。抑制性的巨噬细胞能分泌前列腺素、TGF-β 等具有免疫抑制作用的物质抑制免疫细胞活化、增殖而抑制免疫应答。

巨噬细胞作为一种研究历史比较悠久的细胞，多种功能已被我们所熟知，但其新的功能活性仍在不断被发现，特别是一些新型调控分子的发现，对探讨巨噬细胞在临床应用中的价值具有深远意义。

【实验内容】

（1）教师讲授巨噬细胞功能活性及信号转导通路的最新研究进展，介绍其在临床疾病中的应用价值。

（2）分组讨论下述问题：

1）根据巨噬细胞的功能特点，阐述结核杆菌等胞内寄生菌感染中的作用。

2）根据所学的知识，哪些技术方法可用来鉴定巨噬细胞？

3）巨噬细胞最突出的特点是什么？通过哪些实验验证这一特性？

4）巨噬细胞激活 T 细胞与树突状细胞有何不同？

（3）各组代表报告本组讨论结果，其他成员进一步补充。

（4）各组成员自由发言，就共同关注的问题进行讨论。

【教师点评】　教师根据各小组的发言情况进行总结点评，并对有关问题深入讲解，阐明上述问题涉及实验方法的基本原理，比较巨噬细胞与树突状细胞的不同及其优势所在。

【学生作业】 每人设计 1 份反映巨噬细胞功能活性（不包括吞噬功能）的实验方案。

实验十二　基因工程疫苗的设计及其免疫效果的实验室评价

【导言】 基因工程疫苗是指利用基因工程技术把编码病原体保护性抗原表位的目的基因导入原核或真核表达系统后使之充分表达并纯化后制得的疫苗。基因工程疫苗的开发主要针对传统疫苗很难研制成功的病原体：不能或难于培养的病原体如乙型肝炎病毒（HBV）、EB 病毒（Epstein-Barr 病毒，EBV）、人巨细胞病毒（HCMV）、人乳头瘤病毒（HPV）、疟原虫、血吸虫等；有潜在致癌性或免疫病理作用的病原体如人免疫缺陷病毒（HIV）、汉坦病毒等。

疫苗免疫效果的实验室评价包括体液免疫效果评价（免疫动物后检测疫苗刺激产生抗体的时间、抗体量和抗体变化曲线等），细胞免疫效果评价（淋巴细胞转化实验、NK 细胞活性、巨噬细胞活性、细胞因子表达量等检测）及保护性实验等。

【实验内容】

（1）学生通过文献检索了解基因工程疫苗的设计原则以及疫苗免疫效果的实验室评价指标。

（2）学生以小组为单位，根据所学知识选定一种病原体，检索了解其结构特征、致病机制及疫苗现状等。

（3）根据检索结果，以小组为单位针对选定的病原体设计一种基因工程疫苗；并制订出疫苗免疫效果的检测方案。

（4）各组分别选派一名同学汇报本组讨论情况和设计方案。

（5）自由发言。

【教师点评】 教师对学生的讨论情况和设计方案进行点评。

【学生作业】 以小组为单位，根据讨论情况完善并写出实验设计方案。

实验十三　利用实时荧光定量 PCR 技术进行病原体诊断与分析

【导言】 实时荧光定量 PCR 是在 PCR 反应体系中加入荧光基团，利用荧光信号累积实时监测整个 PCR 进程，最后通过标准曲线对未知模板进行定量分析的方法。自 1996 年美国 Applied Biosytems 公司推出实时荧光定量 PCR 技术后，该技术在病原生物学、遗传学等众多生物医学相关领域和疾病的临床诊断中发挥了重要的作用。实时荧光定量 PCR 技术通过荧光染色剂嵌入双链 DNA 或通过标记的序列特异性荧光探针所产生的荧光信号强度指示扩增产物的量，对扩增产物进行实时动态的监测，并通过扩增曲线计算出初始模板核酸的拷贝数。该技术不仅可对样本中目的基因（或转录产物）的拷贝数进行绝对定量，亦可进行阴阳性鉴定、等位基因分析等，并极大地减少普通 PCR 实验过程中可能存在的污染隐患。

实时荧光定量 PCR 技术是病原体诊断的高效手段之一，无需人工培养，直接提取样本 DNA 或 RNA 进行病原体的诊断与分析，包括特定细菌、病毒或寄生虫种类的精确定向检测及定量；微生物群体中某一（些）种群的定量分析；病原体基因组突变（如耐药性基因）。例如，使用 16SrRNA 基因特异性引物或探针进行排泄物样本的实时荧光定量 PCR 扩增，评估正常肠道菌群或肠道菌群失调症中共生肠道细菌种群的变化与比例。对特定病原体相关疾病可利用病原体特异性引物或探针进行实时荧光定量 PCR 分析，快速确诊患者样本中病原体的存在及其滴度；此外，实时荧光定量 PCR 也可用于病原体致病基因（如外毒素）的表达分析。

【实验内容】

（1）教师讲授实时荧光定量 PCR 技术的原理、操作步骤、分析方法和应用。

（2）学生以小组为单位收集资料并设计针对特定病原体相关疾病的实时荧光定量 PCR 病原学诊断方案。

（3）各组分别选派一名同学汇报本组讨论情况和设计方案。

（4）自由发言，讨论。

【教师点评】 教师对学生的讨论情况和设计方案进行点评。

【学生作业】 以小组为单位写出利用实时荧光定量 PCR 技术进行病原体诊断的实验方案并提交综述，明确具体研究方法及分析策略，对可能的预期结果进行分析，并比较实时荧光定量 PCR 与传统病原体检查方法的优缺点。

实验十四 基因芯片技术在病原微生物鉴定与研究中的应用

【导言】 目前用于病原微生物鉴定的高通量检测技术主要有：多重 PCR 技术、实时荧光定量 PCR 技术、变性高效液相色谱分析技术、焦磷酸测序技术和芯片技术等。基因芯片技术（又称 DNA 芯片技术），是指在固相支持物（硅晶体片或玻璃片）上原位合成寡核苷酸或者直接将制备的 DNA 探针以显微打印的方式有序地固化于支持物表面，然后与标记的样品核酸杂交。通过对杂交信号的检测分析，得出相应的生物学信息（遗传信息、基因序列及表达的信息等）。伴随着人类基因组测序计划的逐步深化，越来越多的微生物基因组序列得以测定，在此基础上，高通量基因诊断技术——基因芯片技术逐渐成熟，在医学、生命科学、医药业、农业、环境科学等领域具有广泛的应用前景。基因芯片的优点主要表现在：①高通量检测，可对大量样品进行并行检测；②准确高效，分析过程中可采用多色荧光对样品进行标记，同时对多个生物样品进行分析，减少了人为因素的干扰；③反应体积小，降低了试剂的消耗；④反应快，反应物在单位体积内浓度高，缩短检测时间，可完全实现自动化及快速检测；⑤特异性较强。按固相支持物上所点探针的长度分为 cDNA 芯片和寡核苷酸芯片；根据芯片的功能可以分为基因表达谱芯片和 DNA 测序芯片；根据应用领域的不同可将基因芯片称为各种专用型芯片，如病毒检测芯片、表达谱芯片、诊断芯片、毒理学芯片等。不同类型芯片技术的主要工作流程均基本包括：样品的制备与标记，杂交反应，信号检测与结果分析。近年来基因芯片技术已广泛应用于病原体的鉴别诊断与分析研究，如病原体的鉴定与分型、未知病原体的筛查、耐药性检测、疫苗研制、流行病学调查、历史回顾性调查、微生物进化等领域。在病原体鉴别诊断芯片中，为保证检测的特异性，探针的设计一方面从高度保守基因序列出发，以各病原体种间的差异序列为靶基因，另一方面选择同种细菌不同血清型所特有的标志基因，同时还含有细菌所共有的 16S rRNA 保守序列以确定为细菌感染标志。

【实验内容】

（1）教师讲授基因芯片技术的工作原理、基本操作步骤及在病原体检测中的应用等。

（2）学生以小组为单位收集资料并设计一个利用基因芯片鉴定病原体及其型别或诊断某类感染性疾病的致病病原体的方案。

（3）各组分别选派一名同学汇报本组讨论情况和设计方案。

（4）自由发言，讨论。

【教师点评】 教师对学生的讨论情况和设计方案进行点评。

【学生作业】 要求学生根据讨论结果提交利用基因芯片检测鉴定病原体的实验方案。

实验十五　病原生物实验室生物安全

【导言】 生物安全（biosafety）是生物技术安全（safety of biotechnology）的简称。狭义的生物安全是指现代生物技术的研究、开发、应用及转基因生物可能对生物多样性、生态环境和人类健康产生潜在的危害。广义的生物安全是指与生物有关的各种因素对社会、经济、人类健康及生态环境所产生的危害或潜在风险。

病原微生物实验室由于操作对象的传染性，更应该注重实验室生物安全。病原微生物实验室生物安全的核心是防扩散和防感染，我国先后颁布了《微生物和生物医学实验室安全通用准则》、《实验室生物安全通用要求》、《生物安全实验室技术规范》，并于 2004 年 11 月 5 日颁布了《病原微生物实验室生物安全管理条例》，以加强病原微生物实验室生物安全管理，防止病原微生物引起的实验室感染和通过实验室向外环境扩散，保护实验室工作人员和公众的健康。

【实验内容】

（1）依据《病原微生物实验室生物安全管理条例》介绍病原微生物的分类和管理、实验室的设立与管理、实验室感染控制、监督管理及法律责任等；介绍所在教学实验室使用微生物的类别、实验室的安全等级及配置，展示实验室日常工作规则和管理措施；列举国内外病原微生物实验室管理经验、分析典型案例，增强学生对病原微生物实验室生物安全重要性的认识。

（2）学生分组饰演病原微生物实验室所在单位主管人员、实验室负责人、管理者、实验操作者和卫生主管部门人员等，分别陈述角色的安全职责与职能、从事活动范围等；由教师设计病原微生物运输、丢失、泄漏等模拟场景，参照《病原微生物实验室生物安全管理条例》，由学生展示事件处理过程。

【教师点评】 教师对学生饰演角色陈述及在模拟场景中的表现进行点评。

【学生作业】 学生分组，讨论病原微生物实验室生物安全相关知识，选取以往病原微生物实验的实验内容，考核使用微生物的安全分类、实验操作规范、操作人员防护措施、突发事故应急措施等。